"真实体验"理念下的浙江传统村落旅游服务空间营建策略

王丝申 ◎ 著

中国农业出版社

北　京

该书获：

获浙江理工大学学术著作出版资金（2024 年度）（24056103‐Y）、浙江省教育厅一般项目（Y202354113）、浙江理工大学校内启动基金（23052149‐Y）资助。

前言

preface

　　旅游业为部分条件适宜的传统村落带来发展机遇，传统村落真实性保护与旅游发展的协同平衡是关键性议题。近年来，传统村落旅游服务空间出现了难以激发游客真实性体验的问题，对传统村落"原汁原味特色丧失"的批评不绝于耳。"失真"体验削弱了游客满意度、降低了重游率、减少了旅游花费，无助于提升村落旅游吸引力、促进村落可持续发展。该问题源于乡村营建者未能充分认识到游客对环境的真实性体验特征，既有"遗产展示＋商业配置"的旅游服务空间营建模式忽视了对村落多元文化、人文特色的挖掘与展示，从而难以彰显传统村落的真实性价值，即永续的宜居性。浙江传统村落旅游发展较成熟，旅游服务空间营建初具规模，对"真实性"的追求是空间营建评析反思、提质增效的重要途径之一。

　　本书遵循"理论解析—要素研判—机制揭示—策略提出"的逻辑线索。首先，基于真实性理论及传统村落的发展现状，本书将"传统村落真实性"界定为人居聚落的活态延续，将"真实体验"诠释为游客通过旅游服务空间感知传统村落真实性。其次，以浙江省传统村落为例进行案例研究，通过提取功能、设计等要素制定问卷量表进行游客问卷收集。通过对"需求—感知"的量化分析建构了游客"环境真实体验模型"，识别出四类客体影响要素及三类主观体验特征。通过整合游客"真实体验"的共性及差异性影响要素，形成"基础—拓展—低效"的层级性营建菜单，并与现行保护、建设类规范进行校对；进而推导出多元文化展示、商业限类提质的协同性营建方法，以及功能配置、游线规划、风貌管控、建筑营造等营建项目，揭示出"文化拓维—商业限类—空间提质"的"真实性营建"机制。最后，本书提出了"多元文化展示/商业限类提质、增强主客互动、分类型/长期性/层次性"营建的原则，针对多元类型村落，提出"真实增效"型规划导控策略，具体包含基于资源条件的模式"定性"、基于实践特征的要素"定类"、基于空间结构的项目"定位"；进而识别出村民私宅、遗产展示、传统建筑、自然展示等关键性空间模块及节点，整合出分类分级的设计菜单，提出要素组合、节点营造的"真实提质"型设计策略。

　　本书基于"真实体验"的研究视角形成了新的营建认知，拓展了乡村旅游规划的传统理论观念和策略形态，为传统村落旅游服务空间营建提供了科学性依据及方法性指导。

目录

一、传统村落旅游服务空间内的"失真"体验问题

传统村落指形成年代较早，拥有丰富文化与自然资源，蕴藏丰富历史信息与文化景观的村落。2012 年，在我国历史文化名镇名村遴选和保护的基础上，住房和城乡建设部、文化部、财政部首次评定了 646 个村落为中国传统村落，由此引发了外界对传统村落的广泛关注。经过之后的多轮评选，目前共计有 8 171 个中国传统村落（共六批），其中 701 个村落位于浙江省。在以往漫长的历史发展中，依托自然资源和村民的劳作，中国传统村落在相对封闭的环境下逐渐形成了能够自我调节的自组织系统（费孝通，2001）。然而，在城乡一体化发展的背景下，人员流动性增强、信息交换加剧，传统村落内有限的就业机会和较落后的生活条件导致年轻劳动力大量外流，许多传统村落被严重掏空，发展停滞不前，传统村落日渐衰落（石晓风等，2020）。近年来，旅游业为部分条件适宜的传统村落带来发展机遇，旅游发展促使乡村各产业融合，在改善乡村经济、促进当地就业、解决"三农"问题中发挥重要作用。得天独厚的旅游资源也为传统村落吸引到资金支持，村内各项旅游服务空间的营建逐步展开。

传统村落凭借着独特的景观风貌及文化特色日渐受到旅游者的青睐。21 世纪以来，随着皖南古村落（西递、宏村）、广东开平碉楼与福建土楼等先后被列入世界文化遗产，传统村落旅游资源价值日渐凸显，各方资本闻风而动，掀起了传统村落旅游开发的热潮（吴文智等，2014）。旅游业已接替农业成为诸多传统村落的主要产业，是传统村

落城镇化进程加速发展、社会文化变迁、景观更新的主要驱动因素之一（卢松等，2019）。2018年，中共中央、国务院印发的《乡村振兴战略规划（2018—2022年）》倡导合理利用传统村落的特色资源，发展乡村旅游和特色产业，形成特色资源保护与村庄发展的良性互促机制。

对旅游接待场所设施环境的规划设计（本文中称为"旅游服务空间营建"）是传统村落旅游发展中的主要营建项目。中央1号文件中多次提及乡村内旅游服务空间的建设：2017年提出鼓励乡村特色民宿及森林康养公共服务设施的建设；2019年提出发展适应城乡居民需要的休闲旅游、餐饮民宿、文化体验、健康养生、养老服务等；2020年指出要完善旅游配套设施等。

旅游服务空间营建对传统村落的保护与旅游业发展产生直接影响。从保护维度出发，一方面，部分旅游服务空间可能依托保护建筑设立，空间营建需符合各项保护法规、条例的要求；另一方面，旅游服务空间占用了传统村落的空间资源，相关旅游接待、经营活动会改变村民的传统生计生活模式。从旅游发展维度出发，作为游客的主要接待场所，旅游服务空间营建质量将直接影响游客的体验感、满意度、忠诚度、旅游花费等，进而影响传统村落的经济收益与旅游业可持续发展。从建筑学科出发，传统村落旅游服务空间包含室内外多种空间类型，涉及多元营建主体与使用人群，体系构成复杂，工作任务颇具挑战。作为传统村落保护与发展平衡性协调的重要影响要素之一，旅游服务空间营建需引起学界与乡村管理者、营建者的重视。

（一）游客在旅游服务空间内的"失真"体验

近年来，针对乡村旅游，社会上频繁出现传统村落商业化、同质化发展、建设性破坏等点评，游客难以感知传统村落原汁原味的真实性特色。这些批评传达出游客对传统村落旅游接待场所——旅游服务空间现状的不满。一方面，诸多传统村落内游客游览体验的真实需求未得到充分满足。村落旅游服务空间功能类型单一，主要包含建（构）筑物遗产展示与商业服务，旅游吸引力不足，极大缩短了游客在传统村落内的停留时长。诸多游客表示"已经转完一圈了，没什么可看的了""没什么特别的了"（如知名景区诸葛八卦村内约2/3的游客仅在村内停留半日或一日）。较短的停留时间降低了游客旅游消费的概率，不利于村落旅游经营与发展；又如部分民宿内冬冷夏热、隔音较差，低品质的空间环境降低了游客旅游体验的满意度。

另一方面，传统村落内游客的真实性感知薄弱。以传统建（构）筑物遗产参观、商业服务为主导的"标准化"游览项目带给游客单调且同质化的旅游体验。而颇具地方特色的村民人文活动、村落民俗文化多未得到挖掘与展示。此外，诸多传统村落引入了不适宜功能业态，削弱了村落在地性特征，如酒吧、咖啡厅、精品食宿接待、精品书吧等颇具城市特色的设施类型，以及扎染体验、制蜡体验、制皂体验等"网红项目"在多个传统村落内被简单复制，形式雷同（图0-1）。尽管上述业态被引入的初衷是为了迎合游客喜好，然而却成效不佳，削弱了游客对传统村落的真实性体验。

（a）"时光隧道"娱乐项目　　　　（b）田园花海　　　　（c）传统建筑内设置酒吧

图0-1　浙江传统村落内出现的游乐设施、花海、酒吧

资料来源：（a）（b）来源于作者自摄；（c）来源于网络①。

在市场机制、商品化②的作用下，旅游发展在带来直接经济效益的同时，会由于产品的同质化和服务的标准化致使旅游地原初的特色文化资源、民风民俗、传统建筑被逐渐复制、稀释，直至消亡，当构成真实性的要素与条件被彻底破坏的同时，旅游经济发展也将不可持续（许峰等，2011）。从空间维度出发，传统村落旅游服务空间大多以"遗产展示＋商

---

① 图1-1（c）来源：https：//hotels.ctrip.com/hotels/7832887.html。

② 商品化（commoditization）是指在贸易网络中，事物（与活动）的价值开始由其交换价值来衡量，并因此被变成商品（或服务）。

业配置"为主进行营建，缺乏结合村落自身文化特色的在地性营建。长此以往可能会削弱（甚至破坏）村落的真实性要素，导致游客的"失真"体验，从而降低游客的满意度、重游率及旅游花费，削弱传统村落的旅游吸引力，致使村落旅游不可持续发展。

（二）现有规范、研究对旅游体验设计的指导不足

当下与传统村落旅游服务空间营建相关的设计规范包括《风景名胜区总体规划标准》（GB/T 50298—2018）、《风景名胜区详细规划标准》（GB/T 51294—2018），对于旅游民宿行业，国家出台了《旅游民宿基本要求与评价》（LB/T 065—2019），这些规范对传统村落旅游服务空间的设计指导主要集中在功能空间的配置层级及面积控制上。如《风景名胜区总体规划标准》（GBT 50298—2018）规定，旅游服务设施包含旅行、游览、餐饮、住宿、购物、娱乐、文化、休养及其他共九类相关设施。相关规范中将旅游设施集中布置形成的不同规模和等级的设施区点称为"旅游服务基地"。旅游服务基地可划分为服务部、旅游点、旅游村、旅游镇、旅游城、旅游市等六个等级。旅游设施应依据旅游服务基地等级进行分级配置。规范中规定"旅游村"内必须设置的、可以设置的及禁止设置的旅游设施类型如表0-1所示。规范亦对各旅游服务设施内空间的推荐面积大小提供了参考范围（表0-2）。此外，部分学术研究提出了旅游服务空间面积应与床位数相关（表0-3）。

上述规范及研究主要从宏观旅游规划维度出发，对旅游服务空间功能类型、服务面积大小进行把控。在一定程度上保障了设施配置的合理性，满足旅游服务的基本要求。然而，既有规范与研究缺乏从微观体验维度对空间设计进行深入考量，宏观维度的"合理配置"不一定能带来微观维度的"良好体验"。旅游服务空间是游客游览体验的主要承载场所，而游客体验则与其旅游满意度、停留时间、重游率、消费金额高度相关（Dai et al., 2021；Yin et al., 2021；Yi et al., 2018）。当前广泛出现的"失真"体验问题极不利于空间的可持续发展。因此，在"合理配置"的基础上，良好的旅游服务空间"体验"设计是乡村旅游发展进一步"提质增效"的关键，未来研究有必要基于游客的实际需求探索空

间的关键性设计策略，以寻求最优化效益。

在既有规划设计实践中，传统村落旅游服务空间营建缺少针对性指导，建筑师多凭借个人实践经验进行规划设计，未深入了解过空间主要使用者（之一）、村落旅游收益主要贡献者——游客的需求与感知；乡村管理者、营建者则常常为追求高效的经济回报，多照搬"网红村"的商业业态模式，而忽视对村落本土文化、人文特色的挖掘；此外，政府管理部门往往更加重视传统村落的环境提升、古建修复工作，并对这些项目提供资金支持，而这一做法对传统村落旅游服务空间营建产生政策导向型影响，致使营建中出现"重物质轻人文"的特征，亦缺乏对游客需求与真实性感知的深入性考量。

表 0-1　旅游村内旅游设施类型的设置

设施类型	必须设置的	可以设置的	禁止设置的
旅行	非机动交通、邮电通信	机动车船	火车站、机场
游览	审美欣赏、解说设施、休息庇护、环境卫生	游客中心、安全设施	
饮食	饮食点、饮食店	一般餐厅、中级餐厅、高级餐厅	
住宿	简易旅宿点、一般旅馆、中级旅馆	高级旅馆	
购物	小卖部、商亭	商摊集市墟场、商店、银行、金融	大型综合商场
娱乐	无	艺术表演、游戏娱乐、体育运动	其他游娱文体
文化	无	文博展览、社会民俗、宗教礼仪	
修养	无	度假（有床位）、康复（有床位）、修疗养（有床位）	
其他		出入口、公安设施、救护站、门诊所	

来源：《风景名胜区总体规划标准》（GBT 50298—2018）

表 0-2 旅游服务设施配置指标参考数据

设施类型	设施项目	推荐指标
旅行	邮电通信	面积以 30～100 平方米为宜
游览	公共卫生间	宜平均 3 平方米设置一个大便厕位；根据人流量推算厕位个数，每个厕位服务 300～400 人；每座厕所的总面积宜为 30～120 平方米 每座厕所的服务半径：景区入口处、游览主干道、景区内人流密集处，服务半径 150～300 米；游览支路及人流较少处的服务半径为 300～500 米 景区入口处必须设置厕所 男女厕位比例（含男用小便位）不大于 2∶3
饮食	饮食点、饮食店、餐厅	根据主要经营内容可将餐饮设施分为餐馆和饮食店，其中餐馆建筑宜 3～6 平方米/座；饮食店建筑宜 2～4 平方米/座
住宿	简易旅宿点、一般旅馆、中级旅馆、高级旅馆	综合平均建筑面积： 一级旅游旅馆：85～120 平方米/间；二级旅游旅馆：75～85 平方米/间；三级旅游旅馆：60～75 平方米/间；四级旅游旅馆：50～60 平方米/间
购物	小卖部	小卖部等单个商店的面积宜 30～100 平方米为宜
娱乐	艺术表演、游戏娱乐、康体运动、其他游娱文体	小型表演剧场：500 座以下 主题剧场：800～1200 座 观众厅面积在 0.6～0.8 平方米/座为宜
文化	文化馆、博物馆、展览馆、纪念馆及文化活动场地	每个展厅的使用面积不宜小于 65 平方米
修养	—	—
其他	—	—

来源：《风景名胜区详细规划标准》（GB/T 51294—2018）

表 0-3 村落景区内各类旅游设施规模配比的确定标准

各类旅游服务空间/设施	旅游服务设施规模确定标准	
	《乡村旅游规划原理与方法》	《风景名胜区总体规划标准》（GB/T 50298—2018）
床位数的确定	$C_b = \sum_{j=1}^{n} B_j$，C_b 为住宿床位决定的旅游容量，B_j 为第 j 类住宿设施床位数	床位数＝（平均停留天数×年住宿人数）/（年旅游天数×床位利用率）

（续）

各类旅游服务空间/设施	旅游服务设施规模确定标准	
	《乡村旅游规划原理与方法》	《风景名胜区总体规划标准》(GB/T 50298—2018)
商业、饮食业	单个商店面积 90～130 平方米为宜；总面积建议在接待总床位数的基础上，按 0.4～0.6 平方米/床的指标估算	单个商店面积以 90～130 平方米为宜
游憩设施—文化娱乐	建筑总面积建议按 0.1～0.2 平方米/床的指标估算	
游客中心		总面积控制在 150～500 平方米
展览类设施		每个展览厅的使用面积不宜小于 65 平方米

（三）营建者对游客真实性环境体验的模糊认知

　　游客真实性体验与旅游服务空间营建之间并非简单的对应关系，其内在关联性复杂。如较多的商业化、标准化配置为游客游览体验带来更多体感舒适度，但可能会削弱游客对传统村落真实性特色的感知；较少的设施环境营建能更大程度保留村落"原汁原味"特色，但可能无法满足游客对旅游接待服务的需求，亦会降低游客旅游体验满意度。因此，旅游服务空间营建如何协调游客的基础性游览需求与真实性心理感知，仍亟待探索。

　　游客文化体验真实性与商业化发展的二元关系受到旅游学者的关注。随着研究的深入，学界逐步认识到真实性与商业化绝非简单的因果关系，亦非绝对的二元对立，应当去解读社会实践中真实性的不同含义，看看人们视怎样的客体为真（Bruner，1994），即游客内心的真实体验与感知被日益看重。诸多既往研究揭示出空间要素对游客体验的关键性影响。然而，在建筑规划学科内，较少有研究关注到游客对传统村落旅游服务空间的需求、感知与体验。旅游服务空间规划设计要素与游客的需求、体验之间的潜在关联仍较为模糊，在资金、资源有限的情况下，乡建活动的展开存在一定盲目性。因此，本书旨在明晰游客对旅游服务空间的

真实性体验特征，以形成新的营建认知，指导传统村落旅游服务空间
营建。

二、以浙江为例的关联机制探索

（一）目的及意义

传统村落旅游发展中，广泛出现"原汁原味特色丧失"问题。既有
旅游服务空间营建呈现出"物质遗产空间展示与商业业态配置、重物质
轻人文"的特征，难以满足游客真实性体验的需求。为逐步调整纠偏，
迫切需要探明影响游客需求及真实性感知的空间要素，明晰影响的方式
与程度，揭示游客需求及真实性感知对旅游服务空间营建的作用机制，
进而整合影响游客"真实体验"的要素菜单，明确各个分析维度、营建
尺度、营建类型中的关键性营建内容。最终形成新的营建认知，为传统
村落旅游服务空间营建提供理论性、实践性指导。

从村域、建筑二元尺度出发，提出传统村落旅游服务空间营建策略，
旨在满足游客对旅游服务空间的需求及真实性感知。村域尺度下，秉承
多元文化展示/商业限类提质、增强主客关联、分类型/长期性/层级性的
营建原则，提出"定性—定类—定位"的规划导控策略；建筑尺度下，
基于"真实体验"影响要素的空间依托，识别关键性空间模块与场所节
点，整合设计菜单，进而提出具有针对性的空间组织及营造策略。

本书搭建了主客观真实性之间的沟通桥梁，将传统村落真实性保护
与游客主观真实体验相关联，延伸了建构真实性理论在传统村落旅游营
建场景中的应用维度；本书将"真实体验"作为研究视角，增强了真实
性理论研究的本土化应用，促进了理论概念的实践转译。此外，"真实体
验"对旅游服务空间营建作用机制的揭示，有助于形成新的营建认知，
拓展传统村落旅游规划的传统理论观念和策略形态，为更多传统村落、
遗产旅游地、乡村旅游地营建提供理论参考。

既有传统村落旅游服务空间营建以物质性遗产展示与商业配置为主，
难以满足游客的基础性需求及真实性感知。本书所提出的营建策略具有
实践应用价值及可操作性。一方面，在考虑游客主观体验的同时，结合

村落资源条件，提出分类型、层级化的营建菜单，供不同类型村落、空间场所参考；另一方面，基于传统村落旅游服务空间长期性、分期性营建的基本特征，区分出空间营建要素的"轻重缓急"，帮助乡村管理者、经营者在综合考虑资金情况、营建周期等限制条件后，制定出科学的营建方案。

（二）以浙江传统村落为例

浙江省及其周边地区经济发达，且得益于政府的高度重视，浙江乡村旅游市场有一定规模，旅游服务空间建设趋于完善。到 2016 年，仅浙南传统村落旅游人数就已超过 540 万人，旅游收入达 25 亿元（蒋国华，2018）；2017 年，浙江省全省旅游总收入突破万亿元，成为推动全省经济发展的新动能；2021 年浙江"共同富裕示范区"的设立与 2022 年党的二十大报告中"文旅融合发展、发展乡村特色产业"等政策的出台为浙江传统村落旅游发展带来新机遇。

综上，浙江传统村落旅游发展较为成熟，旅游服务空间基础性配建已趋于完善，对游客真实性旅游体验的追求是浙江传统村落旅游发展品质提升的途径之一。因此，本书选取浙江传统村落为研究对象，深入探索旅游服务空间营建要素（功能类型、空间设计）与游客旅游体验之间的潜在关联机制，梳理能够促进游客"真实体验"的关键性空间营建策略。研究成果将为浙江省乃至全国传统村落的旅游服务空间营建提供参考。

三、对浙江传统村落旅游服务空间营建的界定

（一）浙江传统村落

本书关注浙江省内入选中国传统村落名录、具备良好旅游发展条件的传统村落。从 2012 年起，住房和城乡建设部、文化部、财政部、文物部联合启动了中国传统村落的调查，并颁布了六批中国传统村落名录，对名录内的村落予以一定政策优惠与财政支持。2012 年、2013 年、2014 年、2016 年、2019 年、2023 年，浙江省依次有 43、47、86、225、235、65 个村落入选中国传统村落名录，共计 701 个。浙江省内，传统村落分

布北疏南密，呈现出整体分散、局部聚集的特征，并形成了四个聚集中心，分别是丽水市南部及北部、台州市西部、金华市西部（李爽，2021）。

（二）旅游服务空间

（1）相近的概念解析

与旅游服务空间相近的概念包含旅游服务设施、旅游设施等。旅游设施最早被定义为"在风景名胜区管辖的地域范围乃至其外围保护地带内，为游客的旅游活动提供饮食、住宿、交通、游览、购物及文娱、体育活动而建造的人工设施"（周公宁，1994）。2000年以后，旅游设施概念一度被缩小为食宿设施（吴必虎，2001；吴为廉等，2001）。2006年后，旅游设施的概念又被扩大为为旅游者提供各类服务的设施（建筑物、场地、设备及相关物质条件）的总称，旅游服务因它们的存在而与旅游资源发生联系，进而促成旅游产品的形成（王云才等，2006）。近年来，学界逐渐将旅游设施统一分为旅游服务设施和旅游基础设施（公共设施）。其中，旅游服务设施是指为解决游客住宿娱乐等需求所必需的、直接为游客提供服务的设施；而旅游基础设施则指满足现代社会生活所必需的基本设施或条件，如旅游地内水、电、气等的配置（杨晓霞等，2013）。在传统村落内，直接为游客提供旅行接待活动的旅游服务设施有各类民宿、餐厅、零售商铺、咖啡茶座、博物馆/展览馆、游客服务中心等。

（2）本书中的定义

除了旅游服务设施外，村落内的公共活动场所、景观空间等也承担着重要的旅游接待功能。因此，本书所指旅游服务空间是指传统村落内为游客提供旅游接待服务的室内外空间场所，一般包含旅游服务设施内空间、村庄内人工建设的公共活动空间、村域范围内的自然景观空间三种类型。

旅游服务设施内空间是旅游服务空间的重要组成部分，常见的建筑类旅游服务设施包括住宿设施、餐饮设施、购物设施、参观设施、游览设施。在传统村落内，住宿设施一般包含农家乐、特色民宿、高端民宿等；餐厅设施包含一般餐厅、高端餐厅、茶吧/酒吧等；购物设施包含土特产商店、工艺品商店、日常零售店铺等；参观设施包含古建展览馆、其他展览馆、艺术工坊等；游览设施一般包含游客中心与旅游卫生间等（表0-4）。

公共活动空间指主要位于村庄范围内的、人工建造的户外活动场地，这些空间在承载旅游接待活动的同时，也是村民公共活动的重要场所。浙江传统村落内典型的公共活动空间包括游览街巷、广场、水塘区域、商业街等。部分公共活动场所内可能配置有游憩类设施，如各类座椅、凉亭/廊道、景观小品、游览步道、景观水体装饰、标识设施等。

表0-4 旅游服务设施的基本分类

设施类型	具体的旅游服务设施
住宿设施	住宿（包含关联的餐厅）：包括农家乐、民宿和精品民宿 • 农家乐一般由村民自宅改建，村民经营，提供最基本的餐饮服务 • 精品民宿则多由外来专业人员管理，内部装修豪华高档，为游客提供高质量的住宿服务，部分精品民宿内则多设置酒吧、咖啡茶吧、餐厅等中西式餐饮服务 • 普通民宿设施价位与服务质量介于以上两者之间，由村民自己经营或聘请外来人员进行管理。住宿设施内多包含其他服务功能，如餐饮、土特产零售、ktv、棋牌室等
餐饮设施	餐饮小吃/酒吧茶座：指单独设立的餐厅、特色小吃零售摊位、咖啡茶吧、酒吧等
购物设施	零售：单独开设的各类零售服务（除小吃外）店铺，一般包括土特产、文物古董、衣物饰品、特色纪念品、画材文具、超市等
参观设施	博物馆、展览馆：指展示传统村落文化、风俗礼仪、历史、建筑技艺等的设施 各类与传统工艺相关的作坊、工作室：与传统工艺相关的作坊或艺术家工作室，这些作坊、工作室往往对游客开放或半开放，供其参观游览 各类艺术表演场所：指各类面向游客、供传统艺术表演的场所，其中包括各类室内外舞台、戏台及其他公共活动场地等 娱乐设施：指带有娱乐性质且单独设置的旅游服务设施，一般出现在旅游开发较成熟的传统村落内，如各类体验馆、打靶场、骑马场、摩天轮、水滑道等
游览设施	游客服务中心：指接待服务游客、为其答疑解惑、提供基本信息的服务设施 旅游卫生间：景区内按照规范要求配备的、面向游客群体开放的公共卫生间

旅游服务空间还包括村域范围内的诸多自然场所，这些空间亦为游客提供参观、游憩等旅游接待服务。自然景观空间内的人工设施相对较少，以道路铺装与游憩设施配置为主。浙江传统村落内常见的自然景观

空间包括园林/花园、农田、山林等。

(三) 浙江传统村落旅游服务空间营建

(1) 营建要求：保护限制与业态管控

不同于普通乡村，传统村落内的旅游服务空间营建首先要受到保护法规的限制。根据《浙江省历史文化名城名镇名村保护条例》，传统村落内须划定出"核心保护区"与"建设控制地带"。核心保护区为文物保护单位（以下简称"文保单位"）、重要历史建筑的聚集区域，保护要求严苛，几乎禁止一切新建活动的发生；建设控制地带的保护要求相对宽泛，以不破坏区域内传统景观风貌为把控原则。常见的控制指标包括建筑高度、建筑密度、容积率、建筑尺度与体量、建筑形体与色彩、建筑材料控制、广告/招牌设置、空调位置等（表 0-5）。传统建筑采用分类保护的措施，须按照批准的文物保护规划要求落实文保单位、历史建筑的各项保护措施；对于传统风貌建筑，应在不改变外观风貌的前提下，进行维护、修缮、整治、改善等；对于其他建筑，则需根据其对历史风貌的影响程度，进行保护、整治或改造。

表 0-5 浙江省传统村落分区建设的常见控制标准

控制类型	核心保护区	建设控制地带（又称"风貌协调区"）
建筑高度	建筑不得超过两层，檐口高度不超过 6 米	建筑最高不超过三层，檐口高度不超过 9 米
建筑尺度与体量	保持原有院落的格局与尺度	与传统街巷格局和空间相协调，与传统建筑体量相一致
建筑形体与色彩	应与历史建筑风格、色调、格局相一致，建筑形式为坡屋顶，外立面与屋面禁止大面积鲜亮的色彩	建筑形式与色彩必须与历史建筑相协调
建筑材料控制	严禁使用光亮釉面、铁面等装饰材料，可使用白石灰，本地的石材、砖、小青瓦、木材等	建议回收利用可用传统建筑材料，保持古村的传统氛围
广告、招牌设置	禁止在屋顶上或凸出建筑外立面设置广告，禁止广告遮挡建筑外立面典型构建；招牌设置参见标准①	
空调位置	按照规范安装空调室外机，其位置应当相对隐蔽	

注：①参见《户外招牌设置规划技术标准》（杭规发〔2004〕438 号）。

此外，传统村落旅游服务空间内旅游服务设施的配建可参考风景区的规范。《风景名胜区总体规划标准》（GB/T 50298—2018）规定，旅游服务设施包含旅行、游览、餐饮、住宿、购物、娱乐、文化、休养及其他共九种类型，且对传统村落的服务设施、旅游点，旅游村内必须设置的、可以设置的、禁止设置的旅游设施类型进行了明确规定。

（2）营建内容：物质遗产保护利用导向下的功能配置

传统村落旅游规划的规模相对较小，可调配资源有限，因此实际规划设计中多会省去一般景区"业态策划"的编制环节，而将其归类入概念规划或发展规划中，由建筑师或规划师完成。设计者多结合实地调研资料、既有案例意向图，凭经验进行策划设计。

传统村落旅游服务空间营建的规划设计多在村落保护规划文本中的"展示与利用规划"章节加以呈现，多以遗产展示、旅游服务为主导进行功能规划与节点设计。如图0-2所示，规划设计者多基于村落内保护建筑分布及村落空间结构规划村落出入口、参观点、参观游线等，并对商业服务类（如住宿、纪念品零售、茶餐等）、公共服务类（如指示牌、游客中心、停车场、公厕、售票等）旅游服务设施进行布局。

规划设计者亦会为重要景观节点、建筑单体等提供营建策略指导。重要景观节点一般包含游览景点、水塘、广场等，相应营建策略多为游线规划、视线设计、参观节点布局等；重要建筑单体一般包含进行旅游接待的公共建筑及主要游线两侧的民居建筑等，营建策略多为建筑室内营造及建筑外立面设计等。

（3）营建特征：长期性、多模式、多主体

传统村落旅游服务空间营建具有长期性、多模式、多主体参与的特征。首先，传统村落旅游服务空间营建是在较长时间内、分期进行的建设活动。多数传统村落旅游发展受限于资金、建筑产权协调、遗产保护等问题，无法或不适于进行大规模一次性建设。因此，在传统村落实际的旅游发展中，为减少风险，多采取分期开发的模式。村民则视村落实际旅游发展情况，开设农家乐、零售商铺等旅游服务设施。

其次，传统村落旅游发展包含多元营建模式，基于旅游地主要经营权的归属，可分为政府主导、村民主导、企业主导、多投资主体共同主

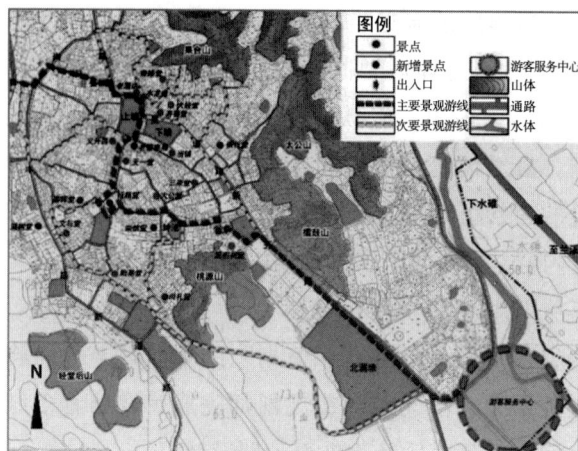

（a）游线及参观点布局

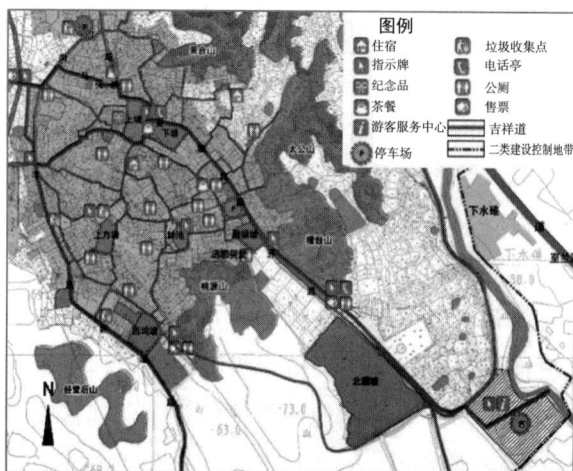

（b）各类旅游服务布局

图0-2 浙江某传统村落的展示规划与设施配置图示
资料来源：《诸葛长乐村民居保护规划》

导等（表0-6）。旅游服务空间营建多同时存在以政府、企业为主导的"自上而下"式规划，和以村民为主导的"自下而上"式营建。

第三，传统村落旅游服务空间的具体性营建与日常经营中涉及多元营建主体，如村民、新村民、外来经营者、政府、旅游公司等，各类营建主体的经营动机、所经营的旅游服务空间类型亦各不相同。村民、新村民经营者常驻于村内，依托"家空间"进行旅游经营，开设民宿、农家乐、零售商铺、工坊。村民（"旅游小企业"的经营者）相对看重舒适的生活方式，不会为追求营业额的增长而持续扩大规模、增加雇员（陈蕾，2014）。外来经营者并不长期定居于村内，仅是在村落内进行投资，可能雇佣专业人员或村民在村内进行日常性经营管理。由于外来经营者前期需要投入较大金额用于旅游服务设施的修建、运营、维护，因此其对旅游经营收益具有较高要求。外来经营者往往投资高端食宿接待、工艺品商店等设施，以追求较高的经济利润。政府主导经营的旅游服务空间往往以文化展示、公共服务为主要目的，常见旅游服务空间类型包括开放展示的传统建筑、各类展览馆、游客中心、旅游卫生间等。政府部门多划拨固定的资金用于传统建筑修复及各类公共服务设施（如旅游卫生间）的营建，且会雇佣专人进行管理与维护。由旅游公司经营管理的旅游服务空间类型多样，如旅游公司可能会租赁部分商铺进行旅游经营，以获取经济收益。又如旅游公司可能会获得部分景点（甚至是整个景区）的经营权，通过收取门票的方式获得收益。

表 0 - 6　传统村落旅游发展模式类型

旅游发展模式	内涵	条件
政府主导营建	政府指导村落旅游开发的整个过程，并为传统村落旅游服务设施建设提供政策保障和资金支持	要求政府调控能力强，适用于保护要求较高的村落
村民主导营建	直接利益主体是传统村落居民及其村委会，村委自筹资金、自主营建，在此过程中，政府往往给予政策、资金支持，形成民办公助的形式	村落具有较好的内生力量，如充足的劳动力资源、旅游资源、得力的村委管理团队等
企业主导营建	村落在一段时间内被整体租给外来企业，由外来企业进行投资、开发、营建、宣传推广和经营管理，外来企业多会设置景区，收取门票，并支付部分红利给村集体或村民等	适合于具有良好市场前景、投资吸引力的传统村落
多主体共同主导营建	公共部门与私营部门就项目建设、经营、管理等方面达成长期合作关系，形成"政府＋企业＋农户""政府＋村民"或"企业＋村民"等多主体参与型旅游混合开发模式	适用于各方参与实力相对均衡的传统村落，在开发过程中可根据不同地块的区位资源、各旅游项目特征，选择最适合的若干开发模式

资料来源：蔡国英，赵继荣，马金莲，等．产业融合视角下甘肃省传统村落旅游开发模式研究[J]．甘肃高师学报，2020，25（2）：127-130．

上篇

传统村落"真实体验"的理论与方法

　　本书上篇将从理论维度出发，探索"失真"问题背后的学理与营建法则：即厘清传统村落真实性的概念内涵、构建"真实体验"理论以及关联性营建框架、提出适宜性技术方法。上篇部分所形成的研究路径将为下篇的案例探索奠定基础。

真实性体验与空间营建的关联性研究

本书聚焦于探索游客真实性体验与旅游服务空间营建的关联性，从而对传统村落旅游服务空间营建方法进行反思与改进。其中，对真实性体验客体影响要素的识别与应用是关键着眼点。既有研究是本书深入探索的基础，研究综述需明晰以下三方面：

①认知研究对象：旅游规划沿革及乡村旅游服务空间营建方法。

②明晰既有关联：基于真实性体验的旅游服务空间营建思路。

③反思技术方法：如何识别、拆解、应用真实性客体影响要素。

一、旅游规划沿革及乡村旅游服务空间营建方法

（一）国内外旅游规划理念沿革

（1）国外旅游规划理念沿革

在国外，旅游业始于 19 世纪 20 年代，起初游览活动仅存在于贵族阶层，20 世纪上半叶开始逐步向中产阶级扩展。1950 年后，旅游活动开始在低产阶级、工人群体中流行，大众旅游时代到来。经过漫长的发展，旅游业逐步成为经济和社区生活的重要组成部分，而旅游规划也相应地经历了实体性规划、需求导向型规划、综合性规划、社区参与型规划、多规组合等阶段（Rahmafitria et al.，2020）（表 1-1）。

20 世纪 40 年代之前，并未有明确的旅游规划出现，旅游发展多依赖于市场调节。欧洲研究者首先开始关注到旅游业增长所需的基础设施（Lohmann et al.，2016），但在其他地区，旅游发展及旅游设施建设多未被考虑在主流规划工作中，第二次世界大战的爆发更是遏制了这一新兴行业的各项初期规划。直到 20 世纪 60 年代，旅游业还未被视为一个产业

系统,只是一种由私营企业控制的活动。此时旅游规划在旅游发展中属于次要角色,其重点是为游客建造实体设施(Morrison,2019)。

表 1-1 国外旅游业发展及旅游规划发展历程

时间	旅游业发展历程	旅游规划发展历程
1890—1950 年	1822 年,第一家旅行社在英国成立并发展 游览活动从贵族阶层扩展至中产阶级 交通发展带来移动便利性	无旅游规划,主要依赖于市场调节
1950—1970 年	大众旅游时代到来 工人的假期出现,增加了其团队旅游的可能性 旅游活动在中低产阶级中流行	**实体性(设施的)规划** 旅游被视为私人企业运营活动,而非系统性产业活动 面向游客进行各类设施规划
1970—1980 年	旅游业快速扩张 出现了第一家主题游乐园(迪士尼乐园) 更多旅游目的地类型出现	**需求导向型规划** 更多旅游地建设需求出现,规划旨在满足市场需求
1980—1990 年	个人大众旅游 小团体出行以提升游览舒适度 细分市场诞生(生态位旅游)	**综合性规划** 规划师作为社会代理人的作用越来越大 大众旅游的负面影响推动了"旅游承载力"研究的兴起
1990 年后	生态位旅游蓬勃发展,具体分为生态旅游、农业旅游、文化旅游、宗教旅游、美食旅游等旅游群体	**社区参与型旅游规划** 依据各自利益进行旅游规划协作、参与
当下	随着中国新一轮游客的激增,多个旅游市场持续增长 在欧洲等地,出现旅游过度发展的问题	**多规组合** 总体规划及详细规划(针对旅游业特定方面)同时存在,互为补充

资料来源:Rahmafitria F,Pearce P L,Oktadiana H,et al. Tourism planning and planning theory:Historical roots and contemporary alignment [J] Tourism Management Perspectives,2020,35:1-10.

第二次世界大战后,政府开始逐步推动区域经济发展,旅游业受到关注,大众旅游模式建立,相应的旅游规划方法开始考虑游客需求及营建成效（Archer et al.，1994）。规划及政策的制定是公共和私营部门之间谈判、协调的结果，政府常牺牲公众的需求，以促进企业增长和经济繁荣。随着旅游业的快速发展，旅游接待承载力问题开始受到学界关注，从最初的理想游客人数计算、开发水平、游客行为影响等议题逐步发展为成熟的规划框架，游客活动管理规划、游客影响管理、可接受变化的限制和旅游优化模型等被相继提出（Rahmafitria et al.，2020）。

1980年后，旅游业对环境、文化、社会的巨大影响引起各界关注，可持续发展理念被提出。此阶段出现的"以社区为导向"的旅游规划强调规划的公众参与，可持续性方法往往使用底线准则来对规划进行约束。1990年后，可持续发展、社区参与的观点得到强化，规划中需要考虑环境目标、社会问题和经济公正等，"自下而上"、关注基层人群/企业利益的发展方式得到认同及推广（Sharpley et al.，2015）。近年来，随着旅游业的不断发展，过度旅游的问题开始在欧洲出现。旅游规划呈现多规组合的特征，即同时包含总体规划及详细规划以提供更加详细的综合性指导。

综上所述，旅游业的出现、发展影响着旅游规划范式的演变。总体而言，旅游发展从"重经济"模式转向"兼顾保护与发展"的可持续模式，旅游规划从重视实体性设施设计、需求导向型规划，逐步转向重视多主体利益、社区参与的复合型规划。

(2) 国内旅游规划理念沿革

在中国，旅游活动自古有之，主要集中于贵族、精英阶层，相应的巡游安排可视为旅游规划的雏形。中国政府于20世纪70年代起设立专门的旅游管理机构。同期，建设部门与林业部门开始了风景旅游规划、风景名胜区规划、森林公园规划等工作。1986年，旅游业被正式确立为产业部门，之后逐步发展成为地区支柱产业之一。随着中国旅游业的发展，旅游规划也相应经历了资源导向型规划、市场导向型规划、产品导向型规划、体验导向型规划等阶段（表1-2）。旅游规划理念逐步从资源开发、经济高效转向追求高品质及人本化（臧丽莎，2009；许春晓，2004）。

在资源导向型规划阶段，甲方一般向建筑师提供明确的设计任务书，建筑师进行"命题式"规划设计；在市场导向型规划阶段，旅游市场研究备受关注，但由于不确定因素较多，建筑师常提供多项设计方案供参考选择；2001 年后，旅游规划进入产品导向型阶段，商业化的旅游产品制作、营销是旅游地营建的重点，由建筑师与文化策划、招商、风险评估等专业人员合作完成，在此阶段内，空间规划设计工作从属于商业业态策划；2019 年后旅游规划出现了体验导向型趋势，强调从游客体验维度出发进行规划设计，该理念仍然秉承旅游产品制作的开发模式，但更加强调品质化、人本化的营建理念，规划设计是品质提升的关键（张善峰，2019）。

表 1-2   国内旅游规划发展历程

时间	旅游规划模式	旅游规划模式的特征描述	规划设计的具体工作模式
1979—1989 年	资源导向型	规划旨在挖掘自然及人文类旅游资源，以吸引更多游客，追求数量型增长。旅游资源分类、评价和开发利用成为旅游规划的主体内容	甲方提供明确要求（设计任务书），建筑师按要求完成规划设计
1990—2000 年	市场导向型	具有良好区位条件及客源市场的城市人造景区得到认可，旅游市场研究受到规划设计师、研究者的重视	甲方提供设计任务书，但由于市场业态不稳定，建筑师提供多项设计方案供参考选择
2001—2019 年	产品导向型	商业化的旅游产品制作、营销是工作重点；概念性规划成为旅游规划的新类别	建筑师与文化策划、招商、风险投资等外专业人员一道进行旅游产品制作
2019 至今	体验导向型	以游客获得满意的旅游体验为根本、其中旅游体验是规划开展的核心	基于产品导向的运作模式，引入主体体验的视角，强调高品质空间设计

资料来源：刘中艳，王捷二. 旅游规划综述［J］. 云南地理环境研究，2007（1）：131 - 134，130.

（二）以功能配置与空间营造为主的营建维度

（1）国外研究：设施设计与低影响开发

在国外，乡村旅游服务空间营建的相关研究多关注于游憩设施、公共设施的布局设计。古德（2003）的《国家公园游憩设计》首先从规划维度出发对设施功能类型、营建原则进行简要讨论，之后从体量、材质、立面、空间形态等角度详细描述各类设施的营造方法；博拉（2004）的《旅游与游憩规划设计手册》除制定各类设施功能类型、空间面积的配置指标外，还对设施空间形态、景观形态进行了分析讨论。

部分外部空间、公共空间亦属于旅游服务空间。国外相关研究如《人性场所：城市开放空间设计导则》《外部空间设计》《体验式景观》《景观设计学：场地规划与设计手册》等关注于游憩设施及公共空间，多通过环境行为、环境心理的分析，提出空间营造策略。各研究的营建层面存在差异，整体而言，规划层面偏重于服务功能与面积配置，建筑层面偏向于人群活动与设施设计（西蒙兹，2009；思韦茨，2016；芦原义信，2017；马库斯·CC，2001）。

在国外知名古村落景区内，旅游服务空间营建多以降低旅游开发的消极影响为目标，多采取设施数量把控、业态功能引导、传统风貌修复、游览线路规划等营建措施。如日本白川村共建有展览设施12幢，住宿设施43家，各类餐饮店铺64处①。在客流激增的情况下，村内旅游服务设施（尤其是住宿设施）数量并未扩张，极大地保护了白川村的风貌景观与乡土氛围（张姗，2012）。此外，白川村设立了补助金政策用以资助"利用优秀地域资源"的各类生产制造、旅游服务设施的建设，并推出了具有地域特色的旅游产品，在一定程度上对旅游服务业态功能进行了有益引导。又如意大利五渔村以梯田景观、传统民居著称。然而，由于传统梯田和干石墙未得到良好的修缮，五渔村内水土保持功能衰落，洪涝灾害频发。因此，当地政府、非营利组织积极组织专业团队对当地村民进行干石墙修复教学，并免费提供修复材料。此外，五渔村还面临游客数量过多的问题，因此，村落管理者对游览线路规划进行调整，将游客分流至不同的徒步线路中，以缓解接待压力。

（2）国内研究："指标配置"或"空间营造"

在国内，旅游服务空间营建的相关研究多从"指标配置"或"空间营造"中的单一维度出发展开分析。规划学科相关研究主要着眼于"指

---

① 信息来源于白川乡旅游官网（https：//shirakawa‐go.gr.jp/zh/stay/）。

标配置",提出标准化的配建模式,所考虑要素包括人群需求、满意度、通行距离、基地建设条件等(周公宁,1994;张文奇,2014;刘心怡,2017;郝娜,2021),标准化的配建方法适合于量大面广的乡村设施营建。建筑学科相关研究多着眼于空间营造,将设施视为形塑空间的要素。乡建实证类研究多基于街巷、合院、景观单元的空间营造分析,推导关联性旅游服务设施营建要求(张大玉,2014);部分研究从传统民居改造更新、乡土聚落保护更新等维度出发,提出功能适应性转换、室内外空间的在地性营造、结构技术适宜性选择等营建策略(陈桂欣,2018;代小梅,2019;苏必馨,2018;张乐,2014);还有研究从建筑性能维度出发,提出提升单体旅游服务类建筑热舒适度的营建策略(刘玉婧,2016;何文晶等,2020)。

国内传统村落内的实际营建活动主要以传统建(构)筑物修缮、游线规划、服务类设施配置、环境整治为主。村民多依托自宅营建食宿接待、零售设施。近年来,部分乡村尝试通过引入精品旅游服务设施的方式带动村落旅游发展。如浙江省松阳县政府与专业建筑师合作,在诸多传统村落内建设展览类、食宿接待类旅游服务设施。这些项目基于各村落的实际特点,通过小体量公共建筑置入的方式重续文脉传承,以期能够带动乡村旅游业发展(徐甜甜,2021)。又如浙江桐庐县深澳村、松阳县陈家铺村引入"乡村图书馆"设施,兼具游客接待与乡村公共服务功能。这些图书馆多由知名建筑师设计,落成后经过媒体宣传成为"网红打卡地",吸引游客前来参观。

(三)小结

国内外旅游规划伴随着旅游业的发展呈现出"由简至繁、由物至人"的理念转变。近年来,社区参与、体验式规划等理念的提出,彰显出旅游规划中对人的关注度持续提高。然而,从乡建实践维度出发,国内外古村落更注重于环境整治及发展成效,而尚未将"体验式、人本化"的营建理念加以落地实践。相关学术研究的现实指导性与应用性也有待加强。

乡村旅游服务空间营建的相关研究主要涉及村域规划层面的功能配

置及建筑设计层面的空间营造两个营建维度，国内外相关研究多着眼于游憩设施配置、公共空间营造等，较少将旅游服务空间作为研究对象展开分析，同时国内相关研究更趋向于从功能配置指标或空间营造的单一维度出发进行营建，整体规划与局部营建的关联性有待进一步加强。

二、基于真实性体验的旅游服务空间营建思路

真实性体验是游客旅游体验的一种，不同学者对其内涵的诠释不同。由于本书关注真实性体验对旅游服务空间营建的作用机制，因此，真实性体验中与空间环境相关的体验是核心关注点。本小节将对"环境体验、环境真实性感知"的相关研究进行梳理，了解真实性体验与旅游服务空间营建之间的潜在关联性。

（一）国外研究：空间的前后台识别与真实性体验

在国外，诸多旅游学研究关注于不同类型游客对特定旅游服务空间（或旅游服务设施）的需求及感知，研究发现游客特征属性、旅游行为、旅游服务设施类型等均对游客环境体验产生影响（Seungkon，2009；Kim，2011；Mastura et al.，2014；Lindberg et al.，2019）。聚焦于真实性体验与旅游服务空间营建的既往研究数量相对较少，研究内容主要涉及基于前后台理论的功能分区、空间营建等。

美国人类学家 Goffman（1959）首先提出"前后台理论"。借用戏剧舞台的比喻，将人的互动过程定义为"表演"，他指出前台是演员表演的场所，后台则是供演员准备表演、稍作休息且不被观众看到的场所。之后，MacCannel（1973）将前后台理论引入旅游学科，他发现游客希望进入后台区域来获得真实性体验，而旅游地也企图营造一种后台化的前台空间，让游客产生一种已经进入后台区域的错觉。MacCannel 所提出的"前后台"是指社会性空间（Social space）而并非实体性空间。然而，后世诸多学者将其实体化，从时间、空间双重维度对旅游地的前后台空间进行识别，并探索营造方法。

在空间维度下，既有研究指出可通过对主题、活动、场景的精心设

计来打造像后台的前台空间，并赢得游客的真实性感知与体验。
Moscardo 等（1999）发现一些被重新建构的（从而客观真实性被削弱的）
建筑、器械及活动等仍然能激发游客的真实性感知及体验。

在历史维度下，前后台的边界可能出现模糊化，同一空间场所可能
在不同时间段内承担不同功能，该现象多出现在乡村生态文化旅游
（eco‑cultural tourism）、农业旅游（agri‑tourism）中。

此外，在更长时间段内，随着旅游小企业、家庭经营场所的发展，
后台空间可能会逐步转化为前台空间，游客的真实性感知及体验将发生
变化。如家庭旅馆（bed‑and‑breakfast）内，"家庭场景"在塑造顾客
体验的过程中有重要作用（Lynch，2000；2005），村民生活空间、传统
生活的展示能提升游客对体验真实性的感知（Stringer，1981；Kasten‑
holz et al.，2012）。然而，当商业化程度达到一定区间时，旅游企业将从
家庭中脱离，具体表现为主人家的生活空间、传统生计空间（如农场）
与顾客接待空间分离，这可能会削弱游客的真实性体验。

（二）国内研究：体验式营建策略及前后台理论的本土化应用

近年来，国内相关研究开始探索游客在旅游地内的环境感知，并提
出基于主体需求与感知的传统村落景观营造、公共空间营建策略等，以
提升游客满意度、重游意愿，促进传统村落保护与旅游发展的良性互动
（张琳等，2017a；项书宁等，2022；叶茂盛等，2022；梁家瑄，
2021；张伟国等，2021）。相关研究发现，良好的物理情境和氛围情
境感知会促使游客产生积极的行为偏好，进而提升游客的体验质量
（张琳等，2017b），游客更容易被视觉上具有冲击力的景观所吸引
（潘翔等，2019），缺乏人性化的设施环境会导致游客意兴阑珊（韩
萌，2021）。

近年来，开始有研究将真实性体验理念应用于乡村旅游规划（张善
峰，2019；俞昌斌，2021；王祖君等，2021）。这些研究多基于既有理
论、实践经验、设计理论来推导"体验式"营建策略，对现有营建方法
进行反思与适宜性取舍。未来研究应聚焦于特定体验、营建要素，深入
探索要素之间的关联机制，以形成旅游规划设计的新认知。

此外，部分研究引入国外舞台真实、前后台理论等研究成果，提出乡村旅游地的功能分区方法。杨振之（2006）、沈爱平（2010）、王彬汕（2010）、张剑文（2015）等将前后台理论引入我国传统村镇的旅游开发研究中，认为整个村落的旅游开发也是一个舞台化的打造过程。依据功能性质的不同，可将传统村落区域划分为前台游览区、帷幕交流区与后台保护区，这种分区能最大程度降低旅游开发对原住民乡村生活的侵扰，保证村落的传统特色。然而，前后台理论更侧重于描述场所的旅游接待功能属性，而对具体性空间设计的指导力不强。一方面，前后台空间分布可能存在互相交织的情况，难以形成明晰的边界；另一方面，影响旅游发展的要素众多，前后台空间的"简化式"划分方法难以匹配现实发展中的复杂维度，因此诸多前后台空间划分的案例被后续研究证实是不合理的（沈爱平，2010；张剑文，2015）。因此，基于前后台理论的分区规划方法可能存在误差，信服力不强，仅适用于作为设计实践的参考。

（三）小结

通过既往研究分析可知，景观空间、公共空间、旅游服务设施内空间等与游客的感知、体验之间存在关联关系，然而少有研究专门针对旅游服务空间展开关联性探索。

在国外，前后台理论为真实性体验与空间营建搭建桥梁，然而，相关研究多集中于旅游管理、市场营销等学科，缺乏建筑规划学科对此问题的深入性探索，因此相关研究成果对空间营建的指导性不强。在国内，前后台式功能分区、前后台空间营造等营建策略也被提出和应用，然而这些方法被证明难以适配乡村旅游发展的复杂维度，对空间营建的指导性不强。

国内研究亦关注到传统村落内游客需求、感知对空间营建的影响，通过对主体环境体验的探索提出传统村落景观设计或公共空间营建的策略。近年来，相关研究基于既有理论、经验，尝试提出"体验式规划设计方法"，为后续研究的展开奠定了基础。未来研究应深入探索真实性体验与旅游规划设计之间的内在机制，对关联要素的细化拆解及对影响程度的研判是研究深化的关键所在。

三、真实性体验影响要素的识别与应用

本书聚焦于真实性体验与旅游服务空间营建之间的关联机制，旅游客体要素是两者之间关联的重要媒介，对客体影响要素的拆解与识别是研究深入的关键。相对于"旅游主体"的概念，"旅游客体"是指对广大旅游者产生引诱力的事物和现象，一般包括地质地貌、水体、植被、气象、建筑、人文特色等。因此，本小节将对既往真实性研究中旅游客体要素的影响效用、类型划分、识别方法、应用推导方法等进行归纳总结，为之后研究的深入展开奠定基础。

(一) 国外研究：从理论出发的要素探索与应用指导

在真实体验相关研究的发展中，旅游客体要素的重要性逐步凸显，对影响要素类型的识别也呈现精细化趋势，从粗略性识别体验发生场所转向精细化识别具体性影响因子。

在国外，真实性概念起源于第二次世界大战后 Boorstin（1964）提出的"伪事件"观点：即大众旅游的游客追求精心策划的虚假事件，而非当地真实的文化。"伪事件"表达出对旅游接待中人事物原初性的追求；MacCannel（1976）所提出的舞台真实性理论中，舞台整体被视为旅游客体要素；之后，Wang（1999）反思了旅游体验的发生情形与作用机制，将旅游客体要素归类为"客体要素"及"活动"，前者为被游客凝视、感知的抽象符号，后者则是游客参与到旅游活动中而获得的内在体验；2010 年，Knudsen 等提出了述行真实性（performative authenticity），指旅游经营者通过客体要素（旅游设施、场所装置等）对真实性进行表述，来引导旅游者的真实性体验（图 1-1）。近年来，诸多研究对影响真实性体验的旅游客体要素进行了类型细化探索，关联的旅游客体要素一般包含地点/场所/建筑、人文环境、工具、当地人、工艺品、机械等（Jamal et al.，2004；Kolar et al.，2010；Zerva，2015；Wall - Reinius et al.，2019；Żemła et al.，2020）；关联的活动类要素则包含活动、与当地人交流等（Gardiner et al.，2022；Zerva，2015）（表 1-3）。

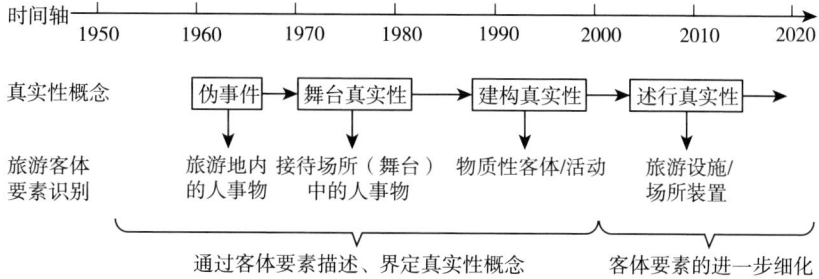

图1-1　真实性相关研究中对旅游客体要素的识别与界定

表1-3　国内外相关研究中影响真实性体验的要素汇总表

	国外研究中常见的要素类型	国内研究中常见的要素类型
旅游客体类	Site & buildings：地点、场所、建筑 Social situation：人文环境、与主题相符的氛围 Instrument：工具、物品、体验主题特色的物质实体 Insiders：当地人、旅游地的常住居民 Crafts：工艺品 Machinery：遗产主题公园中的机械	**自然景观**：地质构造、地貌特征、湖泊池沼、动植物、气象特征等 **村庄环境**：院落格局、街巷格局、建筑风格、铺地铺装、水体环境、院落绿化、小品景观、建筑立面、广场空间、建筑色彩、室内环境、建筑体量等 **古建筑**：祠堂、古街、古桥、古亭等 **建筑装饰、景观小品**：红灯笼、水车、雕塑、装饰雕刻等 **民族物品**：民族服饰、民族语言、民族饰品等
业态活动类	Activity：活动、旅游活动及社区内其他特色活动 Cooking & demonstrations：遗产主题公园中的烹饪和演示活动 Personal contact with insiders：与当地人交流	**现代娱乐活动**：酒吧、KTV、夜市、文创手工制作等 **传统特色活动**：传统节日、农耕活动、手工艺活动、演出活动等 **食、宿、购服务**：民宿格调、时令菜品、特色小吃、纪念品、手工艺品等 **参观展示**：历史事件、艺术作品、传统风俗、非物质遗产、村落之制度文化、解说标志等 **居民交流**：居民旅游参与、游客与居民的交流等

　　国外有关真实性的研究集中在旅游学科，侧重于真实性的理论建构，相关应用成果多为营建理念、市场营销策略等。相关研究成果表明精心的主题、活动、场景、广告设计有助于提升游客的真实性体验（Gardiner et al.，2022；Żemła et al.，2020；Han et al.，2022；Zerva，2015；Paraskevaidis et al.，2021）。

(二) 国内研究：面向本土化实践的要素提取与研判

真实性理论引入中国后，学界逐步开始了本土化的真实性探索，对相关客体要素的识别与研判是主要研究方法。国内相关研究中，真实性客体要素多具有较强的实践指导意义，要素类型一般包含自然景观、村庄环境、古建筑、建筑装饰、景观小品、民族风情、现代娱乐活动、传统特色活动、食宿购服务、参观展示、居民交流等（赵寰熹，2019；徐伟等，2012；吴娇，2015；赵文成，2015；高燕等，2010）（表1-3）。

国内真实体验的相关研究可大致分为三种类型，各类研究对旅游地规划设计的应用性各不相同。第一类研究从主体主观性体验维度出发，探索游客真实性对忠诚度、满意度、怀旧感等的影响。相关研究成果可为旅游地空间营建提供"理念性"指导（Dai et al.，2021；Yin et al.，2021；Yi et al.，2018）。此类研究多从真实性概念维度出发推导主观真实性体验的要素，研究的实践应用性较弱。

第二类研究从主—客体关联维度出发，探索本土化的真实体验发生机制，总结归纳主体的真实性偏好及客体影响要素特征，进而整合出分类型的空间营建策略（高燕等，2010；王婧，2020；Xu et al.，2022）。其中，影响真实性的要素多为景观特征、活动项目等与主体游览体验活动紧密关联的要素。此类研究常采用多元的要素提取方法，如高燕等（2010）采用"头脑风暴法"整理出27项凤凰古城景观元素作为感知的影响要素；徐伟等（2012）采用"整合—筛选"的方法提取出23个真实性要素项目（通过对游客的半结构访谈，提取、整合感知要素，进而通过专家访谈筛选要素）；更多研究则采用文献整理的方法提取要素类型（戴永明，2012；焦银豪，2021）。

第三类研究偏向于实践应用，多基于空间营建任务提取"营建要素"，如功能业态类型、室内装饰手法、空间设计手法等。相关研究通过对要素的识别与研判，直接整合营建策略（赵文成，2015；杭诗婵，2021）。此类型研究的优势在于研究成果的应用指导性较强。后续研究应强化要素推导的系统性，深入探索要素对真实性体验的作用方式及强弱。

总体而言，既往研究中对客体要素的识别、分类方法不一，这在一定程度上导致了要素类型混杂，对实践应用的指导性不一（表1-4）。本书关注于真实性体验对旅游服务设施营建的指导，因此，对客体要素体系建构的逻辑性、明晰度、应用指向性要求较高。

表1-4　国内研究中的要素提取方法及要素项目

代表性文献	要素提取方法	要素项目
Kolar等，2010	概念推导	**客观真实性**：建筑的整体结构和印象启发了我；我喜欢室内设计/家具的特点；我喜欢这个地方与迷人的景观/风景/历史景观/城镇融合在一起的方式，这为观光提供了许多其他有趣的地方；我喜欢这个网站的信息，觉得它很有趣 **存在真实性**：我喜欢与网站相关的特别安排、活动、音乐会和庆祝活动；这次访问深入了解了罗马式的历史时代；参观期间，我感受到了相关的历史、传说和历史人物；我喜欢这种独特的宗教和精神体验；我喜欢访问期间平静祥和的气氛；我觉得自己与人类历史和文明息息相关
高燕等，2010	头脑风暴法	民族服装、民族语言、吊脚楼旅馆、蜡染刺绣、腊味饮食、苗银饰品、南方长城、沈从文故居、姜糖、万名塔、沱江泛舟、苗寨歌舞表演、石板古街、古城墙、虹桥、商业街、许愿灯、夜市、苗族妇女街边刺绣、酒吧KTV、吊脚楼上的红灯笼、沱江水车、沱江小桥、铜凤凰雕塑、城楼、人力车和熊希龄故居
徐伟等，2012	游客访谈、专家访谈	**物质文化**：自然环境、古建筑原有风貌、名人遗迹、民族服饰、安全设施、引导标志物、历史久远的古建筑 **制度文化**：居民生活原有方式、居民家庭结构及其传承、新制定的村落和村民条例、村落秩序、居民性别比例 **行为文化**：传统仪式或表演、现代仪式或表演、居民的支持和参与、民族化或地区化的语言、居民的沟通或交流、原本子虚乌有的景观 **心态文化**：居民的自豪感、村落休闲或娱乐的氛围、村落店面的信誉、居民的热情程度、民居的对外包容性
焦银豪，2021	通过既有研究整理	**客观原真性**：纯朴自然农村风貌、建筑特点、优美的田园风光、传统民俗文化、生活方式 **建构真实性**：建筑内部装饰、旅游设施、新景观建设、旅游服务、当地方言、演出表演、旅游纪念品、特色美食 **后现代主义真实性**：建筑内部装饰现代化、旅游设施与村落环境协调程度、新景观建设与村落布局协调程度、旅游服务商业化、方言普通化、演出表演与当地文化相符程度、旅游纪念品同质化、美食普遍化 **存在主义真实性**：体验乡村生活、思念家乡、视觉上的满足、释放心情
杭诗婵，2021	基于空间营建任务提取要素	街区生态环境、街区空间格局、街巷空间、沿街立面、建筑造型、建筑空间、建筑构造、装饰、装饰符号的重现、功能延续（功能保留，设备、设施的保存）、习俗延续（如有）、导览系统（宣传册、铭牌、导游词等）

（三）小结

国外真实性体验的相关研究集中于理论性认知，现已建立了相对成熟、明晰的理论体系。国外研究多以旅游地整体为单位进行真实性分析评测，宏观的、整体性的客体影响要素（如将"舞台"整体作为客体要素）致使研究成果多停留在营建理念、营销策略等宏观维度，难以对规划设计提出具体性策略指导。

延续国外的真实性理论，中国学者对国内旅游地真实性体验的影响要素进行了初步探索，相关研究成果对旅游规划、设计、策划、营销等具有应用性指导。然而，既有研究数量相对较少，缺乏聚焦的、从"理论"到"实践"的系统性推导。未来研究应针对具体对象，深入探索真实性影响因子的作用机制。

一方面，真实性研究具有"理论先行"的特质，面向当下乡村旅游发展境况，对真实性概念内涵的诠释应彰显出可持续发展的价值观；另一方面，真实性研究具有较高的现实指导意义，应能够引导未来旅游规划、设计方法的完善或革新。因此，真实性研究需能够联系"理论"与"实践"，具有系统、明晰的"要素提取—类型划分—测评方法—营建转译"逻辑线索。

四、研究评述

近年来，乡村旅游服务空间营建的相关研究开始关注游客主体体验，对游客体验与旅游服务空间营建的内在关联机制进行了初步探索。而真实性体验的相关研究则呈现从"理论性诠释"向"主客体关联机制探索"的发展趋势，其中客体要素的合理性拆解直接影响研究成果对现实的指导效用。既往相关研究多分散在旅游学、管理学、人文地理、建筑规划等多个学科，通过对既往研究的解析，发现其存在以下问题。

（一）反思研究对象：整体性旅游服务空间营建框架缺乏

既往研究多是针对民宿、公共活动空间等特定类型旅游服务空间的营建展开探索，而缺乏专门针对旅游服务空间的系统性研究。其原因可能在于传统村落内包含多元类型的旅游服务空间，其营建主体、服务功能、依托场所各不相同。如本书所界定的旅游服务空间，既包含村民依托自宅空间自主经营的食宿接待设施、由旅游开发商经营的零售设施或展览空间，又包含多由政府出资建设的、具有公共服务性质的展览设施或游憩设施空间，还包含村庄周边的自然景观空间等。因此，旅游服务空间类型混杂，难以放置在统一框架下进行系统性营建。

然而，在传统村落的现实发展及营建中，对多元类型旅游服务空间的系统性分析与整体性营建关键且必要。首先，在同一传统村落内，多类型旅游服务空间相互配合，为游客提供"整合式服务"，而非相互割裂的"单独式服务"；其次，传统村落内良好的景观风貌、文化氛围均是影响游客真实性体验的重要旅游客体要素，而景观风貌、文化氛围的保持需要多元类型旅游服务空间的相互协调；此外，在传统村落旅游规划中，营建者需结合村落整体资源条件、空间格局进行体系化的规划设计，制定分期营建计划等，而非只聚焦于民宿或公共活动空间等特定类型旅游服务空间营建。因此，从游客主观性体验维度出发，有必要将多类型、多任务的旅游服务空间营建工作整合至一个系统框架内并进行深入探索分析，以追求旅游服务空间品质的整体性提升。

（二）反思研究问题："体验—营建"的关联机制有待揭示

既往研究中游客需求、感知与旅游服务空间营建的关联性较弱。国外相关研究主要来源于旅游管理、市场营销学科，相关研究结果可作为旅游服务空间营建的理念指引，但难以推导得出具体的空间营建策略；在国内，真实性相关研究多着眼于空间规划、设计等实践指导，部分研究将真实性体验理念与传统的规划设计体系相结合，从资源挖掘、主题选取、布局规划、产品策划等维度出发，初步提出了体验式的规划设计方法，为后续研究的展开奠定了基础。

未来的研究需在前人的基础上进行深入探索，强化对真实性的学理认知，识别并聚焦真实性体验与旅游服务空间营建的关联路径，探明影响真实性体验的空间营建要素，进而揭示出真实性体验对空间营建的作用机制（即关联方式及强弱）。"体验—营建"的关联性研究中，影响游客真实性体验的旅游客体要素是关键关联媒介。通过对关联机制的揭示，可形成对旅游规划设计方法的新认知，进而推导出一套体系化的、具有一定普适价值的旅游服务空间营建策略，为传统村落的保护与发展提供实践性指导。

（三）反思研究方法：要素拆解与转译逻辑有待明晰

随着真实性体验相关研究的深化，旅游客体要素也日益受到重视，要素的识别与分类呈现逐步精细化的特征。然而在既往研究中，旅游客体要素的识别方法各异，存在分类边界不明晰、类型特征模糊、实践应用性薄弱的问题。此外，大部分研究来源于旅游管理、市场营销等学科，关注于真实性体验的发生机制、影响效用，相对忽视空间类旅游客体要素，从而致使研究的实践指导价值主要落实在旅游管理、市场营销等维度，而对空间营造的指导相对较弱。

从研究方法维度出发，既往研究采用不同方法（如头脑风暴、专家评选、实地调研、文献提取等）进行旅游客体要素的识别与分类。部分研究中客体要素类型未与空间营建任务形成紧密的关联性（指向性），因而难以转译为规划设计策略；另一部分研究基于营建任务提取要素，进而交由游客等进行主观性评估打分，此类研究路径多缺乏理论性支撑，要素研判中主观性较强，可能存在分析误差。总体而言，既往研究路径缺乏对真实性理论与规划设计实践的系统性衔接，需在未来研究中加以改进、提升。

本书研究内容隶属于建筑学研究范畴，着眼于对旅游服务空间适宜性营建方法的探索，对客体要素进行拆解、评测与分析，进而为空间营建提供方法指导。传统村落旅游地内包含类型多元的旅游服务空间，这为空间环境类要素集合的识别与提取带来挑战。因此，本书针对旅游客体要素"识别—分类—转译"的研究线索进行了严谨、精心地设计，形成逻辑清晰、指向性明确的技术方法。

第二章

"真实体验" 内涵诠释

一、真实性的理论基础

Authenticity 一词的中文翻译方式颇具争议，目前常见的翻译包含"真实性、原真性、本真性"。Authenticity 来自希腊和拉丁语的"权威的"（*authoritative*）和"起源的"（*original*）两词。《新韦伯学院词典（第 9 版）》里，authenticity 有 original（原初的）、real（真实的）、trustworthy（可信的）三重内涵。

《威尼斯宪章》将 Authenticity 一词引入文化遗产领域。曹娟（2007）认为 authenticity 是指文化遗产本身及其相关信息的原初、真实和可信，"原真性"一词中"原"对应 original，"真"对应 real 和 trustworthy，完整表达了 authenticity 的三层含义。徐嵩龄（2008）指出，根据《奈良文献：真实性》的界定，authenticity 的译名应体现"原初"和"真实"，"原真性"译法即"原初的真实"，较为契合。社会学界、民俗学界通常用"本真性"这一翻译（赵红梅等，2012）。

Authenticity 被引入旅游学领域，是源于对现代社会"失真性"（inauthenticity）的认识。《从旅行者到旅游者：旅行艺术的丧失》一书中将大众团队旅游称为"伪事件"，是一种"失真"。美国社会学家 MacCannel 则认为旅游者生活在现代化、异化（alienated）的社会，现代化导致了宗教的衰落和世俗化，其旅游的动机就是为了寻找"本真"。之后，旅游界常用"真实性"代指 authenticity，以强调旅游者的体验。

本章节在对文化遗产领域、旅游学领域中 Authenticity 理论演进总结的基础上，提出真实性概念的建构性本质，进而从客体对象、客体原型、面向问题、目标导向四个维度对多元真实性内涵进行重新解读与诠释。

(一) 文化遗产真实性：从遗产保护转向活态发展

(1) 国际宪章中的真实性概念源起

真实性是文化遗产保护的重要原则之一，其核心在于保护遗产真实的历史信息。在众多遗产保护国际文件中，《威尼斯宪章》《奈良文件》和《实施世界遗产公约的操作指南》对真实性概念的界定颇具影响力（祁润钊等，2021）。1964 年，《威尼斯宪章》首次正式提出 authenticity 一词。1994 年通过的《奈良文件》以亚洲木构建筑为依据，对传统建筑的真实性进行了重新解读，强调了文化遗产类型的多样性，提出不能以一套固定的标准进行评判。《奈良文件》从三个维度推动了真实性内涵的演变：①从关注遗产本体真实性转变为关注遗产信息的真实性；②从静态真实转变为动态真实；③从绝对真实演变为相对真实。2005 年《实施世界遗产公约的操作指南》对文化遗产真实性进行了讨论与界定，该文件指出，依据文化遗产类别及其文化背景，若遗产的下列文化价值是可信的，则认为遗产具有真实性：外形和设计、材料和实体、用途和功能、传统技术和管理体系、位置和环境、语言和其他形式的非物质遗产、精神和感觉、其他内外因素。

(2) 真实性理论的本土化发展

东西方国家对真实性的内涵诠释存在差异。西方文明重视物质实体的永恒与真实，强调遗产的功能属性，东方文明则更重视精神价值的完整与连续，更强调遗产物质实体与文化之间的价值关联与精神统一（喻学才，2008）。然而，在中国相关保护法规中，由于需要以普适性标准去规范所有的保护与建造活动，因此仍然以"保持物质层面的原状"来代指真实性，部分地方条例罗列了"保持原状"的范畴，包含建筑高度、体量、色彩、传统格局、历史风貌等（曹昌智，2015）。

除遗产保护外，建筑规划学科的相关研究亦多探究发展更新中促进遗产地真实性保护的规划设计方法。如颜政纲（2016）聚焦于适宜历史风貌欠完整的传统村镇，以广东省沙湾古镇为例，从保护范围划分方法、适宜发展建设空间梳理方法、保护发展实施步骤推进方法等维度，探讨了村镇历史环境真实性的存续之道。王南希等（2017）基于当下城乡二元结构加剧乡村文化遗产破坏的问题，提出通过区域划分及景观控制的方法，在传统村落乡村景观规划设计中承续历史地域的乡村景观基因。吴平（2018）关注到黔东南传统村落环境真实性特征在美丽乡村建设过程中遭到破坏的问题，提出了乡村建设应回归本原，保持村落自然本真风貌，维护村落文化多样性的观点。

国内对非物质文化遗产真实性保护的研究与讨论起步较晚，马知遥（2010）将其归类为三个悖论：首先，非遗保护的目的是传承和弘扬传统文化，但活态的保护与传承模式又势必会因为外力的介入而损害遗产的真实性；其次，遗产保护中很难协调"稳态"与"变异"之间的关系，若强行维持真实性，可能会致使遗产走向消亡；最后，保护过程中的短视思想、商业包装宣传，会导致非遗的边缘化甚至破坏其真实性。诸多学者认为缺乏对非遗主体的关注是悖论产生的根本原因，即对非遗主体的忽视、文化主体话语权的丧失，导致行政权力和商业操作越俎代庖，强行移植和嫁接文化符号，极大削弱了非遗真实性。未来发展中，应从文化创造主体和文化功能的维度出发，构建适于非遗真实性的评估标准（韩成艳，2011；陈沛照，2014）。

综上，在文化遗产保护领域，针对不同类型的客体对象（物质遗产、非物质遗产）、应用场景（遗产保护、村镇发展更新），真实性概念内涵各不相同，无法以统一的标准加以衡量。与其说真实性是一个相对客观的修复原则，不如说是一种主观的价值评价（祁润钊，2020）。

（3）面向发展的真实性内涵拓维

21世纪以来，文化遗产保护领域开始关注遗产管理与遗产地发展等议题，保护与发展的二元关系成为现实挑战与研究热点。人们对真实性的价值判定已不再局限于物质遗产保护，而开始追求遗产地的可持续发展。2005年，《西安宣言》强调要保护、管理、监控遗产及其周边环境，需采取措施应对由于生活方式、发展、大规模灾害等造成的城市、景观和遗产线路的改变（ICOMOS，2005）。2006年，《绍兴宣言》提出遗产保护、管理和监测、遗产旅游、遗产融资三大主题，除了持续关注遗产管理外，逐步开始探索旅游发展促进遗产保护的新路径。2011年，国际古迹遗址理事会通过的《巴黎宣言》认为，应将文化遗产作为推动社会经济、文化或旅游发展及遗产长期保护的关键要素，只有赋予遗产新的精神功能和日常用途，才能通过自给自足的方式找到可持续保护的方法（汤晔峥，2013）。

在可持续发展的视野下，真实性开始与"生活真实、活态保护、活化利用"等概念相关联。如在传统村镇保护中，频繁出现因空间条件、产业发展难以满足现代生活生计需求而导致原住民外流的现象；过度商业化发展、引入城市化元素，对原住民传统生计生活造成破坏。这些现象导致传统村镇成为只有"物质外壳"而无"人文灵魂"的标本。既有法规条例多着眼于物质遗产保护，缺乏对人文要素的考量与保护。基于上述问题，阮仪三等（2004）、杨新海（2005）、夏健等（2008）认为社会生活及其关联文化意义的真实性同样是历史街区的价值所在，应得到充分尊重和重视，只有基于居民生活需求的小规模、循序渐进式的改造才符合历史街区真实性保护的原则。

近年来，基于促进遗产可持续发展的理念（或目标），活态保护概念开始与真实性保护相关联。在中国，活态保护概念来源于非物质文化遗产保护，是指在新的时代语境下，恢复或再造非遗的生存发展要素（人、空间、时间），使非遗获得新的造血能力（徐顺昌，2018）。2010 年后，活态保护概念被引入建筑规划学科，保护对象为实体空间，强调促使遗产空间的功能延续及发展利用，人对遗产空间的活态保护具有关键性作用（周俭，2012；严国泰等，2014；李和平等，2015；欧阳国辉等，2017；肖洪未等，2018）。对遗产地物质性遗产、非物质性要素（如生活文化、匠艺主体等）的真实性保护被认为是实现遗产地活态保护的重要措施（申好婕等，2021；王雷雷等，2017；李晓雪，2016），活态保护亦可成为诠释遗产地真实性价值观的重要维度。

（二）旅游真实性：从客体评判转向主观体验

除了文化保护领域，真实性在旅游学领域亦得到深入发展。真实性于 20 世纪 70 年代由 MacCannel 等学者引入旅游学研究中，是游客旅游动机和旅游经历的重要内容之一，之后便受到学界广泛关注和深入研究，现已发展为以人类学和社会学为载体的重要旅游议题。

（1）旅游真实性的理论沿革

第二次世界大战后，大众旅游势如破竹。20世纪50年代至60年代，学界对旅游业发展的评价出现两极分化：将旅游视为区域发展之利器的学者赞美其经济效应，而关注文化变迁与社区认同的学者则关注于旅游制造的经济、社会与文化悲剧。博物学家、历史学家Boorstin（1964）指出在大众旅游过程中，出现了文化商品化、旅游经历均质化和标准化等问题。旅游者自身很少喜欢当地真实的文化，而追求经过精心策划的虚假事件，他们助长了旅游"伪事件"的发展。Boorstin的观点体现出对旅游客体原初性（original）的追求。

20世纪70年代，旅游者开始期待获得更真实、更深入的旅游体验，真实性概念延伸到旅游领域。美国人类学家Goffman（1959）借用戏剧舞台的比喻形容人们日常交往中的真实性呈现问题。1973年，MacCannel将真实性概念与前后台理论相结合，引入到旅游学科中，开创旅游研究的真实性范式。他认为"旅游者是真实性的朝圣者"，现代性是"失真"现象的元凶。此外，他将"舞台真实性"（staged authenticity）定义为东道主为使景观（sights）、场所（sites）、客体（objects）与事件（events）显得更真实而做的舞台化处理。他发现游客是希望进入后台区域以获得真实性体验的，而旅游地也企图营造一种后台化的前台空间，让游客产生一种已经进入后台区域的错觉（MacCannel，1973）。该观点引发了学界对authenticity的广泛讨论。然而，由于主位观点与真实性客观标准的缺失，导致MacCannel在主观体验真实与客体真实之间建立的联系也含混不清。因此，尽管"舞台"真实深刻地揭示了文化商品化的问题，但却未能捕捉到旅游体验的复杂性（赵红梅等，2012）。

之后，Cohen（1979，1983）认为真实性并非场所、景象、事件等的客观属性，而是被社会性建构出来的，客体要素的某种特征使游客产生真实感，他将这种建构过程表述为"渐进真实性"（emergent authenticity）。

Wang（1999）在总结前人理论研究的基础上，进一步反思了旅游体验的发生情形与作用机制，将旅游体验中的真实性归类为"旅游客体要素相关的真实性"及"旅游活动相关的真实性"，前者包含客观主义真实性、建

构主义真实性，后者包含存在主义真实性（图 2-1）。客观主义真实性强调
旅游客体的真实性，并认为真实性可以被明确的衡量、判定，真实性评价
标准多由专家制定，与传统的、原先的、原创的、独特性等概念相联系。
建构主义真实性同时强调游客主观感知的真实性及客观的真实性，真实性
是一个相对的、可商榷的概念。存在主义真实性完全转向人的主观体验，
不关心旅游客体真实性，即将真实作为一种对本真自我的体验，人们感
觉自己比日常生活中的自我更加真实、自由，因为他们能够摆脱日常生
活中的种种约束，参加非同寻常的活动（Wang，1999）。建构主义真实
性与存在主义真实性均属于主观性的真实性体验，它不可避免地受到个
体认知差异的影响，但其仍然存在一些共性化特征及影响要素。

图 2-1 多元真实性辨析图示

来源：Wang N. Rethinking authenticity in tourism experience [J]. Annals of
Tourism Research，1999，26：349-370.

2000 年后，真实体验的相关研究多沿用 MacCannel 的舞台真实性概念，
探索具体案例旅游地内舞台真实性与游客旅游体验的关联（Gardiner et al.，
2022；Zerva，2015），或沿用王宁对旅游体验真实性的分类，评测三类真实
性的影响要素及效益（Park et al.，2019；Kolar et al.，2010；Żemła et al.，
2020；Mkono，2012）。研究表明，遗产旅游中的建构主义真实性显著影响
游客满意度，间接影响游客旅游忠诚度；存在主义真实性对游客满意度、
忠诚度有直接或间接影响（Park et al.，2019；Fu，2019）。

(2) 旅游真实性的本土化发展

真实性理念于 2000 年左右引入中国。前期阶段，相关研究主要以介
绍国外相关理论为主，之后，学界逐步开始结合本土化实践进行应用转
译（王婧，2020）。国内真实性的相关研究主要包含三种类型：①探究各

类型旅游体验真实性之间的作用关系（Dai et al.，2021；Zhang et al.，2020；Nguyen et al.，2016；Zhang et al.，2021；Fu，2019；Lu et al.，2022；Yin，2021）；②剖析真实性体验的发生机制，认为真实性体验是旅游主体通过介体体验客体的过程，主体、介体、客体共同制约着旅游者体验的真实（董培海，2011；叶琳，2021）；③探索多元主体真实性感知的差异性及影响要素（王婧，2020；高燕等，2010）。

国内对真实性的研究多集中于遗产旅游领域，研究结合的实证案例多为传统村镇、工业遗产地、民族村寨等积极寻求旅游发展的遗产地，这体现出我国当前遗产旅游领域研究和实践结合的迫切性。国内真实性相关研究中，存在基础理论先行的指导优势，但却缺乏结合本土现状的深入性理论探索，以及将基础理论转译为具有地域性营建策略的方法及途径（吴承照，2009）。

(三) 基于对象、原型、问题、目标的真实性内涵辨析

建构性是指基于原有知识经验生成意义、建构理解的过程，这一过程常常是在社会文化互动中完成的。所有真实性内涵均是社会建构的概念，即是相对的、由环境决定的、是思想意识形态的（高燕，2009）。真实性并不是一种有形的"财富"，而是观察者置于环景（tourist settings）与产品之上的判断或价值观（Moscardo et al.，1999）。

Authenticity 无论翻译为"真实性"还是"原真性"，都存在以"原初"或是"本真"为形容的原型，在诠释真实性内涵时，不可避免地要将客体对象与该原型进行比对，当客体对象与原型在某些方面符合一致性价值判断时，则被描述为是真实的，反之，则是不真实的。然而，基于时空等维度的演进，世界上不存在绝对相同的两件事物。因此，在界定、描述真实性时，需要对判定项目、一致性条件进行明晰的（主观性）界定，不同的判定标准导致了真实性内涵的多义性。因此，在认知真实性概念时，需首先明晰其客体对象、原型与判定标准。

此外，研究者在提出、诠释真实性概念时，总是基于特定问题而展开，并存在潜在的目标导向，促使真实性的理论研究具有现实指导意义。因此，在进行真实性诠释时，普遍具有包含问题与目标的"研究意图"。

综上，真实性的界定与诠释包含（或隐含）客体对象、客体原型、判定标准、面向问题、目标导向等要素。其中，判定标准既是针对客体与客体对象的差异性提出的，又与面向问题与目标导向高度相关，是真实性内涵诠释的关键所在（图2-2）。其余四项要素是真实性内涵诠释的基础，可通过此四项要素辨析既往研究中多元真实性的概念内涵，探索多元真实性之间的差异性（表2-1）。

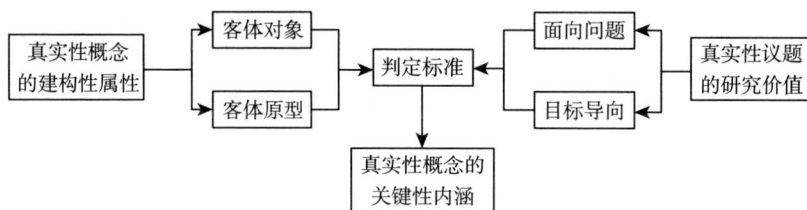

图2-2　真实性内涵诠释的关键性要素关系

表2-1　多元真实性内涵辨析

	真实性类别	客体对象	客体原型	面向问题	目标导向
文化遗产保护领域	物质遗产真实性	当下的物质遗产	初建成并投入使用的物质遗产	物质遗产遭到物理性破坏	物质遗产保持良好的传统风貌
	非遗真实性	当下的非物质遗产	由非遗传承人继承的非遗项目	非物质遗产逐步丧失、消失	非物质遗产活态延续
	生活真实性	遗产地区内原住民的当下生活	原住民的日常生活活动	原住民流失、生活文化消失	原住民能够长久的生活在遗产地区
旅游学领域	客观主义真实性	旅游客体	旅游地旅游开发前的文化特色	旅游客体对象是虚构的	给游客呈现出旅游地的原有文化特色
	建构主义真实性	游客在游览中对旅游客体的感知与体验	游客对旅游客体的基础认知	游客产生"失真"之感	促进游客认为旅游客体是真实的
	存在主义真实性	游客游览中产生的对本真自我的体验	游客在日常生活中的感受与体验	游客未收获到比日常生活更加真实、自由、摆脱束缚的体验	促进游客对本真自我的体验

二、传统村落的真实性

(一) 真实性的三个诠释维度

从不同学科或不同维度出发，"传统村落真实性"具有多元的解读路径。传统村落真实性涉及古建遗产真实性、村民生活真实性、游客体验真实性等多种概念。

从文化遗产保护维度出发，传统村落真实性偏近于物质遗产真实性（或原真性），具有一套相对明确的、文物保护学界认可的价值评定标准。

从社会学、设计学维度出发，传统村落真实性又可被诠释为原住民真实的生计生活。传统村落被认为是活态遗产，人是村落活态延续的关键。

从旅游发展维度出发，传统村落真实性包含主客观解读视角。客观维度下，基于文化遗产、旅游学专家视角界定旅游客体的真实性标准，相关研究关注商品化、标准化发展对旅游客体所蕴含的文化真实性价值的改变；主观维度则关注游客对真实性的主观界定与理解，相关研究发现游客主观体验的真实性对旅游满意度、重游率、忠诚度具有显著影响，相比于专家视角下的真实性判定标准，游客体验的真实性对旅游地发展具有更加立竿见影的效果。

在旅游发展中，传统村落真实性似乎同时与上述三类型真实性相关联。前两项真实性关注于传统村落保护的核心要素——物质性遗产与村民，最后一项真实性则与村落产业发展紧密关联，且游客主观真实性感知亦是对传统村落各项保护、营建工作的综合性评价。在传统村落保护与发展的不断博弈中，传统村落真实性内涵逐步模糊，专家、乡村建设者、管理者和大众对村落文化价值因素的认知存在差异，传统村落原汁原味的文化特色在各项营建中未得到有效保护，致使村内旅游服务空间不能满足游客需求，带给游客"失真"体验。

(二) 基于四要素的概念辨析

为厘清传统村落真实性内涵，制定详细的传统村落真实性判定标准，需通过四要素（对象、原型、问题、目标）对真实性内涵进行再认知（图 2 - 3）。

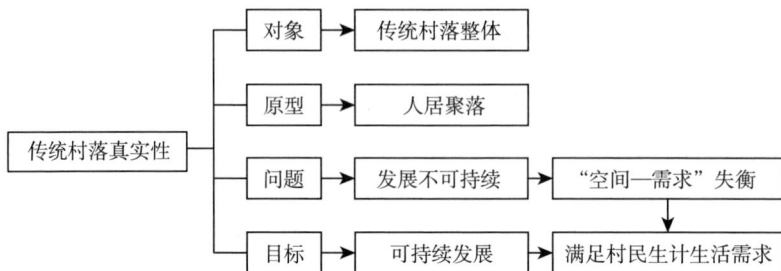

```
                          ┌─────┐    ┌──────────────┐
                      ┌──→│ 对象 │───→│  传统村落整体  │
                      │   └─────┘    └──────────────┘
                      │
                      │   ┌─────┐    ┌──────────────┐
                      ├──→│ 原型 │───→│   人居聚落    │
   ┌──────────┐       │   └─────┘    └──────────────┘
   │ 传统村落真实性│──────┤
   └──────────┘       │   ┌─────┐    ┌──────────────┐   ┌────────────────┐
                      ├──→│ 问题 │───→│  发展不可持续  │──→│ "空间—需求"失衡 │
                      │   └─────┘    └──────────────┘   └────────────────┘
                      │                                         │
                      │   ┌─────┐    ┌──────────────┐   ┌───────▼────────┐
                      └──→│ 目标 │───→│   可持续发展   │──→│ 满足村民生计生活需求│
                          └─────┘    └──────────────┘   └────────────────┘
```

图 2 - 3　基于四要素的传统村落真实性内涵认知

(1) 客体对象——村落整体

传统村落真实性的客体对象为传统村落整体，而非村落内的遗产资源或村民活动等。因此，遗产真实性与生活真实性的内涵不能完整地描述出传统村落真实性的本质。冯骥才（2013）指出，从遗产学角度出发，不同于物质遗产与非物质遗产，传统村落是一种生活生产中的遗产，是活态和立体的，而非滞固和平面的。村内建筑需有人居住和生活，不断进行修缮乃至更新与新建，斑驳而丰富地呈现出村落动态的、嬗变的历史进程。若忽略传统村落的精神文化内涵，将导致其徒具躯壳，形存实亡。

(2) 客体原型——人居聚落

传统村落真实性的客体原型是村落本体，而非历史时期的存在状态。"诗意地栖居"被认为是人存在的本质（孙周兴，1996）。传统村落是由村民栖居而形成的聚落，村民栖居是传统村落存在的关键。传统文化、空间环境则是族群的生存哲学，是基于地方场景生产和发展出来的、以当地人为载体的一套生活方式、活动场所（谢小芹，2015）。一个没有村民的空间环境不能被称为"村落"，因其丧失了传统村落最基本的"栖居"功能。由此可知，传统村落的客体原型是一个包含多维要素的、长久以来形成的、和谐演进的聚居系统，而非过去某个时间点内的传统村落。传统村落真实性不应以村落"原初"状态为原型，而应立足于其"人居聚落"的本质进行推导。

(3) 面临问题——发展不可持续

传统村落当下所面临的本质问题是不可持续的发展。传统村落的形成年代较早，村民针对"过去环境"进行适宜性建设，形成了人的需求与空间环境协同的营建体系，成功地从"过去"走到"现在"（王竹，2008）。然而，随着全球化、城镇化的发展，人的需求发生巨大改变，而空间环境却出于其遗产价值被保护起来（无法基于需求进行拆改），"空间—需求"二元平衡失调，从而在一定程度上导致传统村落广泛出现人口流失、逐步衰落的问题。

(4) 潜在目标——活态延续

与上述问题相对应的潜在目标为村落的可持续发展。村民的驻留是传统村落活态延续的本质。"空间—需求"二元关系表明村民在当下时代的真实需求是否得到满足决定着村民的去留。村民的真实需求主要包含"生活、生计"二元维度，若村民需求未得到满足（如人居环境恶劣、缺少就业岗位等），村民则可能外出打工、定居，传统村落则逐步空心化直至消亡。基于上述问题，传统村落真实性的目标在于满足村民"生活、生计"需求，促进村落可持续发展。

基于对对象、原型、问题、目标的认知，传统村落真实性是针对传统村落整体——一个"协调发展的人居聚落"而提出的，基于传统村落当下出现的产业凋敝、村民外流、空间衰落等不可持续问题，旨在协调"空间—需求"的二元关系，促使村落可持续发展。传统村落真实性内涵可被进一步描述为"村民生计生活需求得到满足、村落得以可持续发展的状态"，具体表现为传统村落持续保有村民的生计、生活，具有永续的宜居性。

三、传统村落的"真实体验"

"真实体验"是本书重要的研究视角，它是在既有真实性理论、旅游体验理论的基础上逐步推导得出的。本小节将从"传统村落真实性"内涵诠释、"失真"问题中主客观真实性互动、游客"真实体验"内涵诠释三个层次逐步深入，从理论维度构建"真实体验"的概念框架。

（一）传统村落真实性与真实性旅游体验

旅游业为条件适宜的传统村落带来发展机遇，助力传统村落真实性保护。传统村落真实性保护的核心在于满足村民的生计、生活需求。对于部分条件适宜的传统村落（如旅游资源丰富、交通条件良好、周围具有良好的客源市场），旅游业的引入可缓解"空间—需求"之间的矛盾：被保护下来的遗产空间环境对游客具有旅游吸引力，而对到访游客的旅游接待能够产生经济效益，从而能够促进村落人居环境的提升，为村民提供生计支持。因此，从宏观维度出发，旅游业对传统村落真实性保护具有积极促进作用，是值得探索的产业发展路径之一。

然而，近年来传统村落出现了"原汁原味"特色丧失、游客"失真"体验等现实问题，削弱了村落旅游发展的可持续性。这些现实问题同时涉及客观维度的真实性保护与主观维度的真实性体验，本小节将从主客观维度出发，理清两者之间的关联互动，并探寻解题的思路。

（1）"失真"问题溯源

近年来，传统村落出现的"失真"问题影响到旅游业可持续发展，进而影响村落旅游真实性的保护。在旅游学领域，"失真"问题在 20 世纪五六十年代就已被提出，诸多研究者对"失真"问题进行了深入性溯源，以期能"透过现象看本质"。

Boorstin、MacCannel 等是最早提出旅游"失真"问题的学者。Boorstin 指责大众旅游催生出虚假事件和商品化的文化，体验被均质化、标准化，真实性变成可疑的命题；MacCannel 随后指出现代性导致了"失真"，它迫使人们借助旅游去寻找真实性，将旅游者视为专门追求真实性的准"朝圣者"。尽管两位学者的论断存在片面性，但反映出人们对真实性与商品化、现代性关系的思考。

商品化发展一度被认为是引发"失真"问题的元凶。商品化（commoditization）是指在贸易网络中，事物（或活动）的价值开始由其交换价值来衡量，并因此变成商品（或服务）。在诸多传统文化礼仪中，交换与契约多以礼物的形式达成，意味着人情、礼节、意识等，而市场的扩张促使"来而不往非礼也"的礼物交换系统转变为商品与货币之间的简单交换。事实证明,人们远未适应诸如艺术、信仰、礼仪、节日、风俗等文化元素的商品化,"失真"体验便是印证,因此商品化一度成为"文化贬值"或"虚假文化"的代名词。然而,也有学者认为商品化不仅对文化狭隘主义卓有疗效,还能促使文化更加多元丰富(Jackson,1999)。如Cohen(1988)将旅游中的文化商品化归为文化变迁的必然过程。他认为曾经被视为失真的事物,可能会在时间的流逝中逐渐被认可为真实,文化商品化对文化可能有复兴之功。

基于更深层次的分析,赵红梅等(2012)指出现代性引发了"失真"问题,商品化是现代性的表征之一。现代性是指社会生活或组织的形式,是一种具有世界历史性影响的行为制度与模式,是现代社会或工业文明的缩略语。现代性通过提供技术支持(科技革命、交通运输、工作日缩短等)导致大众旅游的发生,现代性衍生出商品化与真实性矛盾促使人们出游。而旅游本身亦引发商品化与真实性二元失衡问题,致使"伪事件"与"舞台真实"的出现。简而言之,旅游者所面临的"真实性—商品化"的矛盾难题,是由现代性引发的。

综上所述,随着研究的深入,学界逐步认识到现代性与真实性绝非简单的因果关系,商品化与真实性亦非绝对的二元对立。此外,既有研究发现,游客并非执着于追求绝对的真实性。因此,那些将旅游动机等同于"追求客观真实性"的说法已逐渐式微,旅游主体内心的真实体验与感知被日益看重。总体而言,虽然传统价值观使人们难以完全抛弃"非商品化"这一度量标准,但对真实性的看法,却伴随着对现代性、商品化的清晰认识而更加全面、深刻(赵红梅等,2012)。

在传统村落旅游发展中,现代性、商品化发展是无法规避的,是时代进步、社会发展的必然产物。然而,在符合社会发展规律的前提下,旅游各项营建过程中对商品化"度"的把控是保护传统村落真实性的关键。

(2) 关联主客观二元维度的"失真"问题

旅游发展中,传统村落"失真"问题同时涉及主观真实性、客观真实性双重维度。Wang(1999)认为客观主义真实性与建构主义真实性是"基于旅游客体要素"的真实性概念。诸多后续研究也在积极探索影响游客真实体验的客体要素(王婧,2020;高燕等,2010)。因此,主客观真实性关联紧密，主观体验的"失真"在一定程度上源自于客观维度的"失真"。从客观维度出发，传统村落真实性是村民生计生活需求得到满足、村落得以可持续发展的状态。在旅游发展中，若各项营建活动背离了客观真实性价值，则极易引发主观上的"失真"体验（图 2-4）。

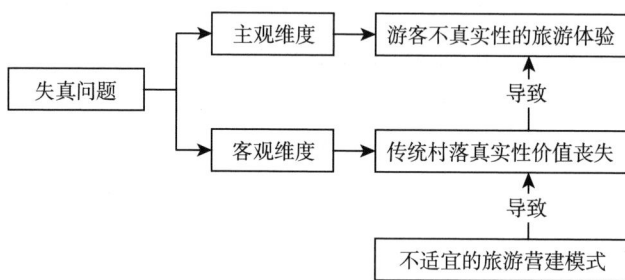

图 2-4　关联主客观二元维度的"失真"问题

　　乡村旅游存在"社区化""景区化"两种典型发展模式，两种模式间存在显著特征差异，前者是"乡村休闲与生活体验的日常叙述"，而后者为"乡村自然与文化观赏的舞台凝视"（李涛等，2022）。其中，"社区化"的旅游发展模式更符合传统村落真实性的价值观，更能把握"永续的宜居性"的真实性价值内核。尽管浙江传统村落整体上保持着"社区化"的旅游发展模式，但部分村落仍出现了一些不适宜的、"景区化"的营建措施，如设置飞地式的、舞台化的旅游接待场所，切断游客与村民的关联互动；又如过多设置标准化的、迎合性的、与传统文化无关的服务业态等，这些举措均极大程度上导致游客在游览过程中难以体验到村落的真实性价值内核。在未来旅游发展中，如何进行适宜性营建，纠偏景区式营建模式，彰显传统村落真实性价值（客观维度），是本书深入探索的问题之一。

（3）真实性体验与传统村落真实性的良性互促

　　既往研究表明，通过适宜性调控，在旅游发展中游客的真实性体验能够与传统村落真实性实现良性互促，共同助力村落旅游的可持续发展。从游客主观体验维度出发，游客在游览中的真实性感知可提升其旅游满意度、增加旅游花费、提升重游率，进而能够提升村落的旅游收益（Park et al.，2019）。旅游收益可能为村民提供一定的生计生活支持，促进村民驻留乡村、安居乐业，保护传统村落真实性价值；从传统村落真实性保护维度出发，保有村民生计生活的村落能够增强旅游地的地域性、乡土文化氛围，提升村落的原住民保有率，提高居民的旅游支持和参与度，而这些要素能够助力于提升游客的真实性体验（冯淑华，2007；戴永明，2012）（图2-5）。

在传统村落旅游发展中，旅游服务空间是关联主客观真实性的重要媒介之一，适宜性空间营建能够促进真实性价值的传递与互动。既有传统村落旅游服务空间营建中，多看重于物质性遗产展示、商业服务类设施配制，形成规模化、标准化的参观景点与游线，而相对忽视了对村民真实生活生计的展示，因而难以彰显传统村落的真实性价值，成为"失真"体验的重要原因之一。然而，适宜地标准化、商业化配置在旅游发展中又必不可少，可以满足游客基本的游览体验需求。因此，游客体验"基础性需求—真实性感知"之间的潜在矛盾增添了问题解决的难度。为探寻适宜性营建方法，需从游客主观体验视角出发，探明游客对旅游服务空间的需求与真实性感知特征，将其作为旅游服务空间营建中对商业化、标准化配置"度"的把控依据，进而促进宏观维度下游客真实性体验与传统村落真实性保护的良性互动。

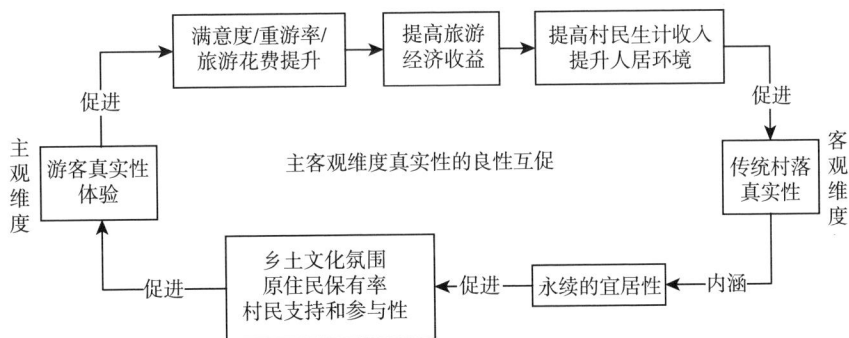

图2-5 传统村落旅游发展中主客观维度真实性的良性互促

建筑规划学科研究较少涉及对遗产旅游地内游客需求与真实性感知的探究，原因在于部分研究者认为传统村落营建应以文化保护为主，不应迎合（来自城市的）游客的喜好。且可能正是营建者对游客喜好的过度迎合，以及趋利性的营建理念，促使传统村落过度商业化发展，导致或部分导致传统村落的客观真实性价值被逐步削弱。然而，随着研究的深入，学界逐步认识到应厘清游客真实性体验的内在逻辑，进而总结出趋利避害的、协调潜在矛盾的可持续发展之道。

（二）"真实体验"：游客通过旅游服务空间体验传统村落真实性

在传统村落真实性的价值观下，针对（条件适宜的）进行旅游发展的传统村落，兼顾游客需求与真实性感知的旅游服务空间营建极为关键。因此，本小节转向游客视角，借鉴旅游体验、真实性等理论，诠释游客对旅游服务空间的多维诉求，进而提出"真实体验"的研究视角，为下一步有针对性地进行旅游服务空间营建奠定基础。

（1）定位：旅游体验中的环境感知

旅游体验（tourist experience 或 tourism experience）起源于 20 世纪 60 年代，经过不断探索，旅游体验逐步被认为是主体的心理结构状态：是游客与外部世界交互后的情感状态，是以情感为内核的心理活动过程（孙小龙，2018）。

学界对旅游体验有多元的类型划分方法。其中，Quan 等（2004）将旅游体验分为"支持性体验"（supporting consumer experience）与"高峰体验"（peak touristic experience）两个维度。前者是日常体验在旅途中的延伸或强化，旨在满足游客在旅途中的基本需要，如饮食、睡眠、交通等；后者则是与日常体验形成鲜明对比的、由吸引物建构实现的、以游览和娱乐为内核的体验（表 2 - 2）。支持性体验并非游客旅游的目的或动机，因此常被旅游学、社会学研究忽视。然而，从营销、管理的维度出发，旅游活动本质上属于消费活动，基础性旅游接待服务（支持性体验）与高峰体验均属于消费者体验的一部分。基于此，Quan 等（2004）提出旅游体验的概念模型，将高峰体验和支持性体验两个维度共同纳入旅游体验的概念框架，并指出这两者相辅相成、难以分离。一方面，支持性体验是高峰体验形成的基础，支持性体验质量的下降将直接破坏游客的高峰体验（贾英等，2008）；另一方面，支持性体验与高峰体验在部分情况下亦可相互转化。因此，支持性体验与高峰体验构成了一个有机的整体，二者的区别是概念性的，而非物理性的（Quan et al.，2004）。二元体验维度的划分亦体现出人群主体"由低到高"的层级需求。

表 2 - 2 支持性体验与高峰体验的区别

支持性体验	高峰体验
日常生活体验的延伸或强化	与日常生活体验相对
不是旅途的目的或动机	旅途的目标或动机
满足在旅途中形成的基本需求	满足旅途开始前形成的更高阶需求
由支持性设施诱导形成	由旅游吸引物诱导形成
通过满意度来评判	通过心理感知（如愉悦度等）来评判

资料来源：叶顺. 乡村小型接待企业成长的内在机制、影响因素及对顾客体验的效应研究 [D]. 杭州：浙江大学，2016.

旅游体验是游客与外部环境交互作用下的情感状态表现，因而环境要素对旅游体验的影响不容忽视。旅游环境感知是真实体验的重要维度之一，是游客对旅游地周围环境在大脑里形成整体印象的心理过程。既往研究表明设施环境、景观风貌、交往互动等均会对游客体验产生影响（Bitner，1992；Baker，1994；张辉等，2022）。

旅游环境感知是一个动态变化的过程，包括游前、游中、游后三个感知阶段。游前感知属于间接环境感知，游客此时并未到达旅游目的地，而是通过书籍报刊、电影电视、网络通信、亲朋好友的推荐介绍等途径进行了解感知；游中感知是游客从进入旅游目的地到离开旅游目的地期间的直接性环境感知；游后感知是游客离开旅游地回到常居地后相当长的一段时间的感知，不同游客的游后环境感知强弱、内容和形式不同（王迪云，2018）。

(2) 剖析：真实性中的主体、客体与介体

游客的真实体验具有主观建构性，与旅游学科的建构主义真实性内涵相近，是一种主观参与、感知的状态，既与客观目标物（环境设施、业态服务等）的真实程度有关，又依赖于主体的参与性过程（Wang，1999；Chhabra，2005；Chhabra，2010）。

建构真实性包含主客体双重视角。从主体体验维度出发，真实或失真取决于人们的偏好、视角与解读，不同旅游者对同一客体的真实性认知不同，即便专家举证出客观的失真，也无法影响旅游者移情式的真实体验。对于旅游地文化及东道主而言，真实体验是标签，反映客源地社

会对东道主文化的刻板印象和期待（Wang，1999）；从客体维度出发，不存在绝对而静态的原版真实，因为人们都是社会的过客，而文化永远处在过程之中，原创物或传统自身也会应现时之需而被发明或建构，最初被认为失真的事物，会随时间的流逝而"渐变真实"。

除主客观二元要素外，主客体之间的真实性价值传递媒介极为关键。传递媒介可能包含空间环境、媒体报道、各类有形或无形的旅游服务等，本书重点关注空间环境（旅游服务空间）这一单一性真实性传递媒介，探索什么样的旅游服务空间设计能够更为有效地向游客传递传统村落的真实性价值。

综上，旅游体验过程涉及旅游主体、介体和客体三者之间的互动关系，即主体通过介体体验客体，三者共同制约着旅游者体验真实（董培海，2011）。其中，介体要素是影响真实性体验的关键要素，本书重点关注旅游服务空间这一介体要素的真实性价值传导成效与营建方法。

（3）界定：游客对旅游服务空间的需求与真实性感知

图2-6为"真实体验"的理论建构图示。首先，借鉴旅游体验中支持性体验、高峰体验的二元体验维度，将游客"真实体验"划分为"基础性需求"与"真实性感知"的双重维度："基础性需求"为游客在旅游地内开展游览活动的基本需求，既包含食宿、如厕等生理需求，又包含基本参观、游览等旅游活动需求；"真实性感知"则指游客在旅游地内通过体验活动获得的、对村落原汁原味特色的心理感知。游客基础性需求需先得到满足，真实性心理感知才会得到满足。

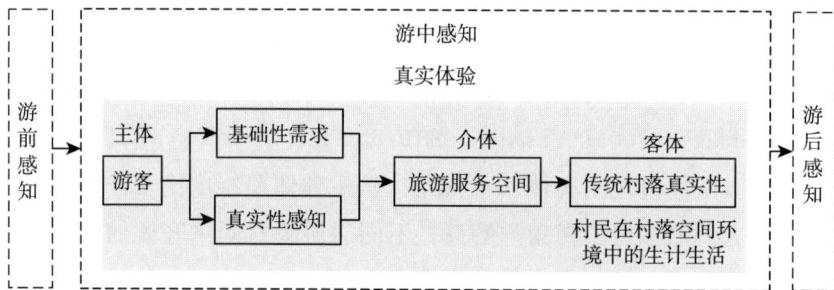

图2-6 "真实体验"的理论建构

其次，本书研究的"真实体验"本质上是旅游环境感知的一种，属于"游中感知"，是在游客游览体验活动中、身处村落空间环境内所产生的感知与体验。

最后，基于建构主义真实性及旅游体验情境，"真实体验"包含主体、介体、客体三元要素。其中，主体为游客，介体为旅游服务空间，客体为传统村落真实性。

既有研究中与"真实体验"相近的词汇还包含"真实性感知"。体验即"以身体之，以心验之"，是通过自己的感觉器官对相关的物、场、事、人进行了解感知，以个体的全身心去融入、参与、共鸣、升华，感受外在印象与内在的功能、内涵与意义（陆邵明，2018）。感知则指意识对内外界信息的觉察、感觉、注意、知觉的一系列过程。通过概念解析可知，体验中包含感知过程，是一系列感知的集合体，是行动主体所获得的深刻的、精神层面的感受。本书所指的游客"真实体验"，是包含多重感知的、可能上升到精神层级的亲身感受，因此，"体验"一词更符合本书的语境。

综上，为简化论述，且与既有旅游学研究中的真实性体验相区别，本书将游客在传统村落旅游过程中，通过旅游服务空间体验传统村落真实性的过程称为"真实体验"。

第三章　基于 "真实体验" 的营建思路

在传统村落旅游发展中，游客是村落旅游收益的重要贡献人，对游客多元需求的适宜性满足将助力于传统村落的真实性保护。代表游客需求的"真实体验"应作为指导旅游服务空间营建的重要依据之一。然而，"真实体验"该如何与旅游服务空间营建相关联，是研究深化的要点与难点。本章将从分析维度、分析尺度、营建内容三个层面逐级深入，初步构建"真实体验"与空间营建之间的潜在对应关系。

一、分析维度：文化/商业功能—人文关联性

（一）旅游服务空间中的文化/商业功能协调

从"真实体验"视角出发，首先需理论结合实践，对关键性要素进行提取，作为研究深入展开的基础。本书关注游客在传统村落旅行游览中出现的"失真"体验问题，通过理论剖析可知，真实性议题包含"文化真实性—商业化"二元关系，二者之间的潜在矛盾可通过有效措施加以协调。在旅游服务空间营建中，各项商业服务、标准化配置的"度"的把控是关键点，亦是难点。

在传统村落旅游服务空间营建中，商业类业态的置入必不可少，可为游客提供各类必需或非必需的旅游接待服务。然而，由于商业业态直接与旅游收益相关，当具有良好旅游市场之时，商业营利导向型发展模式很容易占据主导地位，而致使营建者过度进行招商引资，设立商业设施，忽视对文化展示类空间的营造。近年来，"过度商业化发展"的批评声的出现，彰显出游客对旅游服务空间"文化—商业"二元功能失衡的不满。因此，从旅游服务空间营建维度出发，如何适宜地配置商业类设

施，协调旅游服务空间"文化—商业"的二元功能，是值得深入探索的问题。具体而言，该议题下需探明以下几个问题：

①影响效益：空间文化功能、商业功能在多大程度上影响到游客的"真实体验"；

②影响要素：影响"真实体验"的旅游服务空间要素具体是什么；

③作用机制：从文化/商业功能出发，该如何进行旅游服务空间营建。

（二）旅游服务空间中的人文关联性强弱

旅游服务空间的人文关联性强弱是基于"真实体验"营建视角下的另一重要分析维度。空间与人的关系一直是传统村落关注的重点。从宏观维度出发，人文关联性关注于空间格局、景观设计中对人地关系、宗族社会的彰显与传达（吴艳等，2013；罗求生，2018；种岚妮，2021；李小龙等，2022）；从微观维度出发，人文关联性关注于历史文化与日常生活场景的空间表达（乔雨，2022；潘可，2021）。

本书的基本价值观是"保护传统村落真实性"，通过理论演绎可知，传统村落的"真"是村落保有村民的生计生活，而游客的"真实体验"指游客在游览中体验旅游服务空间内村民的生计生活。因此，本书中的"人文关联性"是指村民日常生活、生计活动在旅游服务空间内的彰显与表达。既有研究已将诸多人文关联性要素纳入真实性体验的客体影响要素，如原有居民的保有率、原有生活方式、居民的自豪感、居民的参与度等（冯淑华等，2007；徐伟等，2011）。综上，基于理论推导可形成研究假设——旅游服务空间的人文关联性对游客"真实体验"具有正向影响，人文关联性较强的空间更能促进游客的"真实体验"。

二、分析尺度：村域整体—建筑局部

基于"真实体验"的旅游服务空间营建涉及村域、建筑二元空间尺度。一方面，在遗产旅游地真实性的相关研究中，村域尺度下的空间形态、建筑风貌，以及建筑尺度下的室内设计等均是真实性的影响要素（Kolar et al.，2010；冯淑华等，2007；廖仁静等，2009；戴永明，2012）；另一方面，旅游服务空间营建需考虑村域、建筑尺度下的资源条件，如村域内的旅游资源、建筑空间资源等。因此，本书需从村域、建筑二元尺度出发探明"真实体验"的影响要素，推导旅游服务空间的营建方法。

(一) 村域尺度下的村落分类

围绕旅游服务空间"真实体验"的二元分析层级（"商业—文化"协调、人文关联性强弱），从村域整体维度出发，旅游服务空间营建包含以下四种类型：

①村内旅游服务空间的文化展示功能更强，且与村民生计生活关联度相对较高；

②村内旅游服务空间的商业营利功能更强，且与村民生计生活关联度相对较高；

③村内旅游服务空间的文化展示功能更强，且与村民生计生活关联度相对较低；

④村内旅游服务空间的商业营利功能更强，且与村民生计生活关联度相对较低。

村落旅游服务空间所呈现出的状态与村落本身资源条件高度关联。在旅游服务空间整体"文化—商业"的偏重性判定中，可通过村落文化遗产资源的丰富度、商业设施数量/密度等判定旅游服务空间整体上是更偏文化还是更偏商业。而旅游服务空间整体人文关联性强弱的判定中，驻留村民情况（数量等）可作为判定依据之一，这是游客有机会观察到村民生计生活的前提条件。在具有较高人文关联性旅游服务空间的村落内，驻留村民数量一般较多，旅游参与度相对较高；而在具有较低人文关联性旅游服务空间的村落内，村民多外出务工，村内空心化严重，村落或由外来开发商、旅游公司承包经营（表 3 - 1）。

值得注意的是，传统村落旅游服务空间的类型在历时维度下可能发生变化。如随着旅游业发展，旅游地商业设施数量可能由少变多，旅游经营权可能由村民转向外来经营者。本书仅是基于浙江传统村落发展现状，对村落进行类型划分，以探索"真实体验—空间营建"的内在机制。

表 3-1　基于 "真实体验" 二元分析层级的村落类型划分

	偏重文化展示	偏重商业营利
人文关联性强	村落类型一： 文化遗产资源丰富 驻留村民多 村民旅游参与度适中	村落类型二： 文化遗产资源相对较少 村内商业类设施数量多、密度相对较高 驻留村民多 村民旅游参与度高
人文关联性弱	村落类型三： 文化遗产资源丰富 驻留村民少	村落类型四： 文化遗产资源相对较少 村内商业类设施数量多、密度相对较高 驻留村民少 多由外来开发商或青年创客进驻开店，主导经营

（二）建筑尺度下空间要素属性归类

在建筑尺度下，传统村落旅游服务空间类型多样，需对各空间要素进行提取，并基于 "真实体验" 分析维度（文化/商业功能性、人文关联性强弱）对其特征属性进行研判。

在对具体旅游服务空间的 "文化—商业" 功能归类中，前者以文化展示为最主要目的，包含开放展示的传统建筑、各类展览空间、工坊空间等；后者以盈利为最主要目的，包含住宿、餐饮、零售、娱乐等旅游服务空间（表 3-2）。由于传统村落旅游服务空间类型多样，文化展示功能不仅存在于旅游服务设施内，更广泛存在于公共活动空间、自然景观空间内，空间边界较为模糊。与之相比，商业营利型旅游服务空间边界较为清晰，多存在于旅游服务设施建筑内部。

在旅游服务空间人文关联性强弱的判定中，空间场所与村民生计生活关联的明晰度不一，需进行实地走访调研加以判定。针对不同类型空间，人文关联性的判定方式不同。针对旅游服务设施内空间，经营者的身份（是否为原住村民）是最为直接的判定方法；针对公共活动空间，驻留村民数量以及其是否经常使用这些场所是空间人文关联性的判定依据；针对自然景观空间，是否仍存在传统性农业生产活动是判定依据。除实地走访观察外，还可基于村落内村民驻留人数、旅游参与情况等进行辅助性预判，作为走访调研结果的多维印证。

表 3-2 旅游服务空间的"文化—商业"属性归类

分类与定义	具体的旅游服务空间类型
商业营利型 旅游设施	住宿（包含关联的餐厅）：包括农家乐、民宿和特色民宿
	餐饮：指单独设立的餐厅、特色小吃零售摊位、咖啡茶吧、酒吧等
	零售：单独开设的各类零售服务（除小吃外）店铺，一般包括土特产、文物古董、衣物饰品、特色纪念品、画材文具、超市等
	娱乐：指带有娱乐性质且单独设置的旅游服务设施，一般出现在旅游开发较成熟的传统村落内，如各类体验馆、打靶场、骑马场、摩天轮、水滑道等
文化展示型 旅游设施	开放展示的传统建筑空间
	其他展览馆：指展示传统村落文化、风俗礼仪、历史、建筑技艺等的展览设施
	工坊：与传统工艺相关的作坊或艺术家工作室，这些作坊、工作室往往对游客开放或半开放，供其参观游览

三、营建内容：功能配置—空间营造

(一)"功能—设计"二元营建类型

在旅游服务空间"失真"体验问题中，不适宜功能业态的植入是最重要的原因之一，因此，空间的功能类型与"文化—商业"二元平衡性把控密切关联。游客视何种旅游服务功能业态为真，是平衡文化真实性与商业化的关键。为探明"真实体验"影响要素，须先对空间的功能类型进行系统性梳理与识别。

此外，既往学者已经关注到传统村落旅游服务空间营建引起的村域空间形态改变，而村域空间形态、服务场所内环境的变化均对游客体验产生影响。在遗产旅游地真实性的相关研究中，空间形态、建筑风貌、室内设计等设计类要素均被列为游客真实性感知的关键性影响要素（Kolar et al., 2010；冯淑华等，2007；廖仁静等，2009；戴永明，2012）。因此，为满足游客需求、激发游客真实性感知，除旅游服务功能配置外，还需从空间设计维度进行营建。

（二）基于"真实体验"的旅游服务空间营建内容

基于游客"真实体验"，传统村落旅游服务空间营建主要着力于功能配置与空间营造，其中功能配置主要涉及村域层面的业态策划与功能布局，空间营造则涉及关键性建筑场所的空间组织与设计（图3-1）。

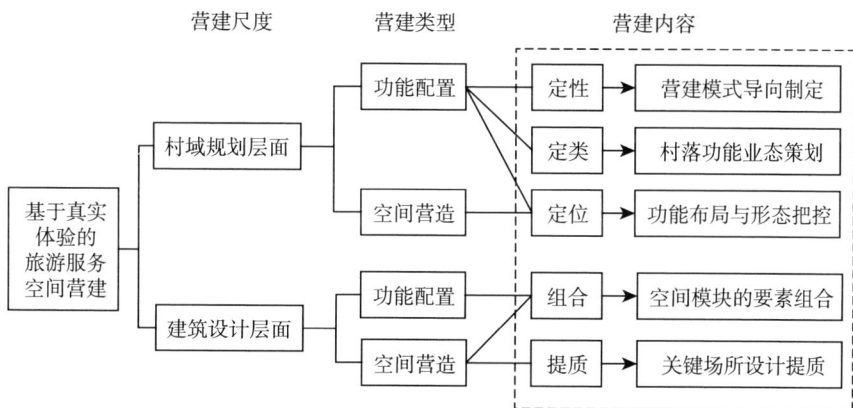

图3-1　基于"真实体验"的旅游服务空间营建维度及营建项目

村域规划层面的旅游服务空间功能配置至少包含定性、定类、定位三维度工作。定性是指基于上位规划、村落旅游资源情况，对当下旅游服务空间营建模式进行判定，规划出长期型、分期实施的营建任务（近期、中期、长期规划）；定类是指结合其他空间营建中的影响因素、基于村落旅游服务空间营建模式类型，分类制定"真实性营建"菜单；定位是指结合"真实性营建"菜单及村落实际空间环境条件，对旅游服务空间的功能布局、游览线路、风貌形态等进行具体性规划设计。

建筑设计层面的旅游服务空间营建包含组合、提质两项任务。前者是识别出"真实性营建"要素的场所依托，并对各要素的空间组织模式进行设计；后者是针对关键性旅游服务空间节点，进行具体性设计提质。

四、适宜性评测方法选取

真实体验的客体影响要素是本书需深入探索的重点，对客体要素的常见真实性评测方法包括"量表—定量分析"及质性研究方法。本小节将对两类研究方法中的数据收集、分析方法进行归纳与评析，进而结合本书研究问题，制定面向空间设计的适宜性"真实体验"评测方法。

（一）定量分析法

定量分析法是真实性感知、旅游体验等相关研究最常采用的研究方法之一，相关研究从认识论的角度拆分客体要素作为问卷量表的依据，进而推测主体对要素感知的强烈程度，从而得到要素强弱的排序。要素拆解与数据分析是该研究方法的关键环节。

既往研究中的常见要素类型包含两类，其一是以（旅游）客体要素直接作为量表要素，交由被调研者进行打分。此类客体要素一般包含各类景观、建筑、符号、活动元素等。其二是以真实性体验特征描述作为量表要素。常见真实性类型包括客观真实性、建构真实性、存在真实性、述行真实性等，既往研究中经常采用的各类真实性描述性指标如表 3-3 所示。上述两类量表要素所关联的研究侧重点各不相同，前者更侧重于客体要素的类型识别与相对重要性排序，后者则关注于主体真实性感知及主客体之间的关联性。

表 3-3　真实性研究中常见的要素类型及项目

要素类型	要素项目（节选）
客体要素作为量表要素	民族服装、民族语言、吊脚楼旅馆、蜡染刺绣、腊味饮食、苗银饰品、南方长城、沈从文故居、姜糖、万名塔、沱江泛舟、苗寨歌舞表演、石板古街、古城墙、虹桥、商业街、许愿灯、夜市、苗族妇女街边刺绣、酒吧KTV、吊脚楼上的红灯笼、沱江水车、沱江小桥、铜凤凰雕塑、城楼、人力车和熊希龄故居
真实性体验描述作为量表要素	客观真实性：整体建筑和展品反映了过去的实际建筑；我可以找到有关祖先及其日常生活、过去阶段和传统文化的信息；仪式和传统表演（戏剧）基于历史事实；等等
	建构真实性：通过民俗表演、展览和手工艺品，我可以体验过去和当地传统文化的风貌；传统的民间表演似乎是以过去为背景的；这座建筑的整体结构和印象启发了我；等等
	存在真实性：在这里逗留期间，我感受到了该遗址的历史、传说和文化特征（个性）；我喜欢独特的传统和精神体验；等等
	述行真实性：参与节庆事件让我觉得充满活力；各类活动现场互动使人产生情感共鸣；有趣的场地信息让我增长了知识；等等

通过量表收集到主观性评测数据后,常用的定量分析方法包括重要性—绩效分析(IPA)、方差分析法、聚类分析法、结构方程模型(SEM)等。IPA多用来分析主体对客体要素的重要性/真实性感知,通过要素象限分类的方法对要素的相对重要性进行排序(高燕等,2010);方差分析法旨在探寻具有显著作用的影响要素,多被用于探索游客基本信息、旅游特征(如年龄、性别、收入水平、停留时间等)对其真实性感知的影响;聚类分析常用于依据真实性感知结果对被调研者(通常是游客)进行类型划分,进而匹配各类游客人群特征与其真实性感知特征(刘晶晶,2017);结构方程模型常被用于探索各类真实性体验与游客满意度、忠诚度、旅游动机之间的潜在关联,研究者通过理论分析构建结构方程模型,进而通过数据收集、定量分析加以检验(Zhang et al.,2020;Yi et al.,2018;Bryce et al.,2015)。

定量分析法的显著性优势在于,要素的拆解、生成具有高度针对性,即基于研究问题展开信息收集,逻辑线索清晰。且定量化的统计计算方法具有一定科学性。然而该方法亦存在局限性。首先,面对预设的量表项目,评估主体(被调研者)无形中处于被动感知的状态。然而,真实性体验应是游客主动产生的,游客未必按照预先设定好的维度和过程进行感知。因此,此研究方法难以获取旅游者真实性感知过程特点和整体信息(王婧等,2014)。其次,主体对"部分"的感知总和不一定等同于对"整体"的真实性感知,量表拆解的研究方法可能会产生分析误差(王婧,2020)。最后,当研究对象较为复杂时,量表的设计亦具有高度复杂性:一方面,研究者难以科学严谨地对要素进行拆解与列举;另一方面,对要素的穷尽列举可能导致问卷量表篇幅较长,从而为数据采集带来难度。

(二)质性研究方法

质性研究方法是指通过田野调查获取质性数据(叙事文本或图像),进而展开解释、归纳的研究方法。近年来,质性研究方法得到广泛应用与拓展,质性数据类型与分析方法均趋于多样化。

传统社会学的质性研究数据以文本为主,多借助访谈、参与、焦点小组等手段来实现，调查者引导受访者用语言描述其真实性体验。近年来，以照片、图像作为研究数据来源的图像法也得了较多应用。图像法中图片的来源包含两类，其一是研究者自主获取图片，如通过旅游地网站、旅游宣传册、社交媒体等获取图片（Castley et al.，2013；Stepchenkova et al.，2013）；其二是雇佣旅游参与者，如游客、本地居民、管理者等基于特定主题进行照片拍摄，常用的技术方法如雇佣志愿者拍照法（Volunteer Employed Picture，VEP）。

质性研究中资料收集与分析的工作环节常常是交叉重叠的，真实性研究中常用到的分析方法包括扎根理论、内容分析法、图像特征分析等。社会学现已形成较为成熟的文本分析技术，常借助 NVivo、Max QDA 等进行质性文本、图片资料的编码与分析。图像特征属性的分析通常会借助 Arcmap 等空间分析软件。

相比于定量分析法，质性研究方法的优势在于让受访者主动进行真实性体验叙述、提供代表图片，而非被动地对已挖掘好的特定项目进行打分，所得结果更加贴近人的真实体验。而局限性在于调查研究配合难度大，样本容量相对较小，调研易受情感因素干扰。此外，质性研究方法在应用中需注意避免陷入缺乏理论支持或理论与方法未能协调的分析误区中（王婧，2020）。此外，社会学者多认为图像获取时间、照片拍摄意图不明等可能导致研究者对图片的解读、分析出现误差。因此，在实际调研中，调研者多采用访谈、备忘录、文字描述等方式让照片拍摄者说明拍摄内容与意图等，这无形中增加了调研的工作量，需要较高的科研经费支持。

（三）面向空间营建的研究方法探索

表 3-4 为学界对真实性评测方法的归纳汇总表。本书关注传统村落旅游服务空间营建如何促进游客的"真实体验"，与既有研究相比，具有关注点聚焦（仅关注空间环境类要素）、实践导向性强（旨在推导出营建方法）的特点，因此需选取适宜的真实性评测方法，并加以改进调整，以支持"空间营建"的研究主题。

（1）方法选取

相比于质性研究方法，定量分析法具有指向性明确、调查简单、样本量大的优势，更适合作为本书的研究方法。首先，本书旨在探索基于 "真实体验" 的旅游服务空间营建方法，尽管影响真实性的客体要素类型较多，本书仅关注与空间营建相关的要素。既有旅游学科的真实性研究多将空间环境要素作为整体加以分析（如村落整体风貌、传统建筑群等），而缺少对空间环境的有益拆解。定量分析法可灵活拆解要素，制定具有实践导向性的量表项目，形成较强的空间营建指向性，促使客体要素评测结果向旅游服务空间营建的逻辑推导。

表3-4　既往研究中真实性评测的常见方法汇总

研究方法		优点	缺点
数据收集方法	数据分析方法		
量表—定量分析法　问卷量表	IPA 分析、方差分析、聚类分析、结构方程模型	应用指向性明确；样本量大	评估主体无形中处于被动感知的状态；主体对于各项目的感知总和不一定等同于整体真实性体验，易产生分析误差；对于较为复杂的研究对象，量表的设计具有高度复杂性
质性研究方法	深度访谈、网络点评提取　对文本数据进行内容分析	受访者主动进行体验叙述；图像的数据类型能够提供多元信息	调查研究配合难度大，样本容量相对较小，调研易受情感因素干扰；社会学者对图像拍摄机、时间、解读方法等存在质疑；提取要素类型的应用指向性模糊；调研需要较高的经费支持
	雇佣游客拍照、隐喻抽取技术　对文本数据进行内容分析，对图像内容要素进行提取与归纳分析		

其次，尽管质性研究方法较适合主体体验类研究，尤其适合探索主体体验的发生机制，但却存在收集到的数据内容混杂、针对性较弱的缺点。本书重点关注游客对旅游服务空间的多元需求，揭示体验与营建的关联机制，并不深入探索游客环境心理形成的内在机理。因此，定量分析法能够胜任主客体间关联机制的探索。

最后，游客的需求与体验不可避免受到主观认知差异的影响。传统村落旅游地内游客类型多元，各类人群的需求与感知可能存在差异。本书旨在识别出游客环境心理的共性特征，这需要较多的调研样本量，以支持分类型的游客 "真实体验" 特征探索。质性研究的样本容量相对较小，无法支持本书研究问题的深入性探索。

（2）方法改进

定量分析法本身存在"整体体验不等于单项体验之和""要素拆解的适宜性"等问题。因此，选取定量分析法后，还需考虑该方法所隐含的问题，并进行思辨与适宜性调整。

一方面，本书研究内容隶属于建筑规划学科，研究目的在于形成营建认知、提出营建方法，而不在于深入理解整体体验的发生机理。环境体验仅是游客真实性体验的内容之一，与服务质量体验、社会互动体验、营销体验等共同构成完整性体验，对空间环境真实性体验的提升有助于整体真实性体验的提升。从环境体验维度出发，的确可能存在"整体环境真实体验不等于各项空间要素的体验总和"，然而，通过对单体空间要素的评析可得到"高真实性"要素与"低真实性"要素，虽然它们的组合方式和最终成效仍需进一步推敲，但仍可为规划设计师提供具有参考价值的营建要素菜单，在一定程度上提升建成环境的"真实体验"效能。

另一方面，本书所采用的走访观察、文献研究、专家调查法等亦有助于指标的筛选与精练，通过识别并选取相对重要的营建项目进行游客"真实体验"评测，避免出现指标难以穷尽、问卷过长难以展开调研的问题。不同于一般旅游风景区，传统村落同时具有保护与发展的要求，因此，不应该完全依据游客的喜好进行建设。专家视角的引入可对拆解出的要素进行有效纠偏，游客仅在适宜性要素列表内进行环境要素"真实体验"评测，助力传统村落的活态保护与可持续发展。

以浙江为例的研判、推导与策略总结

基于上篇部分构建的理论与方法体系，本书下篇将以杭州为例，深入探索影响浙江传统村落"真实体验"的旅游服务空间营建的要素特征，形成新的营建认知，并推导得出具有一定普适性的营建策略。研究成果将为传统村落旅游服务空间营建提供科学性依据及方法性指导。

浙江传统村落旅游发展由来已久，为探索其旅游服务空间的"真实性营建"机制，需首先了解浙江传统村落旅游发展基本情况，选取具有代表性的案例村落深入调查，明晰旅游服务空间现状功能布局、空间营造的基本特征，为下一步构建空间要素集合、进行"真实体验"要素研判奠定基础。

一、浙江传统村落的旅游发展及案例选取

（一）旅游发展概况

（1）政策支持与成效显著

旅游发展在浙江传统村落内广泛存在。浙江省政府高度重视传统村落的保护利用工作，这为其旅游发展奠定了良好的基础：2013—2022年，浙江省政府颁布并资助了九批历史文化（传统）村落保护利用重点村和一般村；2016年，浙江省出台了《关于进一步促进旅游投资和消费的若干意见》，文件提出要加强乡村旅游的规划引导，鼓励村集体经营管理模式的创新，对具有乡村特点、民族特色、历史记忆的传统村落加以保护性利用，以期其能成为旅游业发展新的增长点（孔杨勇等，2017；李军，2020）；2021年，浙江省被确立为"共同富裕示范区"，在未来发展中将加大乡村振兴力度，强化优秀传统文化的传承与发扬，这也为浙江传统村落旅游发展带来新机遇。

浙江省内部分传统村落的旅游发展已较成熟。2021年，浙江有47个村落入选国家级乡村旅游重点村。其中包含10个传统村落，分别是地处浙中区域的金华市诸葛村、新光村、俞源村，台州市的后岸村；地处浙

南区域的衢州市浔里村、丽水市河阳村、温州市苍坡村；以及地处浙北区域的杭州市新叶村、湖州市荻港村、绍兴市外婆坑村等。整体而言，传统村落旅游发展在浙南、浙中较为突出。在浙南区域，传统村落的旅游发展已成为带动地区经济的特色产业。浙南地区乡村由于其优质的自然资源条件和当地政府的强力支持，发展成就极为突出。2016 年，古村旅游人数超过 540 万人，旅游收入 25 亿元，年增长率超过 60%。旅游业相关的直接就业人数超过 3 万人，间接从业人数超过 20 万人。此外，浙南古村的旅游发展注重品牌建设，"浙南古村""南方长城""黄丝桥古村落"等都已成为具有广泛市场影响力的旅游产品（蒋国华，2018）。

(2) 浙江传统村落旅游地识别

当下传统村落旅游在浙江全省范围内广泛展开，诸多村落内修建有民宿、农家乐、零售等商业类旅游服务设施。为了解浙江省内传统村落的旅游发展境况，笔者对百度地图上各传统村落内包含的旅游服务设施 POI（Point of interest）的个数进行了统计。通常情况下，游客量越大的村落，地图上的数字化信息越完善，统计到的设施数量越多。经统计可知，86.48% 的传统村落内旅游服务设施 POI 标点数目小于 5 个，说明大多数浙江传统村落未进行旅游发展或处于旅游发展的初始阶段；3.14% 的传统村落内设施数量为 5～9 个；5.97% 的传统村落内设施数量为 10～19 个，2.99% 的传统村落内旅游服务设施数量大于 20 个，说明这些村落旅游发展已经初具规模；有 9 个传统村落内包含超过 40 个 POI 设施点，这些村落内旅游服务设施数量较多，说明其旅游发展已非常成熟（表 4-1 所示）。

表 4-1 传统村落内设施数量统计表

各传统村落内旅游服务设施 POI 个数（个）	传统村落个数（个）	百分比（%）
＜5	550	86.48
5～9	20	3.14
10～19	38	5.97
20～39	19	2.99
40 及以上	9	1.42
总计	636	100

通过统计可知，包含旅游服务设施 POI 数量较多的传统村落主要分布于杭州东部、宁波西部、金华西侧、台州西侧、绍兴南部、温州南部和北部以及衢州南侧。浙北区域（杭州、湖州）的传统村落数量稀少，但整体而言旅游发展较成熟。浙南区域（丽水）传统村落数量众多，但多未进行旅游开发或处于发展初始阶段。

笔者对浙江省 86 个传统村落景区（包含 5 个以上旅游服务设施 POI 点）的旅游发展情况进行调研统计，了解其旅游资源、旅游基地建设级别、景区级别等信息。调查发现各传统村落的初始旅游发展时间不一，且跨度较大：如温州苍坡村、芙蓉村，金华郭洞村、诸葛村等的旅游发展起始于 2000 年以前，而杭州茆坪村、东梓关村，舟山庙子湖村，温州库村、龙门村、左溪村、南阁村，衢州双溪村、江郎山村、清漾村、新宅村、高田坑村等旅游发展起步较晚，为 2015 年后，其余村落发展起始年份则在 2000 年到 2015 年间。

当前传统村落内多包含建（构）筑物遗产、人文活动、自然景观、青创文化等旅游资源的组合。旅游基地级别主要包含"独立景区"与"依托上位景区"两种类型，"独立景区"是指村落相对独立地进行旅游接待活动，"依托上位景区"的村落一般隶属于或紧邻于高级别景区[①]。诸多传统村落被评为"国家 A 级景区"或"浙江省 3A 级景区村庄"，这体现出政府对乡村旅游发展的重视与支持。

（3）旅游发展成效及"社区化"发展模式

浙江传统村落优质的文化遗产资源、村落周边地区发达的经济基础、居民对旅游观光的高需求等为传统村落旅游发展带来了良好的机遇。浙江省乡村旅游发展可追溯到 20 世纪 70 年代，发展经历了萌芽阶段、成长阶段及快速发展阶段（表 4-2）。近年来，浙江传统村落旅游发展走在全国前列，旅游业已成为部分传统村落产业融合发展、人居环境提升、村落活态延续的重要助推器。

---

① 在走访调研中，笔者发现多数独立景区型传统村落与其他景区距离较近（如在半小时车程可达范围内），游客多在一天内连续走访多个景点。然而，从旅游服务空间营建维度出发，只有隶属于同一景区或相互紧邻的景点（区）内，接待设施才存在相互配合使用的可能，因此笔者以此为依据进行"独立景区"与"依托上位景区"的村落类型划分。

表 4 - 2　浙江乡村旅游发展的三个阶段

发展阶段 （年份）	特征总结	特征描述
萌芽阶段 (1978—1994)	业态规模较小，设施数量较少，旅游仅被看作有条件地区农业发展的有益补充	乡村旅游产业在政府政策的鼓励下开始发展，旅游市场主体数量、类别逐渐增多。该阶段的乡村旅游以村民向城市游客提供简单食宿接待服务为主，逐步拓展至观赏、采摘、垂钓等多元旅游接待活动
成长阶段 (1995—2002)	旅游企业数量激增，产品类型丰富多元，产品质量持续提升	业态类型从简单的农家餐饮接待向休闲度假、健身康体、现代农业观光等高端旅游产业发展；乡村旅游的经营方式逐渐多样化，从村民单一经营主体转向村集体经营、政府经营、股份制经营等多种形式
快速发展阶段 (2003—)	旅游配套设施趋于完善，旅游业带来可观的经济收益。乡村旅游发展得到浙江省政府的重视	2003 年启动了"十百千"工程，将重点培育 1 000 个特色村；2008 年印发的《浙江省农家乐经营户（点）旅游服务质量星级评定办法》，以地方标准的形式对农家乐建设和经营进行了规范；2010 年底，累计发展农家乐休闲旅游村（点）2 331 个；2013 年起，浙江省开始逐年颁布历史文化（传统）村落保护利用重点村和一般村的名单，从政策层面予以关注与资金支持；2015 年起开展各地乡村"五水共治""三改一拆"等基础设施提升工作，组织进行民宿、农家乐、旅游厕所的建设管理；2019 年底，浙江省注册民宿已达近 2 万家，总营收超 100 亿元

资料来源：王昆欣，周国忠，郎富平. 乡村旅游与社区可持续发展研究［M］. 北京：清华大学出版社，2008：106 - 109；黄璜. 浙江乡村旅游发展模式研究［J］. 广东农业科学，2011，38（11）：187 - 189，213。

　　此外，与其他地区乡村"景区化"、社区与旅游发展割裂化的建设模式不同，浙江乡村旅游发展具有高度"社区化"特征，强调乡村旅游与当地社区的多维度、深层次融合，倡导进行"村落景区"的建设，即把村落整体作为景区供游客参观、游憩（图 4 - 1）。因此，在浙江传统村落内，承担旅游接待功能的旅游服务空间分布广泛，遍及村落的各个公共空间，游客有机会看到村民真实的生计、生活活动。

　　（4）设施基础性建设趋于完善

　　在旅游发展中，浙江省政府极为重视乡村内各类设施的基础性建设。2003 年开始的"千村示范万村整治"工程与 2013 年开始的"美丽乡村建设"项目旨在整治污染、完善设施服务、提升人居环境。其中，道路整

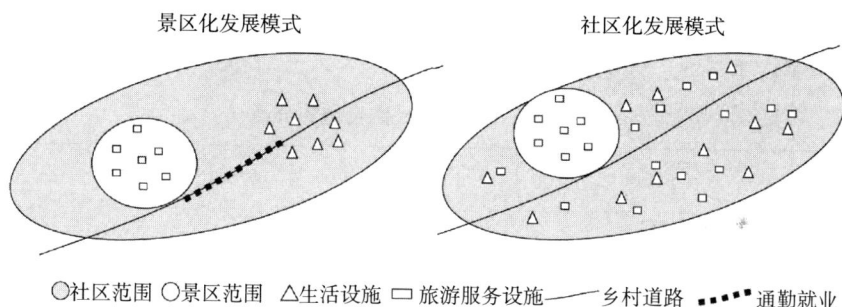

图 4-1 乡村"景区化发展模式"及"社区化发展模式"下的布局图示

资料来源：李涛，王磊，王钊，等.乡村旅游：社区化与景区化发展的路径差异及机制——以浙江和山西的两个典型村落为例［J］.旅游学刊，2022，37（3）：96-107.

治（硬化村道、亮灯工程）、休闲绿化、庭院整治、河道清理（包括水渠、池塘）、墙体美化、新建公厕、立村标、新建广场、健身设施、停车场等为旅游接待服务的开展奠定了基础。此外，从 2013 年起，浙江省逐年评定历史文化（传统）村落保护利用重点村、一般村，并资助村落修复基础设施、传统建（构）筑物等。其中，部分改造的场所亦属于旅游服务空间。

经过既往环境整治、保护利用工程的建设落实，浙江省传统村落旅游服务空间基础性建设已趋于完善，现已进入深入评析旅游空间营建效用、反思营建方法、追求高质量发展的新阶段。2021 年被确立为国家共同富裕示范区后，浙江省出台了《高质量创建乡村振兴示范省推进共同富裕示范区建设行动方案（2021—2025 年)》，文件提出建设乡村休闲旅游精品工程，其中包括休闲农庄、农家乐、采摘基地、主题民宿等旅游设施提升性营建项目。良好的政策环境为未来旅游服务空间的品质化提升奠定基础。

（二）旅游资源识别与分类

旅游资源是指自然界和人类社会凡能对旅游者产生吸引力，可以为旅游业开发利用，并可产生经济、社会和环境效益的各种事情和现象。基于 2017 年《旅游资源分类、调查与评价》内列举的旅游资源，结合笔者对浙江传统村落的走访调研可知，浙江传统村落旅游资源包含地文景观、水域

景观、建筑与设施、历史遗迹、旅游商品、人文活动等，可大致归类为三
种类型：建（构）筑物遗产类、自然景观类、人文活动类（表4-3）。

表4-3 传统村落旅游资源的分类

主类	亚类		基本类型
建构筑物遗产类（必含）	E 建筑与设施	EA 人文景观综合体	EAA 社会与商贸活动场所、EAE 文化活动场所、EAF 康体游乐休闲度假地、EAG 宗教与祭祀活动场所、EAI 纪念地与纪念活动场所
		EB 实用建筑与核心设施	EBA 特色街区、EBB 特性屋舍、EBC 独立厅、室、馆、EBD 独立场、所、EBE 桥梁、EBF 渠道、运河段落、EBG 堤坝段落、EBH 港口、渡口与码头、EBO 特色店铺、EBP 特色市场
		EC 景观与小品建筑	ECA 形象标志物、ECB 景观点、ECC 亭台楼阁、ECD 书画作、ECE 雕塑、ECF 碑碣、碑林、经幢、ECG 牌坊牌楼、影壁、ECH 门廊、廊道、ECI 塔形建筑、ECJ 景观步道、甬路、ECK 花草坪、ECL 水井、ECM 喷泉、ECN 堆石
	F 历史遗迹	FA 物质类文化遗存	FAA 建筑遗迹、FAB 可移动文物
自然景观类	A 地文景观	AA 自然综合体景观	AAA 山丘型景观、AAB 台地型景观、AAC 沟谷型景观、AAD 滩地型景观
	B 水域景观	BA 河系	BAA 游憩河段
		BE 海面	BEA 涌潮与激浪现象、BEC 小型岛礁
	C 生物景观	CA 植被景观	CAA 林地、CAB 独树与树丛、CAC 草地、CAD 花卉地
	D 天象与气候景观	DB 天气与气候现象	DBA 云雾多发区、DBC 物候景象
	E 建筑与设施	EB 实用建筑与核心设施	EBK 景观农田、EBL 景观牧场、EBM 景观林场、EBN 景观养殖场
人文活动类	F 历史遗迹	FB 非物质类文化遗存	FBA 民间文学艺术、FBB 地方习俗、FBC 传统服饰装饰、FBD 传统演艺、FBE 传统医药、FBF 传统体育赛事
	G 旅游购品	GA 农业产品	GAA 种植业产品及制品、GAB 林业产品与制品、GAC 畜牧业产品及制品、GAD 水产品及制品、DAE 养殖业产品与制品

（续）

主类	亚类	基本类型
人文活动类	G 旅游购品　GC 手工工艺品	GCA 文房用品、GCB 织品、染织、GCC 家具、GCD 陶瓷、GCE 金石雕刻、雕塑制品、GCF 金石器、GCG 纸艺与灯艺、GCH 画作
	HA 人事活动记录	HAA 地方人物、HAB 地方事件
	H 人文活动　HB 岁时节令	HBA 宗教活动与庙会、HBB 农时节日、HBC 现代节庆

基于"真实体验"的营建视角与研究议题，本书所研究的传统村落类型为依托于村落核心保护区建设的"文化旅游型"村落。这些村落旅游发展所依托的旅游资源中包含建（构）筑物遗产类资源，村落核心保护区多作为村落的主要游览区。核心保护区及其周边建设控制地带内的建设活动受限，可能存在"村民需求—空间环境"不匹配的问题。发展农业旅游、自然风景区旅游模式的传统村落不在研究范围内，因为这些村落的旅游服务空间营建与普通乡村相似，且与"真实体验"的关联性较低。

（三）案例村落的选取及概况

（1）选取依据

为进一步了解浙江传统村落内旅游服务空间的功能类型及布局特征，笔者选取典型案例进行深度调研。所选取案例村落的旅游发展需较成熟、具有知名度、具备一定客源市场且村内旅游服务空间建设已形成规模。经过资料分析与实地调研，笔者选取了七个案例村落，它们分别是杭州市江南古村落群中的深澳村、环溪村，金华市兰溪市诸葛八卦村（以下简称"诸葛村"）、杭州市建德市新叶古村（以下简称"新叶村"），丽水市松阳古村落群中的西坑村、陈家铺村、平田村。

所选取的案例村落具有一定代表性。首先案例村落在浙北、浙中、浙南均有分布；其次，各村落所形成的景区类型各不相同，诸葛村、新叶村为独立型 4A 级景区，其他村落依托上位景区（江南古村落群景区、松阳古村落群景区）进行旅游发展；最后，各村落的旅游开发模式不同，诸葛村、环溪村为村民自主开发，新叶村、深澳村为旅游公司进驻开发，西坑村、平田村、陈家铺村为政府主导、多元参与的开发模式。

(2) 案例村落概况

各案例村落的文化遗产资源条件、景观资源、原住民数量及旅游参与度等存在差异性。诸葛村、新叶村等独立景区村落内包含诸多文化遗产资源，且自然景观资源良好，此外，村内原住民数量较多，村民旅游参与度高。西坑村、陈家铺村与平田村均属于丽水市松阳古村落群景区，村落内包含参观展示、食宿接待等复合型功能；三个村落面积相对较小，包含的传统建（构）筑物、非物质遗产项目的数量相对较少；均位于松阳山林之中，具有得天独厚的自然景观资源；村内原住民数量相对较少，西坑村村民的旅游参与度相对较高，平田村、陈家铺村村民参与度相对较低。深澳村、环溪村隶属于杭州市江南古村落群景区，深澳村包含丰富的建（构）筑物遗产资源，主要承担参观展示功能；深澳村村民多在外务工、定居，旅游收益多流向外来经营者；环溪村内驻留村民较多，开设有五十多家民宿，主要承担食宿接待功能。各村落的资源条件情况详见表4-4。

表4-4 案例村落的旅游发展概况统计表

案例村落	村庄面积估算（公顷）	旅游发展模式	村落旅游发展概况	村民生计生活情况
诸葛村	46.67	村民主导旅游开发	1996年开始旅游发展，年接待游客60多万人次，2018年村集体收入达2 500万元，年综合旅游收入上亿元；村民积极返乡，直接从事旅游业人数达400多人；近年来，游客数量稳中有降，旅游发展放缓	村民参与旅游业的约400多人，占本村旅游业全部参与人数的85%；诸葛村村民家庭收入中，旅游设施经营收益占比高达17%～18%
新叶村	34.16	外来旅游公司主导旅游开发	2009年开始旅游发展，2014—2016年由于媒体曝光度增加，景区成为网红打卡点，游客激增，2015年访客量达到19.5万人次，次年下降至12.5万人次，2016年后景区访客数量逐渐回落至鼎盛时期的1/3	新叶村村民的旅游参与度高达90%，但由于客流稀少，旅游经营收益占村民家庭总收入之比低于10%。景区门票收入中一部分给村集体，用以发放老人的养老保险等

（续）

案例村落	村庄面积估算（公顷）	旅游发展模式	村落旅游发展概况	村民生计生活情况
西坑村	2.47		2015年开始旅游发展，现有两家外来投资的高端民宿及四家本村村民开设的民宿、农家乐	留守村民数量少，参与旅游的村民仅15人，却约占经营者总数的75%。旅游经营收益约占村民家庭总收入的30%～50%。外来经营者与村民达成协议，由村民负责游客的正餐接待
陈家铺村	3.41	县政府主导开发、外来开发商投资、村民参与	2014年成功入选国家传统村落名录，此后，完成了50余幢老屋的修复工作。在过去10年，先后引进工商资本1亿多元，形成了生态农业、民宿经济、文化创意等多元化乡村经济	青壮年都外出打工，村民仅剩下几十个老人。随着村庄业态的不断丰富，过去几年村里新增了50余个就业岗位，人均年增收1万余元，村里50周岁以上女性全部实现了在村就业
平田村	4.00		云上平田综合体项目于2014年设计建造，2015年相继开业，2016年总营业额达300余万元，且入选国家旅游局在2017年公布的第三批"中国乡村旅游创客示范基地"名单	村民旅游参与度极低，仅7位村民有旅游参与，占村民总数比例小于10%。旅游参与形式多是在民宿、餐厅内进行打工。村民的旅游收益较少，占家庭总收入比例小于10%
深澳村	56.20	外来旅游公司	起初由政府主导发展旅游，2015—2017年，先锋书局（云夕酒店）、三生一宅落成。2019年旅游公司进驻运营，入驻深澳村的工坊、店铺12家，在装修店铺11家	90%的村民都在外务工、定居，参与旅游经营的村民数量少于20人。旅游收益多流向外来经营者，村民家庭收入中旅游设施经营收入占比极低（<10%）
环溪村	26.35	村民主导旅游开发	2012年开始旅游发展，村内现有55家民宿与1家农家乐；村内成立民宿联盟，与旅行社合作，招揽客源	村民旅游参与度很高，超100人参与经营活动。村民家庭收入中旅游经营收入占比约为10%～20%，村民生计收入仍依赖于箱包制作、医疗器械加工等

二、基于"真实体验"分析维度的案例归类

(一)案例村落"文化—商业"偏重性研判

表 4-5 为各案例村落内商业设施配置及文化遗产项目统计表。由表可知，村落内商业营利型旅游服务设施总数量从 6 个到 68 个不等。位于浙南的西坑村、陈家铺村、平田村村庄面积较小，设施数量也较少。诸葛村、新叶村与环溪村内设施数量较多。各村落商业营利性设施中，住宿及零售设施普遍占比最高。环溪村住宿类设施占比高达 74.32%，诸葛村、新叶村内零售设施占比均超过 40%。各案例村落内娱乐设施数量较少，独立设置的餐饮设施占比一般不超过 30%。通过对商业设施密度的计算可知，西坑村、环溪村游览区内商业设施密度高，分别为 2.83 个/公顷、2.50 个/公顷，其次为陈家铺村、平田村，商业设施密度为 1.76 个/公顷、1.75 个/公顷；商业设施密度最低的村落为深澳村，仅为 0.36 个/公顷，商业设施密度次低的村落为诸葛村、新叶村，为 1.35 个/公顷、1.32 个/公顷。依据商业设施密度，可对各村落内旅游服务空间商业功能性强弱进行对比与判定，其中，深澳村的商业功能性判定为弱，诸葛村、新叶村的商业功能性判定为较弱，陈家铺、平田村的商业功能性为较强，西坑村、环溪村的商业功能性为强。

此外，笔者对各案例村落核心保护区面积、保护建（构）筑物数量、评级的非物质遗产项目数量进行了统计，进而对各案例村落旅游服务空间整体文化功能性强弱进行判定。诸葛村核心保护区面积最大，遗产资源数量最多，文化功能性强；新叶村、深澳村核心保护区面积较大，遗产资源数量较多，文化功能性较强；西坑村、平田村、环溪村内核心保护区面积适中或较小，文化遗产资源数量相对较少，因此文化功能性较弱；陈家铺村核心保护区面积小，遗产资源数量少，因此文化功能性弱。

综合对案例村落商业化程度、文化遗产资源丰富度的判定，从"文化—商业"功能性维度出发，可对案例村落类型进行划分：诸葛村、新叶村、深澳村内旅游服务空间的商业功能性弱或较弱，而文化功能性强或较强，因此这三个村落可归类至"偏文化"型村落；西坑村、陈家铺

表4-5　案例村落内商业设施配置及文化遗产项目统计表

项目	独立景区型			松阳古村落群			江南古村落群	
	诸葛村	新叶村	西坑村	陈家铺村	平田村	深澳村	环溪村	
商业设施配置情况	住宿（数量/占比）*	15/16%	25/40%	6/67%	3/43%	5/63%	4/13%	55/74%
	独立性餐饮（数量/占比）	9/10%	16/25%	—	3/43%	1/13%	5/16%	2/3%
	零售（数量/占比）	41/44%	9/14%	1/11%	—	—	10/31%	9/17%
	娱乐（数量/占比）	—	1/2%	—	—	—	—	—
	门票售卖（数量/占比）	1/1%	1/1.6%	—	—	—	—	—
	艺术家作坊（数量/占比）	2/2%	1/2%	—	—	1/13%	1/3%	—
	设施数量合计（个）	68	53	7	6	7	20	66
游览区面积（公顷）		50.37	40.20	2.47	3.41	4.00	56.20	26.35
商业设施密度（个/公顷）		1.35	1.32	2.83	1.76	1.75	0.36	2.50
商业功能性判定		较弱	较弱	强	较强	较强	弱	强

（续）

项目	独立景区型		松阳古村落群			江南古村落群	
	诸葛村	新叶村	西坑村	陈家铺村	平田村	深澳村	环溪村
核心保护区面积（平方米）	约252 600	约169 000	约154 200	约34 100	约121 400	约130 500	约29 000
文化遗产项目情况 — 文保单位	139处国保单位	60处国保单位	13处5处县文保单位，8处县历史建筑	1处历史建筑	15处历史建筑、传统建筑	30处4处省文保单位，20处历史建筑	13处3处县文保单位，10处历史建筑
传统构筑物数量	4处国保单位	2处国保单位	4处：古井、古桥、古驿	9处：古驿道、古井、寺庙、公墓、石器具	4处：古驿道、古桥、古河道、遗址	3处县级文保点，青云桥、婺州牧第台门、八亩塘坎井	16处：2处古桥（县文保），2处古井，12处堰坝
非物质遗产（评级项目）	诸葛古村落营建技艺，诸葛亮后裔祭祖，孔明锁制作技艺	新叶昆曲，叶三月三	端午茶（省级）			深澳高空狮，江南传统民居营造技艺	
文化功能性判定	强	较强	较弱	弱	较弱	较强	较强

* 数量指具体旅游服务空间设施的数量，占比指该功能设施占该村庄总设施数量的比例。

村、平田村、环溪村内商业功能性强或较强，而文化功能性相对较弱，因此这四个村落可归类至"偏商业"型村落。

（二）案例村落人文关联性强弱研判

基于村内驻留村民情况与村民旅游参与情况，对村落旅游服务空间的人文关联性强弱进行初判。将驻留村民人数较多的、村民旅游参与度高的村落判定为人文关联性强，而将空心化较严重、村民旅游参与度低的村落判定为人文关联性弱。表4-6为案例村落内驻留村民数量、旅游参与的情况。诸葛村、新叶村、环溪村、西坑村内村民驻留率、旅游参与度相对较高，村民从旅游经营中获得了相对较高的经济收益，因此村落旅游服务空间整体的人文关联性相对较强；陈家铺村、平田村、深澳村内村民多外出务工，村内驻留村民人数较少、旅游参与度低，多由外来经营者进驻进行旅游经营，村民家庭收入中旅游经营收益相对较低，因此这些村落内旅游服务空间的人文关联性整体而言相对较弱。

表4-6　各类型村落旅游服务空间人文关联性强弱初判

村落	驻留村民情况	村民旅游参与情况			人文关联性强弱初判*
		进行旅游参与的村民数量	村民家庭收入中旅游经营收益占比	村民经营设施数量占设施总数量之比	
诸葛村	村民驻留率较高，驻留人数较多	约400多人	17%～18%	约85%	
新叶村	半数村民驻留村落	100～200人	<10%	约90%	
西坑村	村民多外出务工，留守村民数量少	15～20人	30%～50%	约75%	较强
陈家铺村		<10人	<10%	约<10%	弱
平田村		7人	<10%	约<10%	弱
深澳村	90%的村民都在外务工、定居	<20人	<10%	约30%	弱
环溪村	村民驻留率较高	>100人	10%～20%	约100%	强

　*人文关联性强：驻留村民人数较多、村民旅游参与度高；人文关联性弱：空心化较严重、村民旅游参与度低。

（三）案例村落类型归类

依据"真实体验"二元分析层级，依据商业设施配置、文化遗产项目情况、村民驻留/旅游参与情况，将各案例村落划分为不同类型：诸葛村、新叶村内商业配置密度低，遗产资源丰富，驻留村民多，可归类至"偏文化—强人文关联"类型；环溪村、西坑村内村民旅游参与度高、多依托自宅开设食宿接待设施，商业设施数量密度高、遗产资源相对较少，可归类至"偏商业—强人文关联"类型；深澳村内驻留村民少、商业配置密度低、遗产资源丰富，可归类至"偏文化—弱人文关联"类型；平田村、陈家铺村内驻留村民少、诸多外来经营者进驻经营，商业设施密度高、遗产资源较少，可归类至"偏商业—弱人文关联"类型。

三、分区分类型的功能布局模式归纳

（一）商业、文化类功能要素统计

基于对各案例村落旅游服务空间的走访调研与半结构式的观察，提取出十八项涉及商业营利功能和文化展示功能的要素（表4-7）。

有商业营利型功能的要素包含九项，涉及食宿接待、茶点零售、工坊娱乐三种业态类型。首先，食宿接待包含多元类型。由于在传统村落中，住宿设施多和餐饮设施合并设置，为简化要素项目，笔者将两个功能类型合并设置，并依据营建者类型、依托建筑类型，识别出浙江传统村落典型的三类食宿类设施：农家乐设施、特色食宿设施、高端食宿设施。其中，农家乐设施由村民主导经营，依托场所多为村民新建自宅空间；特色食宿设施的经营者可能为村民，也可能为外来经营者，依托于传统建筑空间设立；高端食宿设施由外来开发商主导经营，依托传统建筑或新建建筑设立，具有高投资、高消费的特征。其次，茶点零售涉及茶馆、咖啡吧、酒吧、奶茶店、土特产商店、日常零售店铺等旅游服务空间。由于咖啡、酒吧、奶茶店多由外来经营者经营，且提供的旅游服务相似，因此笔者将三者合并设置。最后，工坊娱乐涉及艺术家工坊、工艺品商店、新型娱乐设施等旅游服务空间，由于艺术家工坊多包含工作、零售双重功能，因此将艺术家工坊和工艺品商店两项合并设置。

表 4-7　各案例村落内包含的旅游服务空间功能类型统计表

	类型统计	诸葛村	新叶村	深澳村	环溪村	西坑村	陈家铺村	平田村
商业营利功能	1. 农家乐设施	•	•	•	•	•		•
	2. 特色食宿设施	•	•			•		•
	3. 高端食宿设施		•	•	•		•	
	4. 茶馆设施	•						
	5. 咖啡吧/酒吧/奶茶店		•	•	•	•	•	•
	6. 土特产商店	•	•	•		•		
	7. 日常零售店铺	•	•	•		•		
	8. 艺术家工坊/工艺品商店				•			
	9. 新型娱乐设施		•					
	类型统计	5	7	5	4	5	2	3
文化展示功能	1. 古建展览馆	•	•	•	•	•	•	•
	2. 对村落历史、营造技艺、传统手工艺作品的静态展示	•	•	•	•			
	3. 非遗文化动态展示及制作体验	•	•					
	4. 对多元历史环境要素的展示	•	•	•	•	•		•
	5. 菜园、农家庭院的展示	•				•		
	6. 公共空间内村民公共活动展示	•	•		•		•	
	7. 自然场所修筑游憩设施并展示	•			•	•		•
	8. 户外观景设施	•			•	•	•	•
	9. 农事体验功能		•					
	类型统计	8	6	3	6	5	3	4

　　文化展示功能包含文化遗产展示、村民生活文化展示、自然景观
展示等。首先，文化遗产展示既包含物质类建筑遗产、多元历史环境
要素的展示，又包含非物质类如村落历史、营造技艺、传统手工艺作
品、非遗文化等的展示，展示类型包含静态与动态两种形式。笔者基
于文化遗产类型、展示形式，对文化遗产展示项目进行拆分，得到四
个要素项目。其次，在走访调研中所提取到的、涉及村民日常生活
展示的、可为游客提供文化展示服务的空间包含菜园/农家庭院、公
共空间（广场、水塘、祠堂）两类，前者可以看到村民日常生活活
动，后者可观摩到公共类活动。最后，传统村落内常见自然景观展
示包含户外观景及农事体验两项旅游服务空间要素，前者多依托于
村庄内外高地或视野开阔的平台，后者则依托于村庄周边农田
空间。

　　通过对各村落内旅游服务空间要素类型统计可知，新叶村、深澳村
内商业营利型功能的旅游服务空间类型较多（6～7类）；环溪村、陈家铺
村、平田村则相对单一（2～4类）。诸葛村、新叶村、环溪村的文化展示
功能类型较多（6～8类），深澳村、陈家铺村、平田村文化类型则相对单
一(3～4类)。

　　如图 4-2 所示，诸葛村、新叶村内旅游服务空间功能类型最为丰
富，这可能与其村庄面积大、文化遗产资源丰富、驻留村民人数较多有
关。陈家铺村、平田村内旅游服务空间功能类型均较少，可能与其村庄
面积小、文化遗产资源相对较少、驻留村民少有关。深澳村内具备商
业营利功能的旅游服务空间类型丰富，但文化展示类旅游服务空间较
少，这源于深澳村空心化严重，村落周边自然景观资源较少，村落文
化展示多以物质性遗产展示为主，因而较为单一。此外，深澳村引入
大量青年创客进驻开店经营，极大地丰富了具备商业营利功能的旅游
服务空间类型。西坑村尽管村域面积小，但其旅游服务空间功能类型
丰富，这是西坑村多元主体（村民、外来经营者）共同经营、互利共
赢的结果。

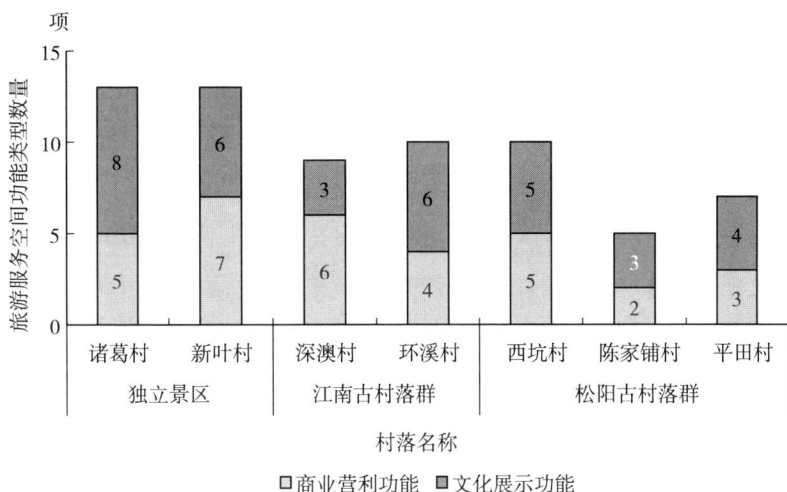

图4-2 各案例村落内旅游服务空间功能类型数量统计

(二) 旅游服务空间的"文化—商业"功能布局

(1) 独立景区型村落的"文化—商业"功能布局

表4-8（见后彩插）所示为独立景区型村落诸葛村、新叶村内旅游服务空间的布局模式图。独立景区型村落的面积一般较大，包含多元类型的旅游服务空间。文化型旅游服务空间多集中布局在核心保护区内及从景区入口到核心保护区的沿线，主要沿游览线路分布；商业型空间在核心保护区内外均有布局，多沿着游览线路分布，部分食宿接待设施可能脱离游线，在居住区内分布。

(2) 江南古村落的"文化—商业"功能布局

江南古村落景区内深澳村与环溪村的旅游服务空间功能布局存在差异性。深澳村包含文化展览、商业零售等旅游服务功能空间，但食宿设施数量相对较少。深澳村所有旅游服务空间均分布在核心保护区内。其中，文化类旅游服务空间为水塘及传统建筑展示空间，主要沿游线分布，而商业类旅游服务空间主要依托老街分布（表4-9，见后彩插）。环溪村核心保护区较小，村落旅游接待以食宿接待功能为主，以参观游览功能为辅。环溪村文化型旅游服务空间主要分布在核心保护区内，商业类空间主要分布于核心保护区外（表4-10，见后彩插）。

(3) 松阳古村落的"文化—商业"功能布局

如表4-11（见后彩插）所示，松阳古村落景区中的西坑村、陈家铺村、平田村村域面积较小，核心保护区边界与村庄边界重合，所有旅游服务空间均分布在核心保护区内。村落内商业类旅游服务设施数量相对较少，且主要为食宿接待设施。村落周围具有良好的山林景观资源，亦是重要文化展示空间。这些村落旅游服务功能相似，各村落之间的距离相近，共同作为松阳古村落群的参观景点之一。

(三) 功能布局特征总结

基于"真实体验"二元分析维度的分类方式，对各类型传统村落旅游服务空间的功能布局特征进行汇总。"偏文化—强人文关联"型村落的文化展示空间多位于核心保护区内，而商业营利型设施多位于核心保护区外，村落内驻留村民数量较多，或由村民主导进行旅游经营。"偏文化—弱人文关联"型村落的旅游服务空间主要分布在核心保护区内，驻留村民数量较少，少数外来经营者可能进驻开店，但整体而言数量较少。"偏商业—强人文关联"型村落内驻留村民数量较多，村民旅游参与度高，或形成"民宿村"，这些村落内文化遗产资源相对较少，核心保护区相对较小。此类村落常依托于上位景区，主要为游客提供食宿接待服务。村庄面积较大的村落内，食宿设施多位于核心保护区外；村庄面积较小的村落，核心保护区与村庄边界重合，则食宿设施位于核心保护区内。"偏商业—弱人文关联"型村落内驻留村民数量较少，多由外来营建者、青年创客进驻开店，这些店铺常依托老房子设立，分布于核心保护区内。村落内文化遗产资源相对较少，核心保护区可能相对较小，这些村落多依托于上位景区进行旅游发展，常作为上位景区的参观点之一（表4-12）。

表 4-12　各类型村落特征总结

人文关联性强　　　　　　　　　　　　　　　人文关联性弱

偏文化

●参观点
○商业设施（多由村民经营）

①功能类型：文化、商业功能类型丰富
②功能类型布局：文化展示类旅游服务空间主要沿游线布局分布，文化参观点主要分布在核心保护区内，自然景观空间可能分布在核心保护区外；商业营利性空间中，零售设施多分布在核心保护区内，住宿设施可能在村庄范围内均有分布
③案例村落：诸葛村、新叶村

●参观点
○商业设施（多非村民经营）

①功能类型：文化功能类型单一、商业功能类型丰富
②功能类型布局：村落旅游服务空间主要分布在核心保护区内
③案例村落：深澳村

偏商业

●参观点　　○商业设施（多由村民经营）

①功能类型：文化、商业功能类型均较丰富
②功能类型布局：当村落面积较大时，文化展示型空间主要分布在核心保护区内，商业营利型空间多分布在核心保护区外；当村落面积较小时，核心保护区多与村庄面积重合，文化、商业型旅游服务空间多分布在核心保护区内，此类村落周边多包含良好的自然景观，亦是重要参观项目
③案例村落：环溪村、西坑村

●参观点
○商业设施（多非村民经营）

①功能类型：文化、商业功能类型均较单一
②功能类型布局：村落面积较小，核心保护区多与村庄面积重合，文化、商业型旅游服务空间多分布在核心保护区内。村域范围内多包含良好的自然景观，亦是重要文化参观项目
③案例村落：平田村、陈家铺村

四、二元尺度下的空间营造特征提取

旅游服务空间的设计类要素亦会对游客"真实体验"产生关键性影响，因此，本小节将对村域、建筑二元尺度下传统村落旅游服务空间设计类特征进行总结。笔者首先对既有文献中的体验类空间营造要素进行梳理，进而结合浙江省案例村落旅游服务空间营建现状，有针对性地进行要素筛选与特征总结。

（一）既往研究中的旅游服务空间营造要素提取

（1）村域尺度下的要素提取

村域尺度下，车震宇（2008）借鉴凯文·林奇的城市意象要素，对传统村落可被人感知的空间要素进行拆解，具体包含区域、边界、节点、街巷、标志物、民居、整体风貌等。他基于旅游型传统村落形态变化特征，将村落分为渐变型、稳定型、突变型、恢复型四类，并对各类村落具体形态变化特征进行识别汇总（表 4 - 13）。通过对比分析可知，旅游发展及旅游服务空间营建对传统村落空间形态的改变主要体现在以下四个方面。

①区域：村落区域拓展、街巷延伸、停车场建设；

②街巷：建筑街巷节点、街巷立面的改变；

③标志物：传统标志物的修复及新建标志物的设立；

④整体风貌：主街巷两侧及新区内新建民居带来村落风貌改变。

（2）建筑尺度下的要素提取

建筑尺度下，旅游学科相关研究对建筑室内"服务场景"多有关注。在探究人造环境对消费者行为影响的研究中，Kotler（1973）首先使用"氛围"一词来界定经过精心设计和控制的消费环境，他指出服务场所的氛围能使置身其中的消费者获得特殊的情绪感受，并增加顾客的消费意愿。Bitner（1992）提出了"服务场景"（servicescape）的概念，意为服务场所中影响顾客消费行为的物理环境要素。服务场景包含"氛围要素""空间布局与功能""标志、象征物及工艺品"。之后，学界指出服务场景仅关注到有形要素，忽略了对"人"这一因素的考察，因此服务场景要素逐步被扩充为五类，分别是五感氛围、空间布局、美学设计、装饰符号和交往互动（表4-14）。

表4-13 传统村落旅游开发后产生的空间形态变化

项目	渐变型村落	稳定型村落	突变型村落	恢复型村落
典型特征	每年都有新建、重建房屋	每年新建、改建房极少	2~3年内形态发生较大变化	2~3年内核心区建筑恢复原貌
区域边界	由于新建房屋，村落区域向周边扩展，入口区扩大，建设停车场等接待设施；主街巷有利于车辆行驶，延伸区出现新房屋		由于开发商介入，村落入口区建设大量旅游设施，村民新建房集中出现在村落主街巷延伸区，停车场多位于建设区和公路之间，脱离原村庄布置，停车场周边极少产生村民的旅游设施	建筑周边形态拓展较少，停车场多镶嵌在村落边界内，由于经济条件差，新房建设量少
街巷节点	建筑改建或新建旅游设施引起建筑功能、外形改变，进而致使村落节点改变	基本不变	建筑改建或新建旅游设施引起房屋外观变化，进而改变街巷节点，开发商建设区出现新节点	重要节点周边建筑、主要街巷建筑被恢复，村落节点发生改变
街巷立面	由于村落区域扩展，街巷发生延伸，且由于村民开店，引起街巷立面的改变		老村外围出现新区，主街巷延伸，主街巷两侧出现拆旧建新、开设店铺等，从而改变了街巷立面	街巷立面恢复原貌
标志物	破损古建被修复，或建设新景点，成为村落的新标志物		开发商修复了公共古建筑、建设新的旅游景点或旅游设施，形成村落新的标志物	损毁标志物被修复，未出现新的标志物
民居	政府对民居风貌进行管控，亦保证游览区民居风貌协调	部分民居因为无人修缮而损坏	主游线、中心广场、新房集中区等出现新建、重建房屋，为游客提供旅游接待服务，外观虽具有地方民居风格，但仍和原貌差异较大	核心区民居恢复原貌，空置宅基地允许少量建房
整体风貌		基本不变	开发商建设区、新区内出现诸多新建或重建房，整体风貌发生突变	基本不变

资料来源：车震宇. 传统村落旅游开发与形态变化［M］. 北京：科学出版社，2008.

表 4-14　服务场景包含要素类型

项目	内涵诠释
五感氛围	消费场所的温度、光照、声音和气味，人通过五官进行体验
空间布局	设备和家具的布局、空间上相互关系等
美学设计	美学元素包括建筑、色彩、材料和风格等
装饰符号	标志物、象征物和工艺品
交往互动	商店环境中其他客户和销售人员的数量、类型和行为

(3) 空间营造要素汇总

　　基于既往研究成果，从村域（空间形态）、建筑（服务场景）二元尺度对传统村落内空间营造要素进行适宜性提取与转译，汇总得到表 4-15 所示的旅游服务空间营造要素。其中，村域尺度的空间形态要素与游客的视觉感知、文化体验直接相关，偏重于文化展示功能，而建筑尺度下的室内空间要素是基于商业型"服务场景"提出的，因此偏重于商业营利功能。

表 4-15　空间营造要素汇总及其功能性偏重研判

空间尺度	空间营造要素	功能性偏重
村域尺度	村落区域拓展、街巷延伸、停车场建设 建筑街巷节点、街巷立面的改变 传统标志物的修复及新建标志物的设立 主街巷两侧及新区内新建民居带来村落风貌改变	文化展示
建筑尺度	氛围要素 建筑内家具布局、空间组合 建筑室内色彩、装饰、材料、风格 建筑内标志物、象征物、工艺品 建筑内的交往空间设计	商业营利

（二）案例村落村域空间形态变化统计

　　结合既往研究中村域尺度下的各项空间形态要素来识别浙江传统村

落旅游发展中所存在的、由旅游服务空间营建引起的空间形态变化，进而总结得出具有浙江地域代表性的村域空间营造要素。

（1）诸葛村、新叶村的空间形态变化

图4-3为独立景区型村落诸葛村、新叶村空间形态变化图示。两村落内主街巷均向外延伸，且均在村庄边缘新增了景区入口节点，包含停车场、游客接待中心、景观小品等设施。两村均在村落周边建设有新住宅区。诸葛村还在旅游发展之初复原了上塘商业街这一传统节点（上塘曾一度被填平并在其上新建住宅），古街巷路面得到修复、改造。诸葛村核心保护区外侧建设有新商业街。新叶村则对部分传统街巷进行了立面及顶面装饰。

（2）深澳村、环溪村的空间形态变化

图4-4为江南古村落群中深澳村、环溪村的空间形态变化图示。两村内均存在轴线延伸、村域周边新建民居等变化。此外，两村落的景区入口、停车场等均设置在村庄范围内。深澳村内出现了"传统建筑改造为高端民宿"的新型节点，而环溪村亦出现了新建广场作为村落新节点。两村内主要传统街巷立面均存在一定改变，如出现少量商业标识和较大开窗等（图4-5，见后彩插）。

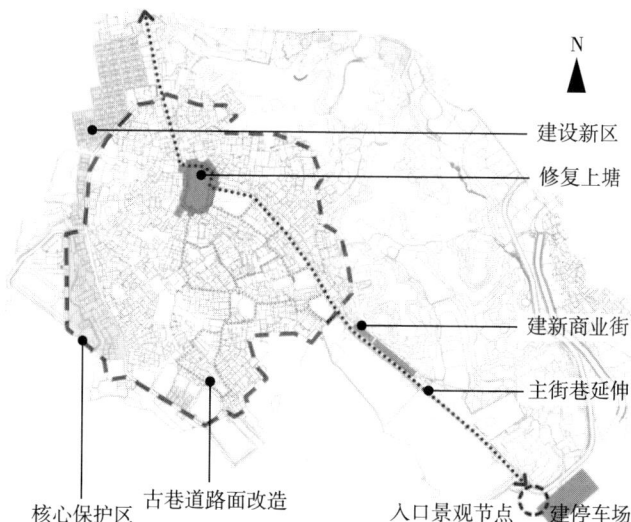

（a）诸葛村

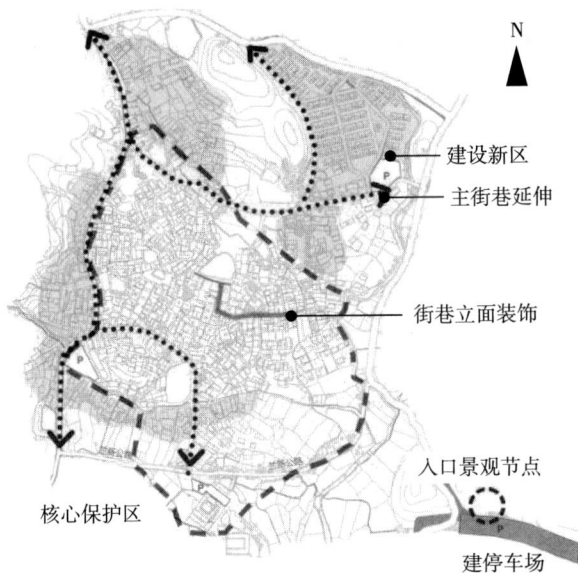

N

建设新区

主街巷延伸

街巷立面装饰

入口景观节点

核心保护区

建停车场

（b）新叶村

图 4-3 诸葛村、新叶村村域尺度下旅游发展引起的空间形态变化

资料来源：基于笔者走访调研的数据绘制。

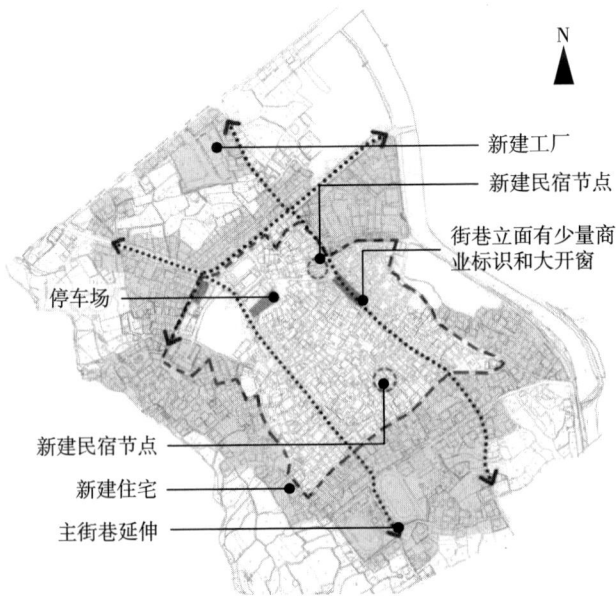

N

新建工厂

新建民宿节点

街巷立面有少量商
业标识和大开窗

停车场

新建民宿节点

新建住宅

主街巷延伸

（a）深澳村

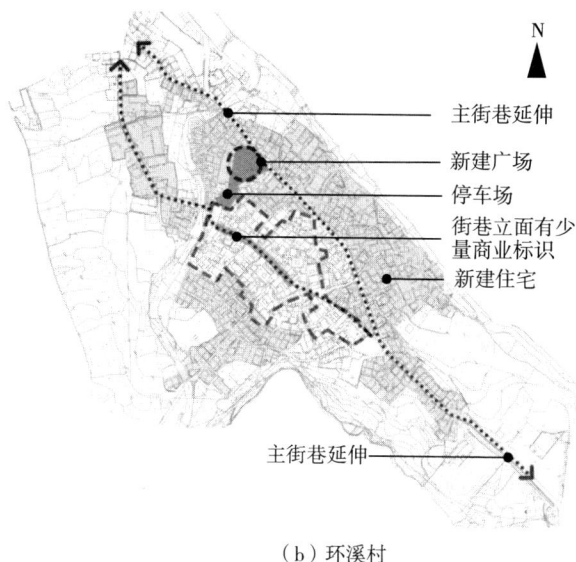

主街巷延伸
新建广场
停车场
街巷立面有少量商业标识
新建住宅

主街巷延伸

（b）环溪村

图 4-4　深澳村、环溪村村域尺度下旅游发展引起的空间形态变化
资料来源：基于笔者走访调研的数据绘制。

（3）西坑村、陈家铺村、平田村的空间形态变化

图 4-6 为丽水市松阳古村落群中西坑村、陈家铺村、平田村的空间形态变化图示。由于这三个村落地处山区内，受地形条件影响，这些村落并未向外扩展。村落的空间形态变化以新增节点、街巷整治为主。共性化的空间形态变化是三个村落均新建有景区入口节点，且多依托传统建筑建设高端民宿或休闲体验场所，从而成为村落新节点。如西坑村内新增了云端秘境、过云山居等；陈家铺内新建了飞茑集、先锋书店等（张雷，2015；2021）；平田村更是建设有云上平田民宿、爷爷家的民宿、农耕馆、餐厅等，这些场所均成为村落的重要的"打卡"点。此外，西坑村与平田村还在主要游览街巷两侧设置了少量商业标识，或进行立面修复与装饰。

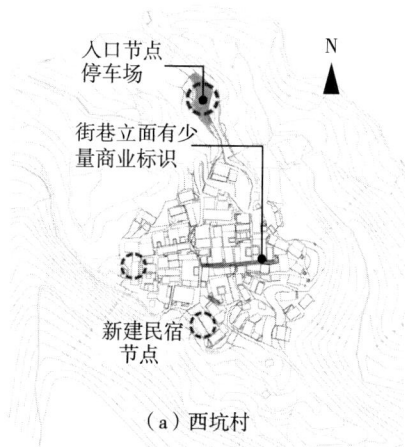

入口节点
停车场

街巷立面有少量商业标识

新建民宿节点

（a）西坑村

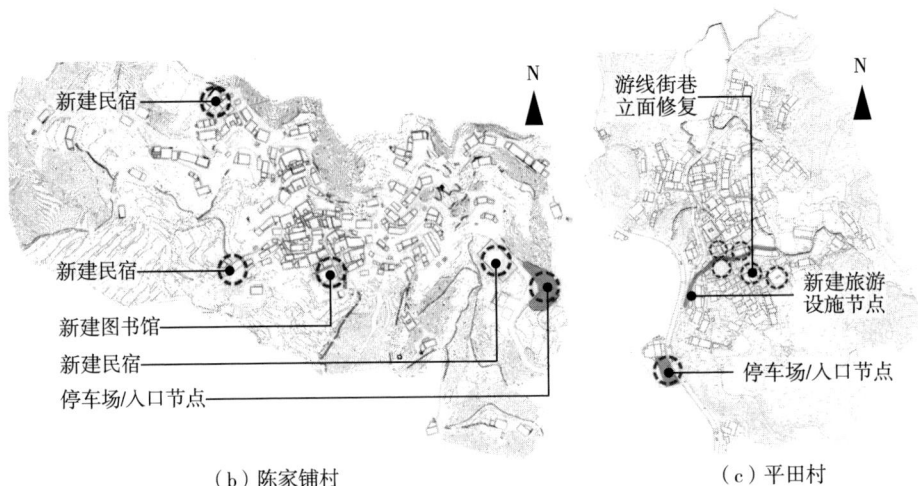

（b）陈家铺村　　　　　　　　　　　（c）平田村

图 4-6　西坑村、陈家铺村、平田村村域尺度下旅游
发展引起的空间形态变化图示

资料来源：基于笔者走访调研的数据绘制。

各案例村落旅游服务空间营建引起的空间形态变化汇总至表 4-16 中。

表 4-16　案例村落旅游服务空间营建引起的空间形态变化统计表

村落	区域	街巷	标志物	整体风貌
诸葛村	村落区域向外扩展，街巷延伸，在村庄外修建停车场	建筑街巷、街巷立面得到复原，风貌完整	传统标志物的修复，村庄外设置景区入口接待设施成为新标志物	仅入村处修建一小段新商业街；村落一侧修建有住宅新区，新老区空间尺度与形态存在差异，但两区相互分离
新叶村	村落区域向外扩展，街巷延伸，在村庄外修建停车场	古商业街得到修复，街巷立面装饰有辣椒、玉米、竹筛子、竹席等乡土物件	传统标志物的修复，村庄外设置景区入口接待设施成为新标志物	村庄外围建有新住宅，村落一侧亦修建有住宅新区，新建区域与核心保护区存在尺度与空间形态的差异
深澳村	村落区域向外扩展，街巷延伸，在景区入口处（村庄内）修建停车场	古商业街得到修复，但街巷立面因开店而有大开窗	传统标志物的修复，村内高端民宿成为新标志物	村庄外围建有新住宅、商业街、工厂等，与核心保护区存在尺度与空间形态的差异，但北侧与景区相对隔离

（续）

村落	区域	街巷	标志物	整体风貌
环溪村	村落区域向外扩展，街巷延伸，在村庄内修建停车广场	古商业街得到修复，店铺较少，街巷立面改变不大	新建广场、游憩设施成为新标志物	村庄内、核心保护区外建设大量新式住宅、工厂等，与核心保护区存在尺度与空间形态的差异
西坑村		建筑街巷节点仍在修缮中，街巷立面增添了少量商业标志	入口停车场、民宿设施、观景平台等成为新标志物	
陈家铺村	受地形影响，村落未有明显扩展，在村口修建有停车场		入口停车场、民宿设施、书店设施成为新标志物	村落内新建民居较少，总体而言未改变村落传统风貌、格局尺度
平田村		游线街巷及立面得到修复	云上平田综合体内各个改建项目等成为新标志物	

（三）案例村落室内旅游服务空间调研

　　浙江传统村落常见的室内商业型旅游服务空间包括食宿接待设施、零售店铺、工坊设施内的空间，各功能空间内的装饰、陈设与其依托建筑形式（传统建筑、现代民居建筑）、营建主体（村民、外来经营者）、投资金额相关。基于走访调研情况，笔者从投资规模、建筑类型两个维度出发，对各旅游服务空间内的氛围、空间布置、美学设计、装饰符号、交往互动情况进行分类总结（表4-17）。

　　各类旅游服务空间的投资包含高、中、低三个档次。低档投资一般花费在十几万到几十万不等，一般包含参观展示、农家乐、咖啡茶吧、土特产零售、茶馆、日常零售、工坊等类型。此类旅游服务空间依托于传统建筑或新建民居建筑，这两类建筑内的空间营造特征亦不相同。其中，传统建筑类旅游服务空间舒适性一般，多对传统室内空间进行简单性分隔以满足使用需求，室内一般缺乏精心的美学设计，家具陈设一般是空间的重要装饰物，可能出现与传统氛围不协调的家具陈设等；依托

表 4-17 浙江传统村落常见的旅游服务设施内空间营造特征统计表

投资规模	建筑类型	业态类型	氛围	空间布置	美学设计	装饰符号	交往互动
一般性投资（十几万到几十万元等）	传统建筑	参观展示、土特产零售、茶馆设施、日常零售店铺、来艺术家工坊、工艺品商店等	舒适度一般	多对空间进行重新分隔	缺乏精心的美学设计	商品或一般性陈设兼做装饰，或出现与传统氛围不协同的家电陈设等	各功能类型设施不一
	新建民居建筑	农家乐、咖啡吧/酒吧、奶茶店、日常零售店铺	舒适度良好	保持原有空间布局	基于村民经营者生活喜好的美学装饰	村民日常生活用品、一般性装饰物	各功能类型设施不一
中等投资（百万级）	传统建筑	特色食宿设施、咖啡吧/酒吧、茶馆设施等	舒适度良好、保温隔热、隔音性能稍弱	多对空间进行重新分隔	保持传统内装风格，采用木制门窗、墙体等	多采用木制家具、字画进行装饰	中堂、天井、庭院为主客互动空间
	新建民居建筑	民宿	舒适度高	进行灵活划分与空间布局	保持传统内装风格	多采用木制家具、字画进行装饰	中堂、庭院为主客互动空间
高档投资（千万级）	传统建筑	高端食宿设施	舒适度高	多对空间进行重新分隔、增加空间丰富度	综合使用多类材料，传统与现代风格并存	设置兼具传统与现代风格的高档艺术品装饰	厅堂、天井、庭院为主客互动交往空间

新建民居的旅游服务空间的舒适度一般较好，此类空间多保持村民家庭原有家具陈设，或装饰以普通字画等。不同功能类型空间内的交往互动情况不一。

中档投资的旅游服务空间营建花费金额多在百万级别，此类旅游服务空间一般为特色食宿接待、咖啡吧/酒吧、茶馆设施等业态类型。依托传统建筑的旅游服务空间舒适度良好，但保温隔热、隔音性能稍弱，多对传统建筑原有空间布局进行适宜性调整，满足旅游接待需求。家具陈设一般经过精心设计，多采用传统家具陈设风格。中堂、天井、庭院空间多作为互动交往空间。依托新建建筑的旅游服务空间舒适度较高，多对原有民宅空间进行灵活划分与空间布局，室内装饰陈设多保持传统风格。中堂、庭院空间多具有互动交往功能。

高档投资的旅游服务空间营建花费金额多在千万级别，此类旅游服务空间多依托传统建筑设置高端民宿（食宿接待）设施。此类旅游服务空间的舒适度高，内部空间经过精心设计，对原有空间布局多进行适宜性改变，增加空间丰富度。室内综合使用传统、现代材料，设置兼具传统与现代风格的高档艺术品进行装饰，室内装陈传统与现代风格并存。此类建筑多依托厅堂、天井、庭院等设置互动交往空间。

（四）空间营造特征总结

（1）村域尺度的空间营造特征

基于实地调研，将各案例村落旅游服务空间营建引起的空间形态变化进行统计，汇总至表4-18中。通过统计可知，各案例村落广泛存在街巷延伸、在核心保护区外侧修建新民居、设置景区入口节点、设置旅游服务设施或广场等新节点、街巷立面改变等形态变化。其中，区域维度下的空间变化包含村落区域扩张、街巷延伸、新建停车场等；街巷维度的空间变化包含街巷装饰、街巷大开窗、增添商业标识等；标志物维度变化包含设置景区入口、高端民宿、新建广场等成为新标志物；整体风貌维度的变化包含新建商业街、新住宅区与传统风貌不协调等。上述经由旅游服务空间营建引起的空间形态变化项目亦可视为旅游服务空间的关键性设计要素。

表 4-18　旅游服务空间村域形态类设计要素变化汇总表

空间形态类型	旅游服务空间设计要素
区域	村落区域向外扩展，街巷延伸 在村庄内/外修建停车场
街巷	街巷立面装饰有辣椒、玉米、竹筛子、竹席等乡土物件 街巷立面因开店而有大开窗 街巷立面增添少量商业标志
标志物	村庄外设置景区入口接待各项标志物设施 依托传统建筑改建的高端民宿等设施成为新标志物节点 村内新建广场、游憩设施成为新标志物
整体风貌	修建新商业街 村内新式住宅（区），与老区尺度、空间形态、风貌统一

(2) 建筑尺度的空间营造特征

基于对案例村落旅游服务设施空间营造的调研，从氛围、空间布局、美学设计、装饰符号、交往互动几个维度对建筑尺度下的空间营造进行分析。首先，氛围维度下，中低档投资的、依托于传统建筑设立的旅游服务空间舒适性有待提升，该舒适性问题可能对食宿接待功能具有消极影响，因为游客须长时间停留在室内就餐或休憩。其次，从空间布置维度出发，新建建筑在设计之初考虑了旅游接待场所需求，因此空间布局变化较小。然而，传统建筑的原有室内布局多需要进行重新分隔、调整等，是需要重点关注的问题。第三，从室内美学设计、装饰符号维度出发，旅游服务空间多采用木制门窗、墙体等，增强建筑室内传统氛围，且多采用木制家具、字画、工艺品进行装饰。低档投资型、依托新建住宅设置的旅游服务空间多保持原有家庭内装陈，不做特别性营造。最后，旅游服务空间的互动交往功能多依托建筑中庭、天井、庭院设置。旅游服务空间室内设计类要素可汇总至表 4-19 中。

表 4-19　旅游服务空间室内营造设计要素汇总表

空间营造 类型	主要空间 载体类型	主要空间 载体功能	旅游服务空间内的关键设计项目
氛围	传统建筑	食宿接待	传统建筑中的舒适性提升（或导致服务费用增加）
空间布置	传统建筑	食宿接待	对传统建筑室内空间的灵活划分，增加空间层次与丰富度（或导致服务费用增加）
美学设计、 装饰符号	传统建筑、 新建民居	食宿接待、零售店铺、咖啡吧/酒吧/奶茶店、茶吧等	保持、营造传统室内装饰风格，如采用木制门窗、墙体等，或采用新式材料等（或导致服务费用增加） 多采用木制家具、字画、工艺品进行装饰
交往互动	传统建筑、 新建民居	食宿接待	利用室内厅堂、天井、庭院等营造互动交往空间

浙江传统村落"真实体验"的影响要素研判

在了解浙江传统村落旅游发展的基本特征后,为深入探索不同营建要素对游客"真实体验"的作用机制,拟采用"量表—定量分析"的方法进行推导。因此,本章节将遵循"量表制定—要素评析—模型构建"的路径展开:基于现状营建特征、法规条文、专家意见等建立要素集合、构建打分量表;基于游客问卷进行要素需求与体验打分;基于数据统计构建游客"环境真实体验模型",为下一步"真实性营建"机制的构建奠定基础。

一、要素集合构建与问卷量表制定

(一)基于"汇总—纠偏—整合"的要素集合构建

(1)旅游服务空间要素的分类整合

从游客"失真"体验的问题出发,"文化—商业"协调、人文关联性强弱二元分析维度是破题的关键。而空间营建要素的分类与研判是深入理解游客环境真实体验特征、推导适宜性营建方法的关键。因此,除对村落类型进行分类外,还需基于"真实体验"二元分析维度对空间营建要素进行归类。

本书采用"量表—定量分析"的研究方法进行深入探索,要素提取是关键。要素项目需紧密围绕研究问题展开,以具有高度的针对性。指标选取需满足以下四个条件:首先,指标内容需紧密围绕研究对象——传统村落旅游服务空间,而将无关要素剔除;其次,指标内容与空间营建高度关联,具有规划设计指向性,须提取有关功能配置、空间营造的相关要素指标；第三，指标选取需 "重质限量"，即指标须能够较为全面的覆盖关键性营建要点，且由于本书采用问卷调查的数据获取方法，指标数量不宜过多，以免调研对象产生 "疲倦感" 而降低问卷回收率及可信度；第四，空间营建要素不能突破各项文物保护规范，不能违背传统村落真实性保护的基本价值观（本书引入专家视角对要素的适宜性进行甄别与纠偏）。

表 5-1 为基于案例村落调研的空间要素集合，其中包含 9 项商业营利型功能要素、9 项文化展示型功能要素、5 项商业营利型设计要素、10 项文化展示型设计要素，共 33 项空间要素。

表 5-1　案例村落旅游服务空间 "商业—文化" 型功能、设计要素集合

	商业营利型要素		文化展示型要素	
	要素	备注	要素	备注
功能类要素	1. 农家乐设施	由村民主导经营，依托新建自宅空间	1. 古建展览馆	祠堂、民居等的展示
	2. 特色食宿设施	由村民或外来经营者主导经营，依托传统建筑空间	2. 村落历史、营造技艺、手工艺的静态展示	如村史展览馆、乡土展览馆等
	3. 高端食宿设施	外来开发商主导经营，多依托传统建筑空间，具有高投资、高消费的特征	3. 非遗文化的动态展示及制作体验	如传统手工作坊等
	4. 茶馆设施	由村民主导经营的茶馆设施	4. 对多元历史环境要素的展示	古河道、古树、古井、古桥等
	5. 咖啡吧/酒吧/奶茶店	外来开发商主导经营	5. 菜园、农家庭院的展示	村民宅基地内的菜园、庭院展示
	6. 土特产商店	村民经营的土特产零售服务	6. 公共空间内村民公共活动展示	如广场、水塘、祠堂内的村民日常生活、公共活动展示
	7. 日常零售店铺	村民经营的日常用品零售服务	7. 自然场所修筑游憩设施并展示	依托花园、山林、农田等场所

（续）

	商业营利型要素		文化展示型要素	
	要素	备注	要素	备注
功能类要素	8. 外来艺术家工坊、工艺品商店	青年创客、外来艺术家主导经营的工作室，多兼作工艺品零售店铺	8. 户外观景设施	村落观景台、拍照点等
	9. 新型娱乐设施	VR等高科技设备体验	9. 农事体验功能	依托村落周边农田
设计类要素	1. 传统建筑内的舒适度提升	或导致服务费用增加	1. 村落区域向外扩展，街巷延伸	
	2. 对传统建筑室内空间的灵活划分，增加空间层次与丰富度	或导致服务费用增加	2. 在村庄内/外修建停车场 3. 街巷立面装饰有乡土元素物件	如辣椒、玉米、竹筛子、竹席等
	3. 传统室内装饰风格	采用木制门窗、墙体等、采用新式材料等，或导致服务费用增加	4. 街巷立面因开店而有大开窗 5. 街巷立面增添少量商业标志	
	4. 传统风格的家具陈设	采用木制家具、字画、工艺品进行装饰，或导致服务费用增加	6. 村庄外设置景区入口接待的标志物设施 7. 传统建筑改建的旅游设施成为村落新标志物	
	5. 利用室内厅堂、天井、庭院等营造互动交往空间		8. 新建广场、游憩设施成为村落新标志物 9. 修建新商业街 10. 村内新式住宅（区），与老区尺度、空间形态、风貌统一	

(2) 基于专家问卷的要素纠偏

基于既往研究、案例调研汇总得到的 33 项要素可能存在不适宜之处。首先，指标选取是基于案例村落的既有功能类型、设计特征，可能存在类型不全（如少数关键性空间要素并未在案例村落内出现）、内容不适宜性等问题（如不符合文化遗产保护规范）；其次，设计类要素生成参考了既有文献资料，这些文献的研究对象并不局限在传统村落内，因此要素类型与浙江省传统村落可能存在不适配的情况；最后，笔者对指标内涵的拆分、合并可能具有主观性，不够精准。为了得到符合传统村落真实性价值观的营建要素，本书采用专家问卷的方法对现有要素的适宜性进行研判与纠偏。

笔者基于要素集合进行专家调查问卷的制作，为方便专家填写，制定了 "项目适当、措辞修正、归类不当、需要剔除" 四项判定类型，供专家选择。在问卷结尾设置了半结构式问题，请专家对遗漏的指标项目进行补充或对现有指标项目进行评价。专家问卷详见附录 A。2022 年 5月中下旬，笔者邀请十位长期从事浙江传统村落研究、旅游规划设计工作的专家进行问卷填写，其中包含五位教授（均来自浙江大学）及五位设计师（均来自浙江省内的设计院）。最后，笔者收集到十份有效的专家问卷。专家们认为大多数空间要素是适宜的，但仍存在少数需要删改、增补的要素。具体修正意见及笔者的相应修改情况如表 5-2 所示。

表 5-2　专家问卷中收集到的指导意见汇总表

建议类型	修正意见	提建议的专家人数	对专家意见的反馈
措辞修正	指标 "古建展览馆" 的表述存在歧义，展览馆似乎重在展品展示，而传统村落里是传统建筑开放展示，不是一个概念	3	将 "古建展览馆" 改为 "建筑遗产的展示（祠堂、民居、传统商业建筑、寺庙建筑开放展示）"
	指标 "村庄外围（或一侧）建有新式住宅（区），与老区尺度、形态、风貌统一"，建议把 "统一" 改为 "协调"	1	将 "统一" 改为 "协调"

（续）

建议类型	修正意见	提建议的专家人数	对专家意见的反馈
归类不当	指标"街巷立面因开店而有大开窗""街巷立面增添少量商业标志"均是由村落商业化发展而导致，应归类于商业营利性指标	4	调整归类，将两项要素转移至"商业营利型"类目下
需要剔除	指标"修建新商业街""街巷立面因开店而有大开窗"的营建内容与传统村落特征不符，应予以剔除	4	予以剔除
	"村落区域向外扩展，街巷延伸"为传统村落发展一般性特征，与旅游服务空间营建的关系不紧密	3	予以剔除
	"在村庄内/外修建停车场"并不属于文化展示类设计要素中，更应是公共服务类功能	2	予以剔除
建议增加	是否应该增加设施建设量的指标	1	设施建设量指标难以通过游客问卷进行评判，且浙江传统村落内设施建设数量总体而言较为适宜，未有显著的建设过量问题，因此不增加建设量指标
	应参考传统村落评价标准，对指标类型进行补充完善，尤其应补充非物质文化遗产的各项功能	1	结合传统村落评价标准进行指标完善

　　基于专家反馈意见，笔者修改了两项要素，对两项要素进行了重新归类，剔除了四项要素。此外，笔者还结合专家意见对要素集合进行增补。如表5-3所示，笔者结合《传统村落评价认定指标体系（试行）》内容，从传统村落特色资源维度出发，对现有旅游服务空间要素项目进行匹配对应与增补，增加了要素项目"新建建筑彰显传统营建技艺"。

（3）"真实体验"空间要素再整合

　　结合专家建议，对"真实体验"空间要素进行修改与再整合，得到如表5-4所示的指标体系。其中包含商业营利型功能要素9项、文化展示型功能要素 10 项、商业营利型设计要素 6 项、文化展示型设计要素 5 项。

表 5-3 结合传统村落评定指标体系的指标调整

传统村落评价维度	评价指标	对应指标
传统建筑	久远度、稀缺度、规模、比例、丰富度、完整性（建筑功能）、工艺美学价值、传统营造工艺传承	建筑遗产展示 新建建筑彰显传统营建技艺（增补指标）
村落选址和格局	久远度、丰富度（现存历史环境要素种类）、格局完整性、科学文化价值、协调性	对多元历史环境要素种类的展示 村内新式住宅（区），与老区尺度、空间形态、风貌协调
村落承载的非物质文化遗产	稀缺度、丰富度、连续性、规传承人、活态性、依存性	对传统手工艺作品的静态展示 非遗文化动态展示及制作体验

表 5-4 "真实体验"空间要素指标再汇总

	功能要素	设计要素
文化展示型	1. 建筑遗产展示 2. 对村落历史、营造技艺、传统手工艺作品的静态展示 3. 非遗文化动态展示及制作体验 4. 对多元历史环境要素的展示 5. 菜园、农家庭院的展示 6. 公共空间内村民公共活动展示 7. 自然场所修筑游憩设施并展示 8. 户外观景设施 9. 农事体验功能 10. 新建建筑彰显传统营建技艺	1. 街巷立面装饰有乡土元素物件 2. 村庄外设置景区入口接待各项标志物设施 3. 依托传统建筑改建的旅游服务设施成为村落新标志物节点 4. 村内新建广场、游憩设施成为村落新标志物节点 5. 村内新式住宅（区），与老区尺度、空间形态、风貌协调
商业营利型	1. 农家乐设施 2. 特色食宿设施 3. 高端食宿设施 4. 茶馆设施 5. 咖啡吧/酒吧/奶茶店 6. 土特产商店 7. 日常零售店铺 8. 外来艺术家工坊、工艺品商店 9. 新型娱乐设施	1. 传统建筑内的舒适度提升（或导致服务费用增加） 2. 对传统建筑室内空间的灵活划分，增加空间层次与丰富度 3. 传统室内装饰风格（或导致服务费用增加） 4. 传统风格的家具陈设（或导致服务费用增加） 5. 利用室内厅堂、天井、庭院等营造互动交往空间 6. 街巷立面增添少量商业标志

（二）要素的人文关联性强弱判定

基于"真实体验"二元分析维度，除了对空间要素进行"文化—商业"偏重性的判定外，还需进一步对空间要素的人文关联性强弱进行判定与归类。笔者将基于七个案例村落内各空间要素的人文关联性特征，逐一对要素进行综合性评判。

（1）人文关联性判定流程

通过走访调研发现，不同类型的旅游服务空间要素与村民生计生活的关联方式不同。且同一要素在不同村落内的存在情况不同，人文关联性强弱亦可能不同。为了得到更为客观的判定结果，且在一定程度上简化现实中多元、复杂的影响因素，本书设计了两个人文关联性判定步骤。

步骤一为个案评定。对各案例村落内旅游服务空间的人文关联性进行逐一性判定，判定结果为"强""弱"两个等级。判定依据如下：针对室内旅游服务空间，需判定日常管理者或经营者是否为村民，空间是否承载村民的日常生活活动，有上述条件之一则判定为强，两者都无则判定为弱；针对室外旅游服务空间，需判定是否有村民经常到访、是否经常发生公共活动，上述情况发生往往与村落内村民驻留人数密切相关（人数多则公共活动可能发生频繁），若上述条件成立，则人文关联性为强，反之，则为弱；针对村域尺度的设计类指标，需判定该设计要素是否与村民的日常生计生活活动直接相关，若有关则判定为强人文关联，反之则为弱人文关联。

步骤二为总评判定。对各案例村落的旅游服务空间要素判定结果进行汇总与总评，判定结果为"强""中""弱"三个等级。若某一空间要素在多个案例村落内的人文关联性判定均为"强"，则总评判定为"强"；若某一空间要素在多个案例村落内的人文关联性判定均为"弱"，则总评判定为"弱"；若某一空间要素在多个案例村落内的人文关联性判定不一，则总评判定为"中"。

（2）人文关联性的判定依据

通过走访可知，农家乐是村民依托自宅空间开设，农园/菜园依托于村民宅基地空间，由村民进行日常打理，土特产商店、日常零售店铺多由村民经营（土特产多为村民生产的农产品，且日常零售店铺则是村民日常购物场所），因此笔者判定上述旅游服务空间要素的人文关联性强。村落内展示的遗产建筑多包含村落祠堂等，大多数祠堂在节庆期间仍承担重要的礼仪性功能。且部分村落内（如环溪村），祠堂内外空间、广场仍然是村落集会的重要场所。此外，新建住宅与村民提升人居环境的生活需求密切相关。因此，笔者判定上述旅游服务空间要素的人文关联性强。

部分旅游服务设施，如高端食宿设施、咖啡吧/酒吧/奶茶店、外来艺术工坊/工艺品商店、新型娱乐设施等，或需要较高的投资成本，或与村落本源特色无关，多是由外来经营者、青年创客进驻开设；入口节点设计、新建标志物、街巷立面装饰等多是为游客到访服务，而非为村民所用。因此，上述空间要素的人文关联性弱。

部分旅游服务空间的人文关联性在各传统村落内情况不一。如特色食宿接待空间是由传统建筑物改造而成，但由于其经营主体的不同，而存在不同的人文关联性。诸葛村、环溪村、西坑村内特色民宿仍由村民依托自宅开设，因此相关功能、设计要素与村民生计生活关联性强；新叶村、平田村则由外来经营者经营，住宿游客与当地村民并无交集，因此相关空间要素的人文关联性较弱。为简化分析，笔者将上述空间要素的人文关联性总评判定为中。

村落内公共活动空间的人文关联性往往取决于村落内驻留村民人数。诸葛村、新叶村、环溪村内驻留村民数量较多，其公共空间内多能看到村民洗衣、游憩、聚会闲聊的场景，人文关联性强。诸葛花园、环溪村观景台等在供游客参观的同时，亦是村民日常散步遛弯的场所，人文关联性强。而西坑村、陈家铺村、平田村内村民数量稀少，村庄周边的户外游憩设施、历史环境要素展示等更多为游客服务，村民甚少到访，人文关联性弱。若分别考虑各案例村落内公共空间的特征类型，则内容过于烦琐、庞杂，影响要素过多。为简化分析，笔者将上述空间要素的人文关联性总评判定为中。

部分旅游服务空间仅在少数村落内存在，需结合情境进行具体研判。诸葛村内的茶馆均由村民开设，是村民聚会场所之一，因此人文关联性强。环溪村村史展览馆多是为到访游客设立，与村民生计生活的关联度弱。农事体验区与土地耕作有关，而农耕则是村民传统生计生活的核心，游客可通过农事体验项目亲身体验村民劳作的生活，因此判定农事体验与村民生计生活关联度强。传统手工艺、非遗动静态展示仅在诸葛村、新叶村内设立，这些文化展示依托非遗传承人（村民）的经营，因此人文关联性强。基于上述判定依据，各空间要素的人文关联情况判定依据及初步判定结果汇总如表5-5所示，经调研后最终结果汇总如表5-6所示。

表5-5　各案例村落旅游服务空间要素的判定依据及初步判定结果统计表

	空间要素	判定依据	初步判定结果
文化展示型功能要素	1. 建筑遗产展示	承担礼仪性功能或是村落集会的重要场所	强
	2. 对村落历史、营造技艺、传统手工艺作品的静态展示	视经营主体的特征而定	不定
	3. 非遗文化动态展示及制作体验	依托于非遗传承人（村民）经营	强
	4. 对多元历史环境要素的展示	承担礼仪性功能或是村落集会的重要场所	强
	5. 菜园、农家庭院的展示	依托于村民宅基地空间，由村民管理	强
	6. 自然场所修筑游憩设施并展示	视村民到访频率而定	不定
	7. 户外观景设施		
	8. 农事体验功能	农耕是村民传统生计生活的核心	强
	9. 公共空间内村民日常生活展示	视村民到访频率而定	不定
	10. 新建建筑彰显传统营建技艺	与村民日常生活密切相关	强
商业营利型功能要素	1. 农家乐设施	依托于村民宅基地空间，由村民管理	强
	2. 特色食宿设施	视经营主体的特征而定	不定
	3. 高端食宿设施	与村落本源文化无关，由外来经营者开设	弱
	4. 茶馆设施	视经营主体的特征而定	不定
	5. 咖啡吧/酒吧/奶茶店	与村落本源文化无关，由外来经营者开设	弱
	6. 土特产商店	多由村民经营	强
	7. 日常零售店铺		
	8. 外来艺术家工坊、工艺品商店	与村落本源文化无关，由外来经营者开设	弱
	9. 新型娱乐设施		

（续）

空间要素		判定依据	初步判定结果
文化展示型设计要素	1. 街巷立面装饰有乡土元素物件	为游客到访服务，与村民生计生活无直接关联	弱
	2. 村庄设置景区入口接待的标志物设施		
	3. 依托传统建筑改建的旅游设施（民宿、图书馆）成为村落新标志物节点		
	4. 村内新建广场、游憩设施成为新标志物节点	视村民到访频率而定	不定
	5. 村内新式住宅（区），与老区尺度、空间形态、风貌协调	与村民日常生活密切相关	弱
商业营利型设计要素	1. 传统建筑内的舒适度提升	视经营主体的特征而定	不定
	2. 对传统建筑室内空间的灵活划分，增加空间层次与丰富度		
	3. 传统室内装饰风格		
	4. 传统风格的家具陈设		
	5. 利用室内厅堂/天井/庭院等营造互动交往空间		
	6. 街巷立面增添少量商业标志		

表 5-6　各案例村落旅游服务空间要素的人文关联性判定统计表

	空间要素	诸葛	新叶	深澳	环溪	西坑	陈家铺	平田	总评
文化展示型功能要素	1. 建筑遗产展示	●	●	●	●	●	●	●	强
	2. 对村落历史、营造技艺、传统手工艺作品的静态展示	●	○	○	○				中
	3. 非遗文化动态展示及制作体验	●	●						强
	4. 对多元历史环境要素的展示	●	●	●	●	●		○	强
	5. 菜园、农家庭院的展示	●	●		●	●			强
	6. 自然场所修筑游憩设施并展示	●		●	○	○	○		中
	7. 户外观景设施	●		●	○	○	○		中
	8. 农事体验功能		●						强

（续）

空间要素		诸葛	新叶	深澳	环溪	西坑	陈家铺	平田	总评
文化展示型功能要素	9. 公共空间内村民日常生活展示	●	●		●				强
	10. 新建建筑彰显传统营建技艺	●							强
商业营利型功能要素	1. 农家乐设施	●	●	●	●	●		●	强
	2. 特色食宿设施	●	○		●	●		○	中
	3. 高端食宿设施		○	○		○	○		弱
	4. 茶馆设施	●							强
	5. 咖啡吧/酒吧/奶茶店		○	○		○	○		弱
	6. 土特产商店	●	●		●	●	●	●	强
	7. 日常零售店铺	●	●	●	●				强
	8. 外来艺术家工坊、工艺品商店	○	○	○					弱
	9. 新型娱乐设施		○						弱
文化展示型设计要素	1. 街巷立面装饰有乡土元素物件		○						弱
	2. 村庄设置景区入口接待的标志物设施	○	○	○		○	○	○	弱
	3. 依托传统建筑改建的旅游设施（民宿、图书馆）成为村落新标志物节点	○	○	○		○		○	弱
	4. 村内新建广场、游憩设施成为村落新标志物节点	●	●	○	●	○	○	○	中
	5. 村内新式住宅（区），与老区尺度、空间形态、风貌协调	●	●	●	●				强
商业营利型设计要素	1. 传统建筑内的舒适度提升	●	○	○	●	○	○	○	中
	2. 对传统建筑室内空间的灵活划分，增加空间层次与丰富度	●		○			○		中
	3. 传统室内装饰风格	●	○	○			○	○	中
	4. 传统风格的家具陈设	●					○	○	中
	5. 利用室内厅堂/天井/庭院等营造互动交往空间	●							强
	6. 街巷立面增添少量商业标志	●	●	○	●	●	●	○	中

●人文关联性强　○人文关联性弱

(三）量表制定与问卷设计

（1）"真实体验"空间要素集合构建

基于对案例村落空间要素的走访调研与人文关联性判定，可汇总得到旅游服务空间要素集合，及各要素基于"真实体验"二元分析维度（商业—文化、人文关联性强弱）的特征属性归类（表 5-7）。空间要素集合的构建为游客的"真实体验"影响要素研判奠定基础。

表 5-7 传统村落旅游服务空间要素集合（重构）分类统计表

人文关联性强	人文关联性中	人文关联性弱
8 项	4 项	3 项
文化展示型 建筑遗产展示 非遗文化动态展示及制作体验 对多元历史环境要素的展示 菜园、农家庭院的展示 农事体验功能 公共活动空间内村民日常生活展示 新建建筑彰显传统营建技艺 村内新式住宅（区），与老区尺度、空间形态、风貌协调	村内新建广场、游憩设施成为村落新标志物节点 对村落历史、营造技艺、传统手工艺作品的静态展示 自然场所修筑游憩设施并展示 户外观景设施	街巷立面装饰有乡土元素件 村庄外设置景区入口接待各项标志物设施 依托传统建筑改建的旅游设施（民宿、图书馆）成为村落新标志物节点
5 项	6 项	4 项
商业营利型 农家乐设施 茶馆设施 土特产商店 日常零售店铺 利用室内厅堂/天井/庭院等营造互动交往空间	特色食宿设施 传统建筑内的舒适度提升 对传统建筑室内空间的灵活划分，增加空间层次与丰富度 传统室内装饰风格 传统风格的家具陈设 街巷立面增添少量商业标志	高端食宿设施 咖啡吧/酒吧/奶茶店 外来艺术家工坊、工艺品商店 新型娱乐设施

（2）问卷设计

问卷调研的主体内容主要分为四个部分。一是游客的人口特征，涉及被调查者的年龄、性别、文化程度，主要通过单选题的方式进行评测；二是游客的游览特征，包含旅游资源的吸引力强弱感知、到访过村落位置、到访传统村落的旅游频率、在传统村落内的停留时长、是否看重对村落原汁原味特色的真实性感知与体验、在村落内的旅游花费，主要采用单选、多选（到访过村落位置）、量表（旅游资源吸引力强弱）的方式进行评测；三是游客对空间要素的需求特征，即对 30 项空间要素的需求度进行评分；四是游客对空间要素的真实性感知特征，即对 30 项空间要素的真实性感知进行评分（表 5-8）。其中，问卷中所有量表题均采用李克特五级量表法，用"非常强、较强、一般、较弱、非常弱"来进行旅游资源吸引力强弱的测评，用"非常需要、需要、无所谓、不需要、非常不需要"来进行需求评级，用"非常真实、真实、中立、不真实、非常不真实"来进行真实性感知的评级。

表 5-8 游客问卷调研的内容、项目及测评方式

调查内容	调查项目	评测方式
人口特征	年龄、性别、文化程度	单选题
游览特征	旅游资源的吸引力强弱感知 到访过村落的所在地 到访传统村落的旅游频率 在传统村落内的一般性停留时长 是否看重对村落原汁原味特色的真实性感知与体验 在村内的旅游花费	单选题/多选题/ 量表题
对空间要素的需求特征	对 30 项空间要素（文化、商业型要素各 15 项）的需求度评分	量表题
对空间要素的真实性感知特征	对 30 项空间要素（文化、商业型要素各 15 项）的真实性感知评分	量表题

笔者基于初始问卷文本，进行了预调研。采用面对面问卷发放、填写、回收的方式收集到 50 份问卷，受访者在完成问卷填写后被询问了填写的感受，以此作为问卷进一步调整的依据。

基于预调研结果及被访者感受，收集到两项问卷修改建议：一方面，由于问题较多，且第三、四部分均为量表题，容易使游客产生疲倦，因此需对问题顺序进行适宜性调整，提升被访者的答题体验。笔者将第三、四部分拆开，分置于开头与结尾，而将人口特征、游客特征题项置于问卷中间。另一方面，游客对部分空间要素内涵所指产生困惑，因此笔者对部分指标添加了适宜性描述。经过调整与修改，最终得到的游客调研问卷详见附录 B。

二、各空间要素的 "需求—感知" 评析

(一) 研究设计

(1) 调查过程

调研采用实地发放问卷的方式获取数据，关注于浙江传统村落游客的需求与真实性感知，由于涉及人隐性的、内在的旅游意愿，研究者难以获得所有目标人群的名单，构建 "概率抽样" 的抽样框。因此，通过各种途径接近目标人群是调研展开的关键。笔者选取七个案例村落进行调研（均具有一定知名度与客流量），分别是诸葛村、新叶村、深澳村、环溪村、西坑村、平田村、陈家铺村。其中，基于 "真实体验" 二元分析维度可知，诸葛村、新叶村为 "偏文化—强人文关联" 型村落，深澳村为 "偏文化—弱人文关联" 型村落，环溪村、西坑村为 "偏商业—强人文关联" 型村落，平田村、陈家铺村为 "偏商业—弱人文关联" 型村落。

笔者借助 "问卷星" 平台制作问卷，生成问卷二维码，对问卷二维码及纸质版问卷进行打印。笔者及团队成员于 2022 年 8—10 月的节假日（双休日、中秋节、国庆节）到各案例村落进行调研，团队成员一般在各村落村口及村内休憩地点进行问卷发放（纸质版问卷发放与回收、问卷星二维码发放）。具体问卷发放地点、时间、收集到有效问卷数量情况如表 5-9 所示。最终，调研收集到问卷 536 份，剔除掉量表打分结果高度雷同的 86 份问卷，共得到有效问卷 450 份，其中包含问卷星问卷 385 份，纸质版问卷 65 份。

表 5-9　游客问卷发放村落、调研时间、有效问卷梳理统计

调研村落	村落类型	调研时间	有效问卷数量（份）
诸葛村、新叶村	偏文化—强人文关联	2022 年 8 月 10—13 日 2022 年 10 月 3—4 日	142
深澳村	偏文化—弱人文关联	2022 年 10 月 1—2 日	112
环溪村、西坑村	偏商业—强人文关联	2022 年 10 月 1—2、5—8 日	117
平田村、陈家铺村	偏商业—弱人文关联	2022 年 10 月 5—8 日	79

（2）调查结果的信效度分析

本书"真实体验"评测量表的信度分析采用克隆巴赫系数作为测量指标，问卷量表包含对相同空间要素的需求与真实性感知的评测问题，因此信度检测应分别计算得出"需求度量表"信度和"真实性量表"信度。经计算，需求度量表的克隆巴赫系数为 0.900，真实性量表的克隆巴赫系数为 0.931。得分均高于 0.9，说明本次评测数据的信度良好。

本书基于对浙江传统村落基本情况普查、案例村落实地走访调研及文献研究等步骤确定初步指标，进而邀请十位长期从事传统村落旅游规划设计及相关研究的专家进行指标纠偏，经过多次讨论及预调研，最终确定 30 项空间要素作为问卷指标。指标内容基本能够涵盖浙江传统村落旅游服务空间营建的各个维度，游客对各空间要素需求与真实性感知的评分具有一定代表性，量表具有良好的内容效度。

量表的结构效度通过项目—总体的相关系数进行检验。一般认为同类型量表题目的评测结果得分应具有相关性，且相关关系越显著，量表的结构效度越高。项目—总体的相关系数（Corrected Item – Total Correlation，简称 CITC）须位于 0.3~0.8，并达到显著性水平。经分析可知，问卷需求量表所有观测项目与总体呈显著相关（0.05 显著性水平），除"10. 传统风格的家具陈设、11. 街巷立面增添少量商业标志、28. 街巷立面装饰有乡土元素物件、29. 村庄设置景区入口接待的标志物设施"外，其余观测变量 CITC 均在 0.303~0.505，因此，问卷需求度量表的结构效度较高。问卷真实性感知量表所有观测项目与总体呈显著相关（0.05 显著性水平），除"10. 传统风格的家具陈设"外，其余观测变量 CITC 均在 0.324~0.581，因此，问卷真实性感知量表的结构效度较高（表 5 - 10）。

表 5 - 10　空间要素的需求度与真实性感知量表的项目—总体相关系数汇总表

30 项空间要素	要素需求评测的项目—总体相关系数	要素真实性感知评测的项目—总体相关系数
W1 建筑遗产展示	0.457	0.519
W2 非遗文化动态展示及制作体验	0.448	0.496
W3 对多元历史环境要素的展示	0.505	0.490
W4 菜园、农家庭院的展示	0.375	0.437

(续)

30 项空间要素	要素需求评测的项目—总体相关系数	要素真实性感知评测的项目—总体相关系数
W5 农事体验功能	0.447	0.472
W6 公共活动空间内村民日常生活展示	0.422	0.443
W7 新建建筑彰显传统营建技艺	0.394	0.469
W8 村内新式住宅（区），与老区尺度、空间形态、风貌协调	0.326	0.404
W9 村内新建广场、游憩设施成为村落新标志物节点	0.456	0.483
W10 对村落历史、营造技艺、传统手工艺作品的静态展示	0.467	0.507
W11 自然场所修筑游憩设施并展示	0.505	0.581
W12 户外观景设施	0.468	0.544
W13 街巷立面装饰有乡土元素物件	0.171	0.324
W14 村庄设置景区入口接待的标志物设施	0.243	0.424
W15 依托传统建筑改建的旅游设施（民宿、图书馆）成为村落新标志物节点	0.441	0.557
S1 农家乐设施	0.455	0.520
S2 茶馆设施	0.339	0.464
S3 土特产商店	0.402	0.516
S4 日常零售店铺	0.303	0.481
S5 利用室内厅堂、天井、庭院营造互动交往空间	0.379	0.372
S6 特色食宿设施	0.428	0.608
S7 传统建筑内的舒适度提升	0.320	0.357
S8 对传统建筑室内空间的灵活划分，增加空间层次与丰富度	0.411	0.514
S9 传统室内装饰风格	0.303	0.537
S10 传统风格的家具陈设	0.204	0.226
S11 街巷立面增添少量商业标志	0.171	0.336
S12 高端食宿设施	0.382	0.479
S13 咖啡吧/酒吧/奶茶店	0.414	0.419
S14 外来艺术家工坊、工艺品商店	0.371	0.452
S15 新型娱乐设施	0.308	0.357

(3) 正态性分布检验

由于样本数量较大（450 个样本），宜采用图形法对 30 项要素的需

求、真实性感知得分进行正态分布检测。通过分析可知，收集到的环境
需求、真实性感知评分数据均服从正态分布特征。

（二）调研人群及其旅游特征

（1）样本人口特性分析

本次受访者中包含 188 位男性和 262 位女性，女性多于男性。年龄分
布以 18～30 岁青年群体为多，样本文化程度较高，多为大专/本科、研
究生学历。经 ANOVA 分析，四类村落内收集到样本的个人特征（性别、
年龄、文化程度）均值并无显著性差异。各案例村落样本人口特征的频
数之间存在微小的差异（表 5-11）。如"弱人文关联"型村落内收集到
的样本中，女性游客占比更多，多高于 65%；又如 18～25 岁游客在"偏
商业—弱人文关联"型村落内占比相对较低等。

（2）样本旅游特性分析

表 5-12 为传统村落内各项旅游资源的吸引力评测结果。总体而言，
传统建（构）筑物遗产的旅游吸引力最高，其次是自然景观资源，再次
是原住民人文活动，外来青创文化的吸引力最弱。经 ANOVA 分析，四
类村落内收集到样本的旅游资源吸引力评分均值并无显著性差异。通过
对各类村落吸引力评分的频数对比可知，偏商业型古村的自然景观吸引
力（整体上）稍高于偏文化型古村。偏商业型古村的文化遗产资源一般
相对较少，因此游客可能更多的是被良好自然景观吸引来的。

表 5-13 为游客旅游特征分析图。由图可知，多数游客到访古村的频
率为几年一次或一年一次，在古村内的停留时长在两天以内。大多数游
客认为体验到村落原汁原味文化特色（真实性）非常重要或重要。多数
游客在传统村落内旅游人均花费高于 50 元，有 117 位受访者表示自己的
旅游花费超过 400 元。

经 ANOVA 分析，四类村落内收集的样本的旅游资源吸引力评分均
值并无显著性差异。通过对各案例样本频数的对比分析可知，各类村落
内游客的旅游特征存在细微差异。如"偏文化—强人文关联"型村落受
访者到访古村的频率相对较高，而"偏文化—弱人文关联"型村落受访
者到访频率则相对较低。

表5-11 调研样本的人口特征分析汇总表

总体样本的人群特征分析（样本数：450）

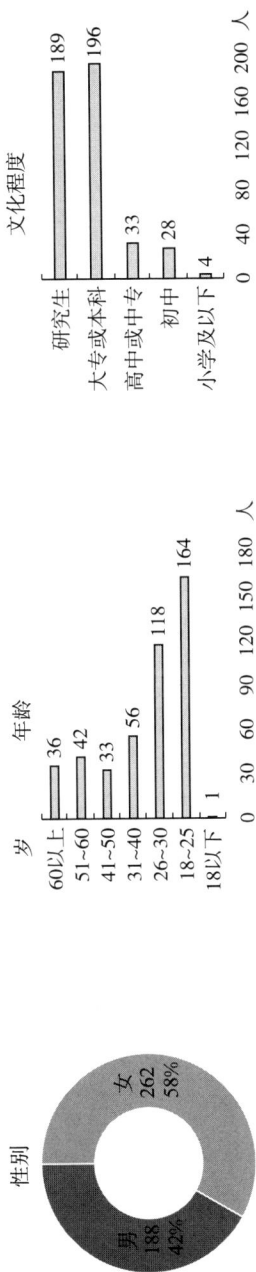

性别：男 188 42%，女 262 58%

年龄（岁）：60以上 36，51~60 42，41~50 33，31~40 56，26~30 118，18~25 164，18以下 1

文化程度：研究生 189，大专或本科 196，高中或中专 33，初中 28，小学及以下 4

"偏文化—强人文关联" 型村落（诸葛村、新叶村）样本的人群特征分析（样本数：142）

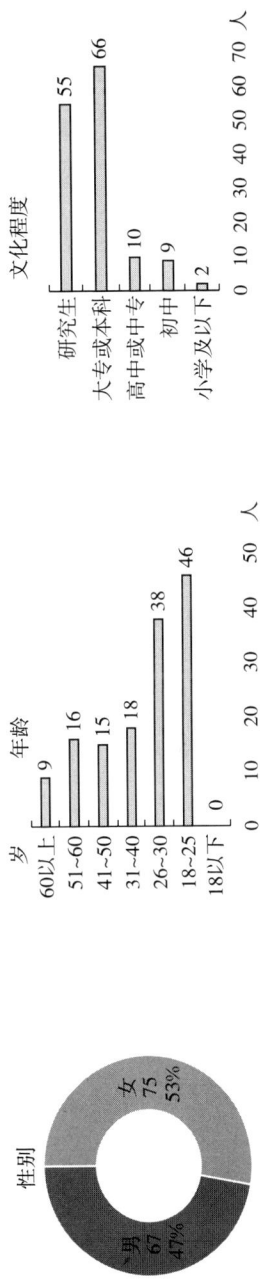

性别：男 67 47%，女 75 53%

年龄（岁）：60以上 9，51~60 16，41~50 15，31~40 18，26~30 38，18~25 46，18以下 0

文化程度：研究生 55，大专或本科 66，高中或中专 10，初中 9，小学及以下 2

（续）

"偏文化—弱人文关联"型村落（深澳村）样本的人群特征分析（样本数：112）

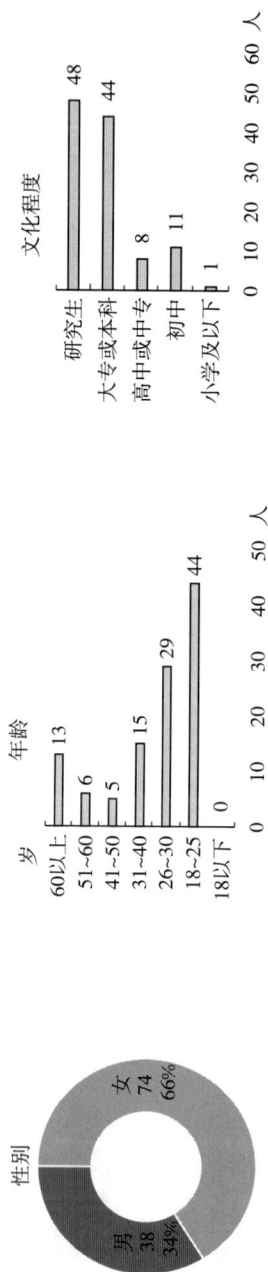

"偏商业—强人文关联"型村落（环溪村、西坑村）样本的人群特征分析（样本数：117）

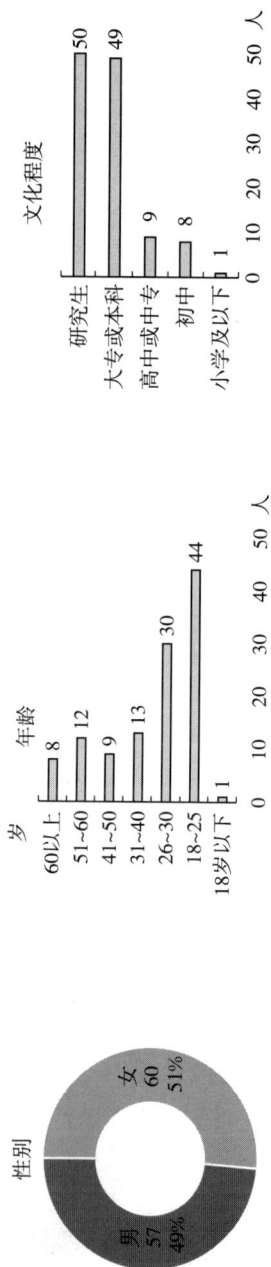

（续）

"偏商业—弱人文关联" 型村落（陈家铺村、平田村）样本的人群特征分析（样本数：79）

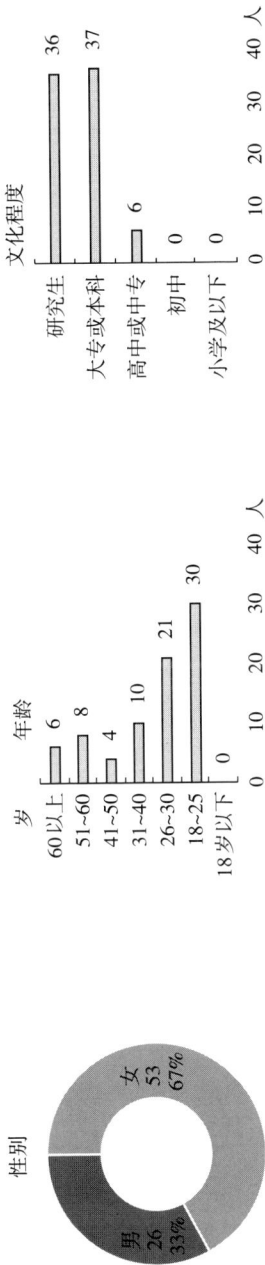

性别

女 53 67%

男 26 33%

年龄

	人
60岁以上	6
51~60	8
41~50	4
31~40	10
26~30	21
18~25	30
18岁以下	0

（0　10　20　30　40　人）

文化程度

	人
研究生	36
大专或本科	37
高中或中专	6
初中	0
小学及以下	0

（0　10　20　30　40　人）

表 5-12　各类旅游资源对调研样本的吸引力评级统计图

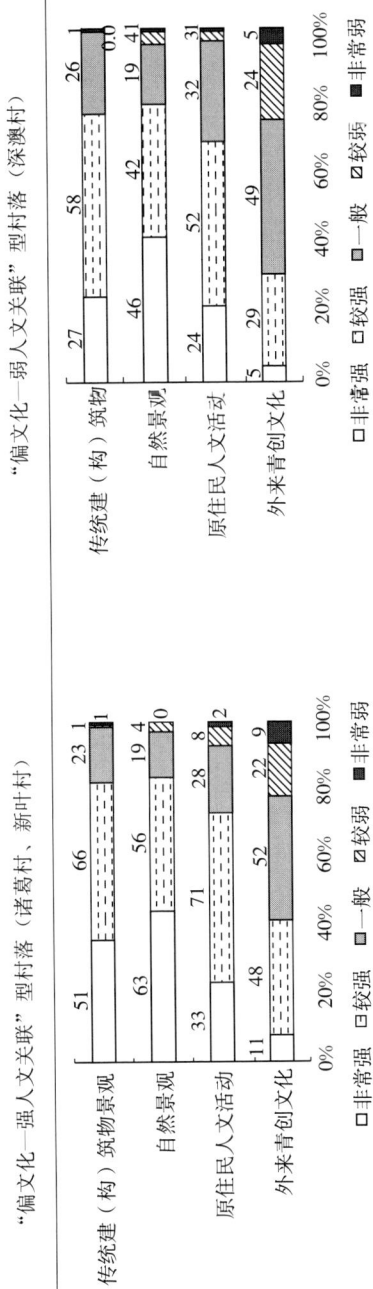

"偏文化—强人文关联" 型村落（诸葛村、新叶村）

传统建（构）筑物景观	51	66	23	1	1
自然景观	63	56	19	4	0
原住民人文活动	33	71	28	8	2
外来青创文化	11	48	52	22	9

□非常强　□较强　□一般　□较弱　■非常弱

"偏文化—弱人文关联" 型村落（深澳村）

传统建（构）筑物	27	58	26	0	0
自然景观	46	42	19	41	
原住民人文活动	24	52	32	31	
外来青创文化	5	29	49	24	5

□非常强　□较强　□一般　□较弱　■非常弱

（续）

"偏商业—强人文关联"型村落（环溪村，西坑村）

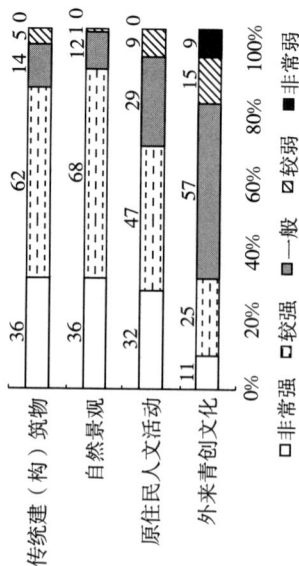

传统建（构）筑物　36／62／14／5／0
自然景观　36／68／12／1／0
原住民人文活动　32／47／29／9／0
外来青创文化　11／25／57／15／9

□非常强　□较强　■一般　☒较弱　■非常弱
0%　20%　40%　60%　80%　100%

"偏商业—弱人文关联"型村落（陈家铺，平田村）

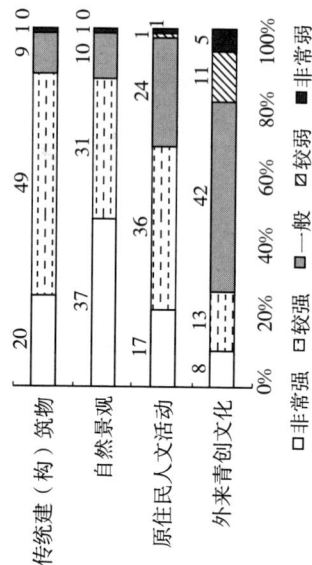

传统建（构）筑物　20／49／9／1／0
自然景观　37／31／10／1／0
原住民人文活动　17／36／24／1
外来青创文化　8／13／42／11／5

□非常强　□较强　■一般　☒较弱　■非常弱
0%　20%　40%　60%　80%　100%

表 5-13　各类型村落调研样本的旅游特征汇总表

总体样本的旅游特征分析（样本数：450）

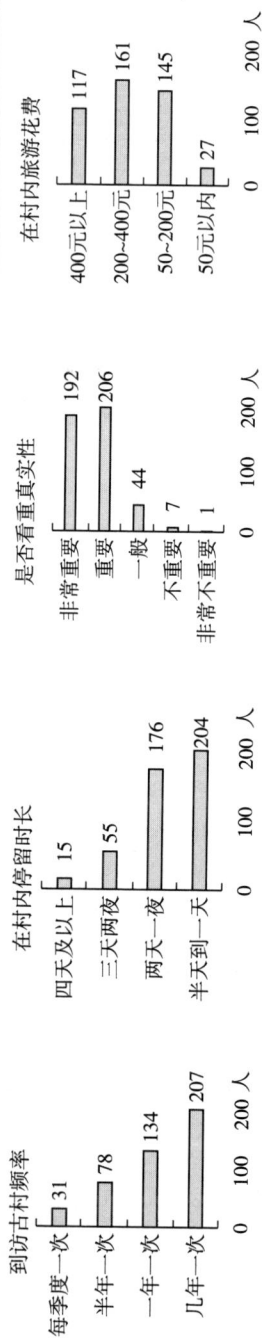

到访古村频率
每季度一次　31
半年一次　78
一年一次　134
几年一次　207
0　100　200 人

在村内停留时长
四天及以上　15
三天两夜　55
两天一夜　176
半天到一天　204
0　100　200 人

是否看重真实性
非常重要　192
重要　206
一般　44
不重要　7
非常不重要　1
0　100　200 人

在村内旅游花费
400元以上　117
200-400元　161
50-200元　145
50元以内　27
0　100　200 人

（续）

"偏文化—强人文关联"型村落（诸葛村、新叶村）样本的旅游特征分析（样本数：142）

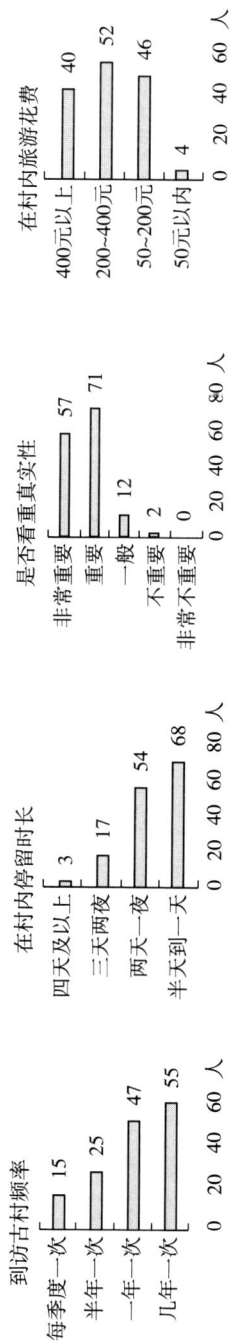

到访古村频率

每季度一次	15
半年一次	25
一年一次	47
几年一次	55

（0 20 40 60 人）

在村内停留时长

四天及以上	3
三天两夜	17
两天一夜	54
半天到一天	68

（0 20 40 60 80 人）

是否看重真实性

非常重要	57
重要	71
一般	12
不重要	2
非常不重要	0

（0 20 40 60 80 人）

在村内旅游花费

400元以上	40
200~400元	52
50~200元	46
50元以内	4

（0 20 40 60 人）

"偏文化—弱人文关联"型村落（深澳村）样本的旅游特征分析（样本数：112）

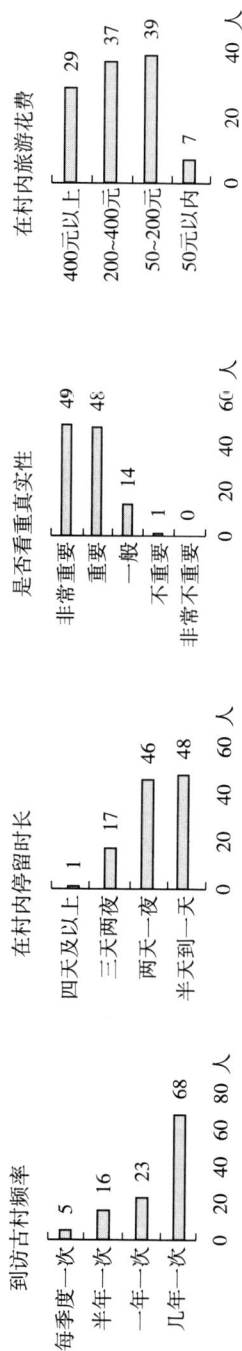

到访古村频率

每季度一次	5
半年一次	16
一年一次	23
几年一次	68

（0 20 40 60 80 人）

在村内停留时长

四天及以上	1
三天两夜	17
两天一夜	46
半天到一天	48

（0 20 40 60 人）

是否看重真实性

非常重要	49
重要	48
一般	14
不重要	1
非常不重要	0

（0 20 40 60 人）

在村内旅游花费

400元以上	29
200~400元	37
50~200元	39
50元以内	7

（0 20 40 人）

（续）

"偏商业—强人文关联"型村落（环溪村、西坑村）样本的旅游特征分析（样本数：117）

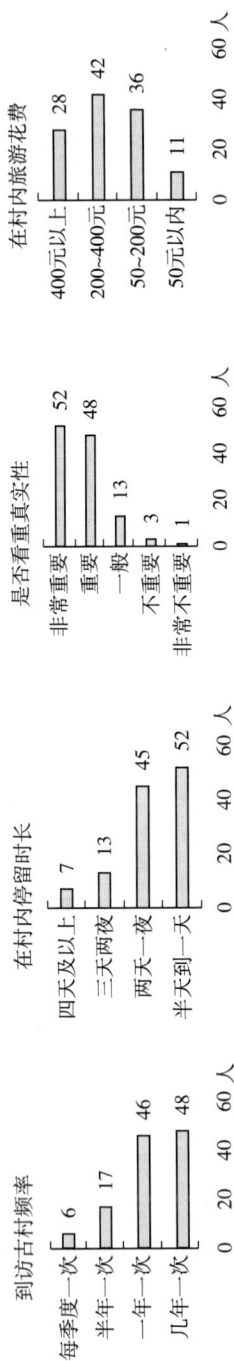

在村内旅游花费

	人
400元以上	28
200~400元	42
50~200元	36
50元以内	11

是否看重真实性

	人
非常重要	52
重要	48
一般	13
不重要	3
非常不重要	1

在村内停留时长

	人
四天及以上	7
三天两夜	13
两天一夜	45
半天到一天	52

到访古村频率

	人
每季度一次	6
半年一次	17
一年一次	46
几年一次	48

"偏商业—弱人文关联"型村落（陈家铺村、平田村）样本的旅游特征分析（样本数：79）

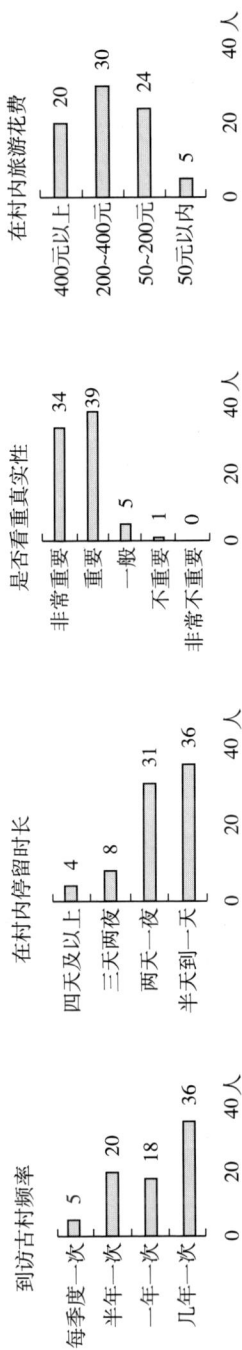

在村内旅游花费

	人
400元以上	20
200~400元	30
50~200元	24
50元以内	5

是否看重真实性

	人
非常重要	34
重要	39
一般	5
不重要	1
非常不重要	0

在村内停留时长

	人
四天及以上	4
三天两夜	8
两天一夜	31
半天到一天	36

到访古村频率

	人
每季度一次	5
半年一次	20
一年一次	18
几年一次	36

(三) 基础性需求及真实性感知特征

(1) 样本对空间要素需求度的特征分析

平均值与标准差是了解样本总体水平的有效途径之一。通过对 450 份样本需求评测的转化分析①，可知游客对 30 项空间要素需求的均分整体较高，位于 2.76～4.25，需求评分在 3 分以上（需求度为一般及以上）的空间要素包含 28 项，在 4 分以上（需求度为需要或非常需要）的空间要素包含 8 项，这些均表明游客对列出的空间要素整体而言是处于 "需要" 状态的，只是需求强弱有所差异。游客对农家乐设施、特色食宿、建筑遗产展示、非遗动态展示及体验、多元历史要素展示、历史/技艺静态展示、自然场所修筑游憩设施并展示、户外关键设施等的需求较高；而对新型娱乐设施、街巷立面增添少量商业标识等需求度较低。

需求评测得分的标准差处于 0.7～1.2，其中，新型娱乐设施、街巷立面增添少量商业标识、新老区尺度/形态/风貌协调等项目的标准差均高于 1.1，说明不同游客对此类项目的需求度存在较大差异；日常零售、传统建筑舒适度提升、建筑遗产展示、非遗展示、历史要素展示、历史/技艺等静态展示、户外观景设施等项目的标准差较小，均低于 0.8，说明不同游客对此类项目的需求度较为统一（图 5-1）。

受访游客对 "文化—商业" 二元维度下空间要素需求度亦存在差异。总体而言，文化型空间要素的需求度（平均值）高于商业型空间要素；受访游客对人文关联性强的空间要素的需求度较高，评分标准差相对较低，而对人文关联性弱的空间要素的需求度较低，评分标准差相对较高。

表 5-14 为各类型村落内样本对空间要素需求度的评分均值与标准差。经 ANOVA 分析，"15. 新型娱乐设施" 的需求评分均值在四类样本村落中存在显著性差异。通过对比可知，偏文化型村落对新型娱乐设施（如 VR 体验）的需求度稍高于偏商业型村落。其原因可能在于游客在参观完丰富的文化遗产展示后，期待超脱遗产空间之外的虚拟体验，满足

① 李克特量表赋分情况：非常重要为 5 分，重要为 4 分，一般为 3 分，不重要为 2 分，非常不重要为 1 分。

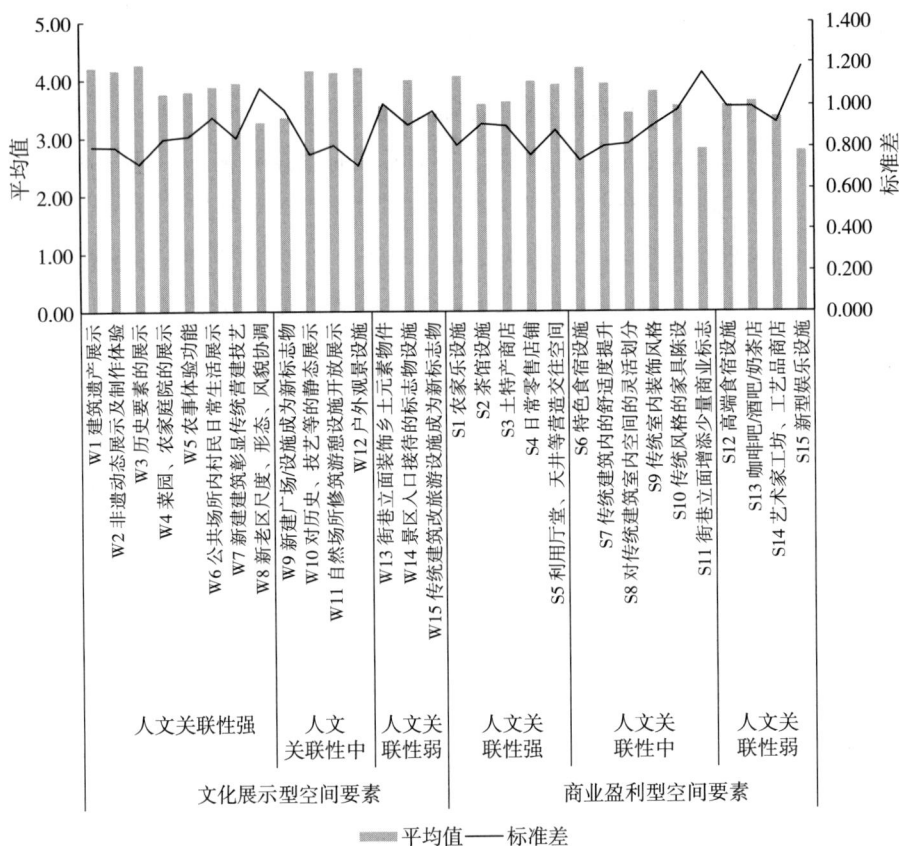

图 5-1　调查游客对空间要素需求评级的平均分与标准差

其更高层级的娱乐体验需求。其余空间要素的需求评分均值差异不大，但不同村落内收集到样本的需求评分的标准差不一，由此可知在不同环境中，游客对空间要素需求差异性体现在不同方面。如"偏商业—弱人文关联"型村落内游客对"传统建筑舒适度提升"的需求度更高、标准差更低，而对新型娱乐设施的需求度更低、评分标准差更高；在"强人文关联"型村落内（第一、三类），游客对新老区风貌协调需求度标准差相对更低等。

（2）样本对空间要素真实性感知的特征分析

与需求测评得分相比，游客对各空间要素的真实性感知测评得分相对较低，如图 5-2 所示，游客对空间要素真实性感知评分均值位于

表 5－14　各类型村落内样本对空间要素需求评分的平均分与标准差统计图表

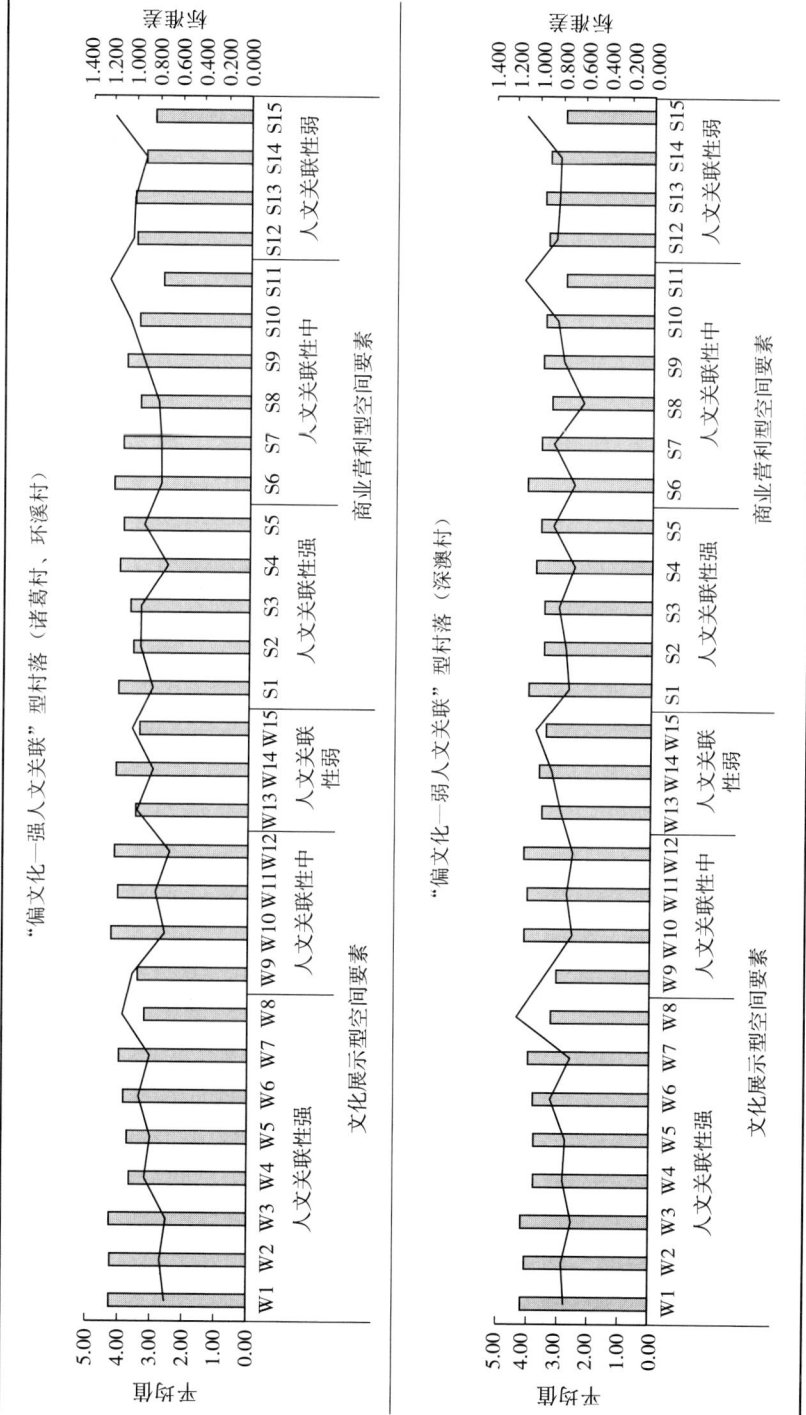

（续）

"偏商业—强人文关联"型村落（环溪村、西坑村）

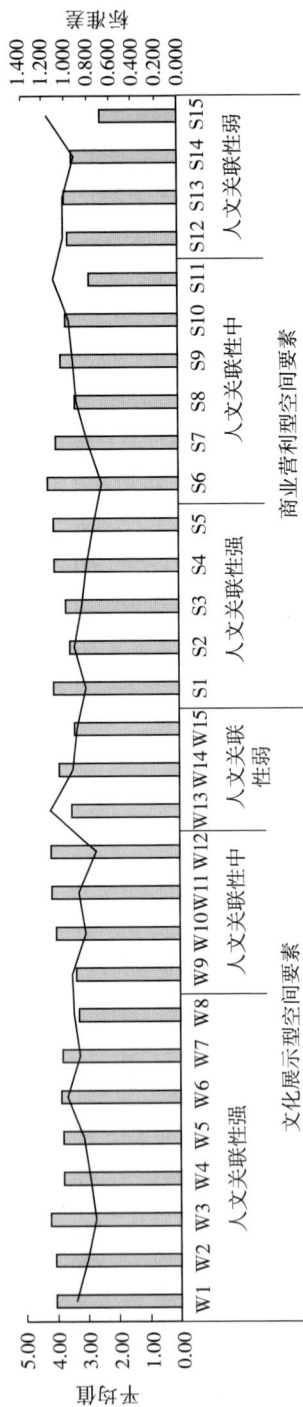

"偏商业—弱人文关联"型村落（陈家铺村、平田村）

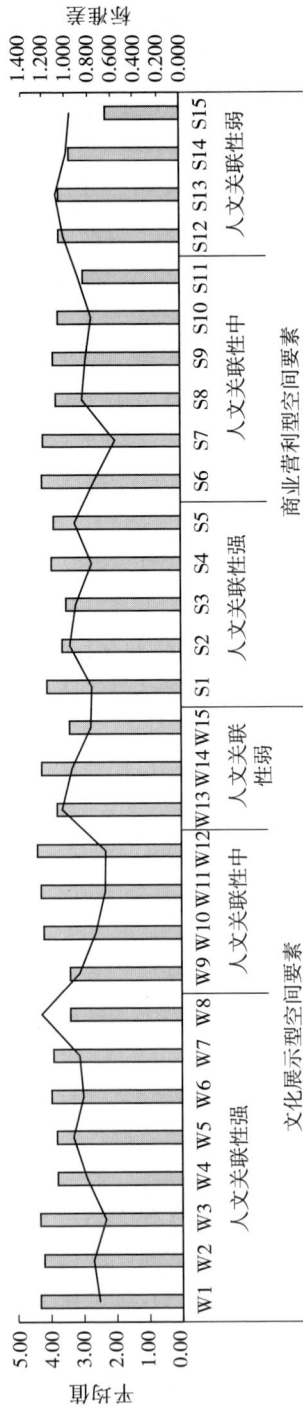

2.34~4.17，极差相对较大。游客对大多数空间要素的评分高于或等于3分，这说明游客认为大部分空间要素是真实的（或一般真实的）。其中，游客对建筑遗产展示、非遗动态展示及体验、历史要素展示、历史/技艺等静态展示的真实性感知较高，对街巷立面增添少量商业标志、咖啡吧/酒吧/奶茶店、新型娱乐设施的真实性感知较低（低于3分），这些要素在一定程度上削弱了游客 "真实体验"，在营建中应当进行适当规避。

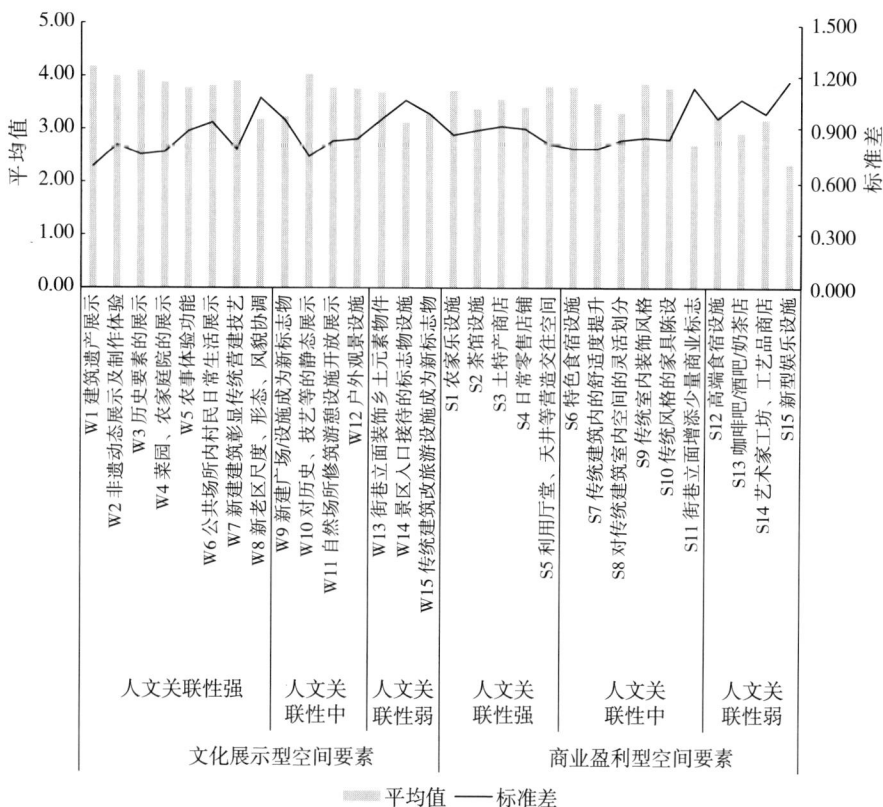

图 5-2 调查游客对空间要素真实性感知评级的平均分与标准差

真实性感知评测得分的标准差处于0.6~1.1，其中，受访者对建筑遗产展示、特色食宿、传统建筑舒适度提升、历史要素展示、菜园/农家庭院展示、新建建筑彰显传统技艺、历史/技艺静态展示等的真实性感知相对统一（标准差低于0.8），而对街巷立面增添少量商业标志、咖啡吧/酒吧/奶茶店、新型娱乐设施、新老区尺度/形态/风貌协调、景区入口接待的标志物设施等的真实性感知差异相对较大（标准差高于 1.0）。

此外，游客对商业营利型空间要素的真实性感知评分整体上低于文化展示型空间要素；且在各个维度内，强人文关联性要素的评分均值更高，标准差更低，在真实性感知议题上，游客更加青睐于人文关联性强的空间要素。

表 5-15 为各类型村落内样本对空间要素真实性感知评分均值与标准差。经 ANOVA 分析，各类型村落之间同一要素得分均值并不存在显著差异。但通过各类型村落内同一要素均值与方差对比，可得到细微差异。如"偏文化"型村落样本对各空间要素真实性感知的标准差稍高，说明游客对各空间要素真实性感知的差异性较大；"偏商业"型村落样本对新型娱乐设施的真实性感知评分均值与标准差更低，说明游客普遍对商业空间要素的真实性感知较低。

三、游客"环境真实体验模型"的构建

为进一步探索不同类型空间营建要素对游客"真实体验"影响的相对强弱，本书基于量表评测结果对空间要素进行重要性—绩效表现分析（Importance-performance Analysis，IPA），基于要素的"真实体验"影响效用，对其进行类型划分；进而，基于评测结果对 450 份样本进行聚类分析，以划分游客的"真实体验"类型。

空间要素的"真实体验"影响类型与游客多元"真实体验"类型共同构成了"环境真实体验模型"。该模型从客体、主体二元维度出发对游客环境"真实体验"特征进行了深入诠释。

(一) 空间要素的"真实体验"影响效用

(1) 空间要素的 IPA 分析

为深入了解各环境营建要素需求、真实性感知评分的差异性，对调研评测结果进行 IPA 分析，以帮助营建者识别出各空间要素之于游客"真实体验"的相对重要性。图 5-3 为 IPA 分析图示，将游客需求作为 I 值（重要性），真实性感知作为 P 值（绩效表现）。为显示出各空间要素

表 5－15　各类型村落内样本对空间要素真实性感知评分的平均分与标准差统计表

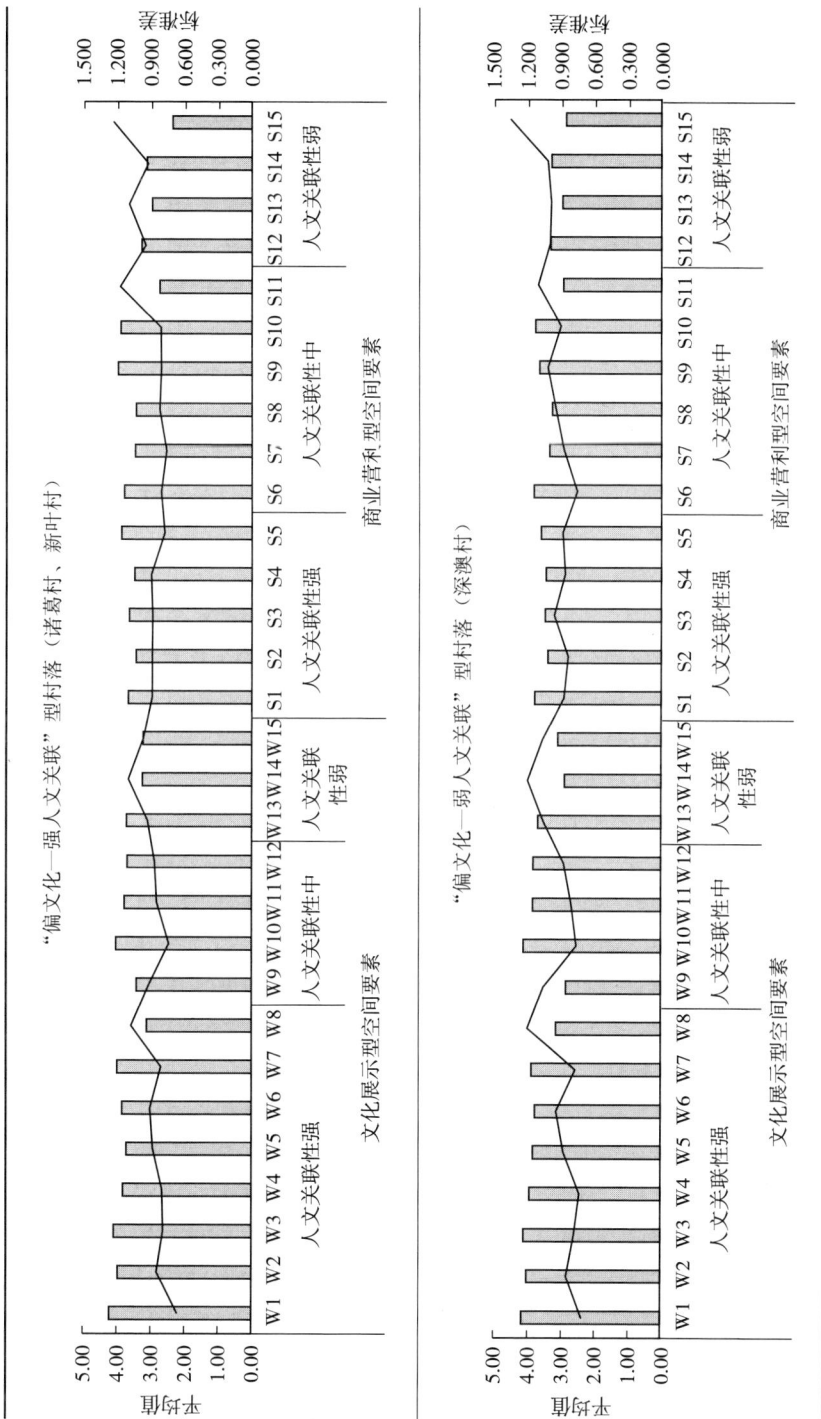

（续）

对"真实体验"影响效益的相对差异性，将空间要素在各维度下评测结果的均值作为重要性（I轴）、真实性（P轴）垂直交叉点的取值，其中 $I=3.73$，$P=3.54$。最后，将 30 项空间要素需求、真实性感知评测均分在坐标系中进行标注。

由图 5-3 可知，大多数空间要素落在第一、三象限，且聚集在坐标轴周围，这说明这些"中间型"要素的需求、真实性感知评测结果的均值差异性不大，但不同类型样本之间的评测得分可能不同。此外，一、三象限内有少数要素相对"远离"坐标轴（如 W1、W2、W3、W10、S11、S13、S15），说明这些要素的"真实体验"影响效用相对显著且明晰。

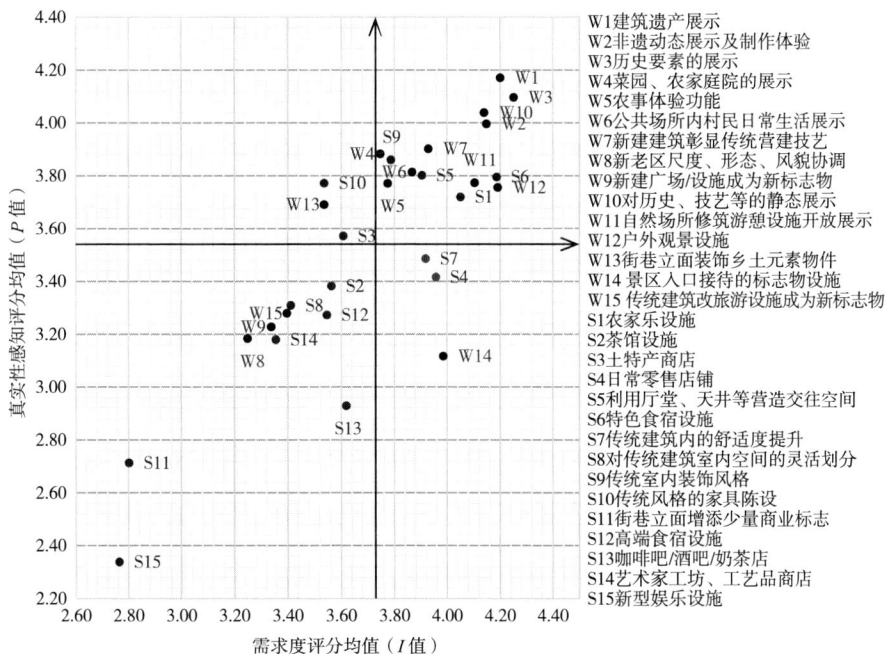

W1建筑遗产展示
W2非遗动态展示及制作体验
W3历史要素的展示
W4菜园、农家庭院的展示
W5农事体验功能
W6公共场所内村民日常生活展示
W7新建建筑彰显传统营建技艺
W8新老区尺度、形态、风貌协调
W9新建广场/设施成为新标志物
W10对历史、技艺等的静态展示
W11自然场所修筑游憩设施开放展示
W12户外观景设施
W13街巷立面装饰乡土元素物件
W14景区入口接待的标志物设施
W15传统建筑改旅游设施成为新标志物
S1农家乐设施
S2茶馆设施
S3土特产商店
S4日常零售店铺
S5利用厅堂、天井等营造交往空间
S6特色食宿设施
S7传统建筑内的舒适度提升
S8对传统建筑室内空间的灵活划分
S9传统室内装饰风格
S10传统风格的家具陈设
S11街巷立面增添少量商业标志
S12高端食宿设施
S13咖啡吧/酒吧/奶茶店
S14艺术家工坊、工艺品商店
S15新型娱乐设施

图 5-3　各空间要素"真实体验"评测结果的 IPA 分析图

(2) 分类型的空间要素诠释

基于各空间要素所处象限类型，进行分类统计。其中，建筑遗产的展示等 14 项要素位于第一象限，这表明这些要素在游客看来需求度较高、真实性较高，这些要素多为强人文关联性的文化展示型空间要素；

土特产商店等 3 项要素位于第二象限，即游客认为这些要素相对而言需求度较低、真实性较高；茶馆设施等 10 项要素位于第三象限，即游客认为这些要素需求度低、真实性低，这些要素多为弱/中人文关联性的商业营利型空间要素；日常零售店铺、传统建筑内舒适度提升、景区入口接待的标志物设施 3 项要素位于第四象限，即游客认为这些要素需求度高但真实性感知低（表 5-16）。

表 5-16   基于 IPA 分析的空间要素类型划分

要素区位	商业营利型		文化展示型	
	要素类型	人文关联性	要素类型	人文关联性
第一象限 需要且真实	S1 农家乐设施	强	W1 建筑遗产的展示	强
	S5 利用厅堂、添加等营造交往空间	强	W2 非遗文化动态展示及体验	强
	S6 特色食宿设施	中	W3 多元历史环境要素的展示	强
	S9 传统室内装饰风格	中	W4 菜园、农家庭院展示	强
			W5 农事体验功能	强
			W6 公共场所内村民日常生活展示	强
			W7 新建建筑彰显传统营建技艺	强
			W10 历史、技艺的静态展示	中
			W11 自然场所修筑游憩设施并展示	中
			W12 户外展示设施	中
第二象限 不需要真实	S3 土特产商店	强	W13 街巷立面装饰乡土元素物件	弱
	10 传统风格的家具陈设	中		
第三象限 不需要 不真实	S2 茶馆设施	强	W8 新老区尺度、形态、风貌协调	强
	S8 对传统建筑室内空间的灵活划分，增加空间层次与丰富度	中	W9 新建广场/设施成为新标志物	一般
	S11 街巷立面增添商业标志		W15 传统建筑改旅游设施成为新标志物	弱
	S12 高端食宿设施	中		
	S13 咖啡吧/酒吧/奶茶店	弱		
	S14 艺术家工坊/工艺品商店	弱		
	S15 新型娱乐设施	弱		
第四象限 需要不真实	S4 日常零售店铺	强	W14 景区入口接待的标志物设施	弱
	S7 传统建筑内舒适度提升	一般		

　　总体而言，属于一、三象限的要素数量较多，而属于二、四象限的要素数量较少，即"真实且需要""不真实不需要"是游客对大多数空间要素的评判，换言之，从"真实体验"维度出发，大多数空间要素并不存在需求性和真实性感知之间的矛盾。然而，游客对六项要素的需求和真实性感知可能存在差异，它们分别是"真实但不需要"的土特产商店、传统风格的家具陈设、街巷立面装饰乡土元素物件；以及"需要但不真实"的日常零售店铺、传统建筑内舒适度提升、景区入口接待的标志物设施。

（二）多元环境真实体验的特征归类

（1）分组：基于评测结果的样本聚类

　　为深入理解游客对各空间要素的"真实体验"，本书基于游客需求及真实性感知对收集到的 450 份有效样本进行聚类分析，以探索不同类型游客对案例村落空间要素需求与真实性感知的差异性特征。通过 IPA 四象限图示，可知各空间要素的相对评测结果。其中，要素 W1、W2、W3、W10 位于第一象限，距离坐标轴较远，说明这四个要素是游客公认的"双高"型（高需求、高真实性感知）要素；而要素 S11、S13、S15 位于第三象限，距离坐标轴亦较远，说明这三个要素是游客公认的"双低"型（低需求、低真实性感知）要素，这些营建要素在当下旅游服务空间营建中应尽量避免建设。因此在聚类分析中，将这 7 项公认的极重要、极不重要要素剔除，而基于其他 23 项邻近坐标轴的要素评测结果进行聚类分析，以了解不同游客对这些"中间型"要素的需求与真实性感知差异。

　　本书采用 K-均值分析，基于多次聚类尝试，最终发现当聚类数目为 3 时，各组人群数量适宜、类型划分明晰、具有较好的现实代表性，因此，基于游客"真实体验"特征，宜分三类人群。由于本次样本评测结果符合正态性分布，因此对三类人群各项目测评结果进行 ANO-VA 均值差异性检验，发现除"W13 街巷立面装饰乡土元素物件"以外，三组间其他 22 项空间要素的需求、真实性感知评测结果的差异性显著（Sig. = 0.000），说明本次样本分类符合显著性要求，分类合理。

(2) 分析：各类游客"真实体验"的特征描述

笔者对三类游客对 23 项要素的评测结果进行统计分析。为突出各类型村落内样本的"真实体验"的差异性，笔者求得各类人群需求/真实性感知均值与全体样本需求/真实性感知均值之差，以了解某一类型人群的"真实体验"与全样本相比的特征，即与全样本相比，某类游客对某项空间要素的需求/真实性感知更高（或更低）。

图 5 - 4 为与全样本均值相比，各类型游客对空间要素的需求及真实性感知评测得分的均值差统计。由图可知，组一包含 170 份样本，组一游客对各项空间要素的需求度、真实性感知均较高，其"真实体验"具有"需求高—真实感知高"的特征；组二包含 79 份样本，组二游客对各空间要素的需求度与真实性感知评分均值比较低（低于全体样本均值），具有"需求低—真实感知低"的特征；组三包含 201 份样本，组三游客对各项空间要素的需求度、真实性感知情况不一。

马斯洛需求层次理论指出人的需要是由低级向高级不断发展的。在本书中，游客对各项空间要素的需求可视为"低层级"旅游接待需求（旅游服务空间须满足的基本旅游接待功能性）；游客的真实性感知可视为"高层级"需求，是游客在基础需求得到满足后产生的心理感知。经分析对比可知，第一类游客的需求与感知评分较高，这表明本书所列空间要素有助于满足游客需求，提高其真实性感知。相对而言，第一类游客的需求较容易得到满足。

第二类游客的需求与感知评分较低，这表明所列举的 23 项空间要素难以满足游客需求，并促使其产生真实性的心理感知。此类游客可能本身对传统村落、传统文化无特别喜好，因此样本问卷评分均较低。第二类游客数量相对而言较少。

第三类人群的需求度、真实性感知评分不一。此类游客对茶馆设施、土特产商店、高端食宿设施、艺术家工坊/工艺品商店、新老区尺度/形态/风貌协调、新建广场/设施成为新标志物节点、新建建筑改旅游设施成为新标志物等要素的需求与真实性感知评分均低于平均值；而

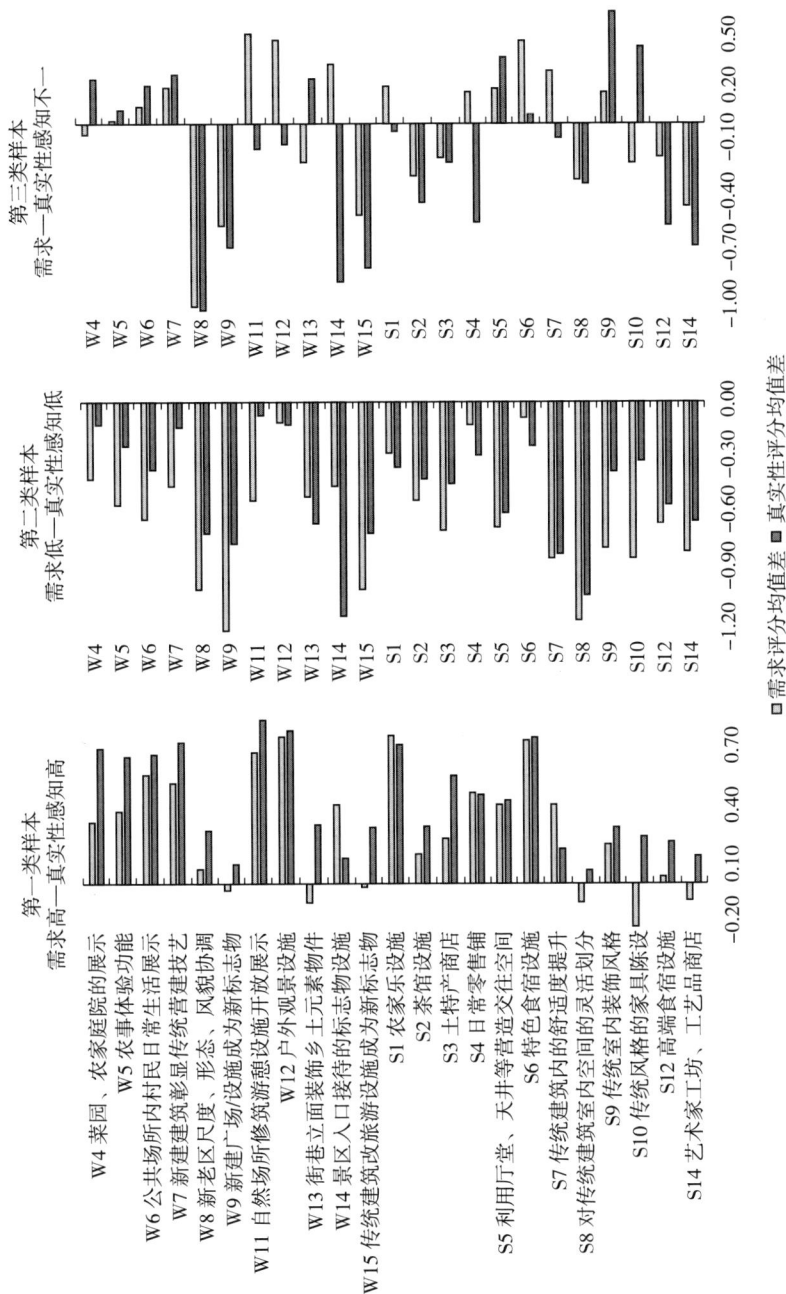

图5-4 三类样本对各要素的需求及真实性感知评测均值（评测均值减去与全样本均值）统计图

W4 菜园，农家庭院的展示
W5 农事体验生活功能
W6 公共场所内村民日常生活展示
W7 新建建筑彰显传统营建技艺
W8 新老区尺度、形态、风貌协调
W9 新建广场设施成为新标志物
W11 自然场所修筑游憩设施开放展示
W12 户外观景设施
W13 街巷立面装饰乡土元素物件
W14 景区入口接待的标志物设施
W15 传统建筑改旅改游旅成为新标志物
S1 农家乐设施
S2 茶馆设施
S3 土特产商店
S4 日常零售铺
S5 利用厅堂、天井等营造交往空间
S6 特色民宿设施
S7 传统建筑内的舒适度提升
S8 对传统建筑室内空间的灵活度划分
S9 传统室内装饰风格
S10 传统风格的家具陈设
S12 高端民宿设施
S14 艺术家工坊、工艺品商店

第一类样本
需求高—真实性感知高

第二类样本
需求低—真实性感知低

第三类样本
需求—真实性感知不一

■需求评分均值差 ■真实性感知评测均值差

对利用厅堂/天井营造交往空间、传统室内装饰风格、传统风格家具陈
设、菜园/农家庭院展示、农事体验、公共场所内生活文化展示、新建
建筑彰显传统营建技艺、建筑立面乡土元素装饰等的真实性感知较高，
这些要素的人文关联性大多较强，这说明第三类游客青睐于与村民生
计生活关联性较强的空间要素，追求对"传统村落真实性"的体验。
从"前后台"理论出发，此类游客不满足于传统村落"前台空间"物
质遗产要素的静态展示与体验，倾向于深入"后台空间"，了解原住
民真实生活场景。因此，第三类游客是对村落"原汁原味"特色的体
验要求较高的群体。组三游客数量最多，这也体现出诸多游客具有较
高的"真实体验"需求，基于"真实体验"的旅游服务空间营建具有
重要意义。

(3) 诠释：三类型游客的特征描述与总结

对三类样本个人特征及旅游特征进行 ANOVA 均值差异性检验，发
现三组间的个人特征及部分旅游特征存在显著差异性（Sig. ＝0.000），这
些要素分别是：性别、年龄、文化程度、各项旅游吸引力、到访频率、
停留时长、旅游花费、是否看重真实性。个人特征及旅游特征统计汇总
至表 5－17 中。

表 5－17　三类游客个人特征统计表

样本个人特征

项目	选项	组一	组二	组三	项目	选项	组一	组二	组三
性别	男性	72	42	74		18 岁以下	0.6%	0.0%	0.0%
	女性	98	37	127		18～25 岁	30.0%	26.6%	45.8%
文化程度	小学及以下	1.2%	2.5%	0.0%		26～30 岁	27.1%	21.5%	27.4%
	初中	6.5%	20.3%	5.0%	年龄段	31～40 岁	13.5%	16.5%	10.0%
	高中或中专	9.4%	12.7%	3.5%		41～50 岁	10.6%	8.9%	4.0%
	大专或本科	45.9%	30.4%	46.8%		51～60 岁	11.8%	13.9%	5.5%
	研究生	37.1%	34.2%	49.3%		60 岁以上	6.5%	12.7%	7.5%

（续）

旅游资源吸引力特征								
项目	选项	组一	组二	组三	项目	选项	组一	组二	组三
传统建（构）筑物	非常强	44.7%	10.1%	24.9%	原住民人文活动	非常强	35.3%	8.9%	19.4%
	较强	47.1%	41.8%	60.7%		较强	49.4%	36.7%	46.3%
	一般	8.2%	40.5%	12.9%		一般	13.5%	40.5%	28.9%
	较弱	0.0%	7.6%	0.5%		较弱	0.6%	13.9%	4.5%
	非常弱	0.0%	0.0%	1.0%		非常弱	1.2%	0.0%	1.0%
自然景观	非常强	53.5%	22.8%	36.3%	青创文化	非常强	15.3%	1.3%	4.0%
	较强	39.4%	45.6%	46.8%		较强	35.9%	19.0%	19.4%
	一般	6.5%	22.8%	15.4%		一般	34.7%	48.1%	51.2%
	较弱	0.6%	7.6%	1.0%		较弱	9.4%	21.5%	19.4%
	非常弱	0.0%	1.3%	0.5%		非常弱	4.7%	10.1%	6.0%

样本旅游行为特征								
项目	选项	组一	组二	组三	项目	选项	组一	组二	组三
到访传统村落旅游的频率	每季度到访	8.2%	0.0%	8.5%	在传统村落内的人均花费	50 元以内	2.9%	13.9%	5.5%
	半年到访一次	18.2%	19.0%	15.9%		50～200 元	31.8%	29.1%	33.8%
	一年到访一次	34.1%	22.8%	28.9%		200～400 元	33.5%	35.4%	37.8%
	几年到访一次	39.4%	58.2%	46.8%		400 元以上	31.8%	21.5%	22.9%
在传统村落内停留时长	半天到一天	39.4%	44.3%	50.7%	认为真实性体验是否重要	非常重要	58.2%	17.7%	39.3%
	两天一夜	41.8%	36.7%	37.8%		重要	38.2%	45.6%	52.2%
	三天两夜	13.5%	15.2%	10.0%		一般	2.9%	29.1%	8.0%
	四天及以上	5.3%	3.8%	1.5%		不重要	0.6%	6.3%	0.5%
						非常不重要	0.0%	1.3%	0.0%

依据统计分析可知，组一成员（170 份样本）中女性略多，学历较高，年龄范围较广，但仍以青年人群为主。除青创文化外，其余旅游资源对组一游客具有高吸引力。此外，组一成员到访频率高、停留时间长、旅游花费高、极为看重真实性感知。结合第一类人群对各项空间要素高

需求度—高真实性感知的特点，可将组一成员概括为"古村爱好者"。

　　组二成员（79 份样本）中男性略多，学历覆盖范围较广，以青年、中老年人群为主。与其他游客相比，传统村落的四项旅游资源对组二成员的吸引力均较低。对组二成员而言，传统建（构）筑物、自然景观的吸引力相对较高，人文活动、青创文化的吸引力则相对较低。组二成员到访频率低、停留时间略长、旅游花费适中、较为看重真实性感知。结合第二类人群对各项空间要素低需求度—低真实性感知的特点，可将组二成员形容为"普通旅游者"。

　　组三包含 201 份样本，样本数量最多。组三成员中女性较多，学历高，年龄以青年人群为主。传统建（构）筑物、自然景观、原住民人文活动对组三成员的吸引力相对较高。组三成员到访频率略低、停留时间短、旅游花费高、看重真实性感知。结合组三人群对各项空间要素评测结果，以及追求村落真实生活、文化的特点，可将组三成员描述为"真实文化追求者"（表 5-18）。

表 5-18　三类游客各类特征对比

组别	人群特征	旅游资源的吸引力	旅游特征
组一：需求高—感知高	女性略多 学历较高 年龄范围较广，但仍以青年人群为主	传统建（构）筑物吸引力强 自然景观吸引力强 人文活动的旅游吸引力强 青创文化的吸引力较强或一般	到访频率高 每次停留时长较长 旅游花费高 极为看重真实性感知
组二：需求低—感知低	男性略多 学历覆盖范围较广 以青年、中老年人群为主	传统建（构）筑物的吸引力较强 自然景观的吸引力较强 人文活动的吸引力较强或一般 青创文化的吸引力较强或一般	到访频率低 每次停留时长适中 旅游花费适中 较看重真实性感知
组三：需求高—感知低	女性较多 学历高 年龄以青年人群为主	传统建（构）筑物吸引力非常强或较强 自然景观的吸引力非常强或较强 人文活动的吸引力较强 青创文化的吸引力多为一般	到访频率略低 每次停留时长较短 旅游花费略高 看重真实性感知

第六章

"真实体验" 之于营建的作用机制

本章节基于游客"环境真实体验模型",对影响"真实体验"的空间要素进行归纳,构建层级性的营建菜单,通过与保护、建设类规范的校对,对要素菜单进行调整,对规范进行适宜性增补。进而从"真实体验"二元维度、村域—建筑二元尺度、功能—设计二元营建类型出发,揭示传统村落旅游服务空间的"真实性营建"机制,可为传统村落旅游服务空间营建提供实践指导。

一、基于"真实体验"的营建转译逻辑

游客对不同空间要素的"真实体验"可为传统村落旅游服务空间营建提供借鉴指导。然而传统村落包含多元类型的资源条件,且不同类型的游客存在差异性的"真实体验"特征。因此,该如何关联"体验"与"营建"是"真实性营建"机制推导的关键。本小节旨在阐明"体验—营建"的转译逻辑,构建了"特征识别—菜单构建—认知形成"的转译路径。

(一)"真实体验"的共性/差异性影响要素识别

(1) 各类型村落内的游客类型识别

通过游客"环境真实体验模型"可知,浙江传统村落内的游客包含三种类型(体验类型),而传统村落包含四种类型(营建类型)。由表6-1可知,三类游客在四类村落内均有分布。在各类案例村落内,古村爱好者、真实文化追求者人数之和的占比多超过80%,真实文化追求者的数量占比多超过40%。其中,在"偏商业—弱人文关联"型村落内真实文化追

求者的占比高达62%，而普通旅游者占比则低至10.13%，这表明此类型村落可能不受普通旅游者青睐，而更能激发游客对真实文化的探索欲。三类游客样本较为平均地出现在各类型村落内，这增加了旅游服务空间营建的复杂性。

表 6-1　三类游客在各类型村落内的人数及其占比

村落类型	古村爱好者		普通旅游者		真实文化追求者		人数总计（人）
	人数（人）	人数占比（%）	人数（人）	人数占比（%）	人数（人）	人数占比（%）	
偏文化—强人文关联型村落	60	42.25	23	16.20	59	41.55	142
偏文化—弱人文关联型村落	43	38.39	22	19.64	47	41.96	112
偏商业—强人文关联型村落	45	38.46	26	22.22	46	39.32	117
偏商业—弱人文关联型村落	22	27.85	8	10.13	49	62.03	79
基于游客类型的人数统计	170	37.78	79	17.56	201	44.67	450

（2）要素的"真实体验"影响效益分类

为整体提升游客的"真实体验"，促进传统村落旅游的可持续发展，在旅游服务空间营建中，需要兼顾多元类型游客的环境需求与真实性感知。然而，在传统村落建设经费有限，需要长期性、分期性营建的现实条件下，应制定层级性营建菜单，先满足多元人群的共性需求，后追求单一类人群的特性化需求，先满足游客的基础性旅游需求，后追求高层级的真实性心理感知。

本书的"需求—感知"评测较为清晰地反映出传统村落内各类游客对各空间要素"真实体验"的相对强弱，从而汇总出共性体验要素、差异性体验要素与低效性体验要素集合（图6-1）。从供需关系维度出发，游客所需求（生理、心理维度）的空间要素亦是营建者需要供给的空间要素，因此，层级性"真实体验"的影响要素列表亦可作为传统村落旅游服务空间营建菜单的雏形，对设计实践提供重要参考。

（二）层级性营建菜单的推导

本书旨在探索基于游客"真实体验"的旅游服务空间营建方法与策

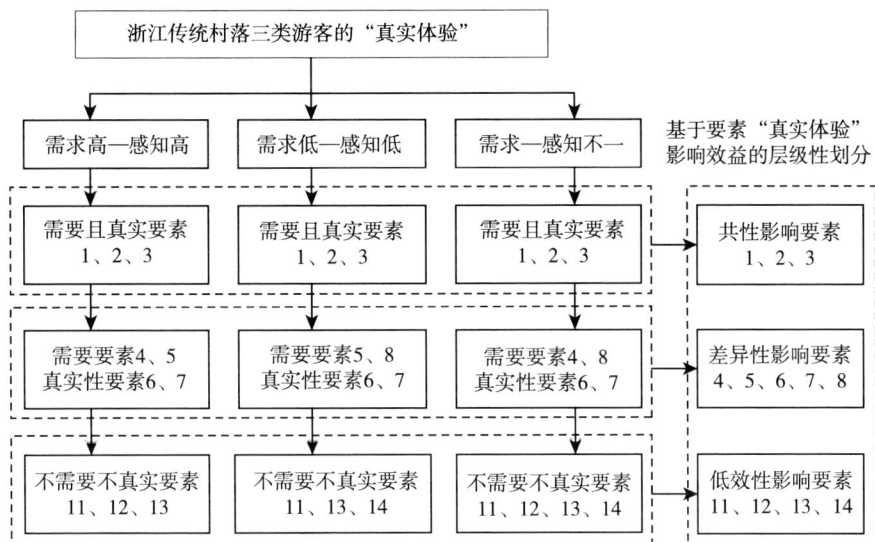

图 6-1　基于多元类型游客"真实体验"的要素菜单整合图示

略。为简化论述,笔者将能够有效促进游客"真实体验"的传统村落旅游服务空间营建称为"真实性营建";将"真实体验"与旅游服务空间营建之间的作用机制称为"真实性营建"机制。"真实性营建"菜单是具有应用指向性的、分类型的空间要素集合,不同类型空间要素对"真实体验"的影响效用不同。

本书样本数据是从不同类型的传统村落内收集而来,但由于各类型村落内收集到的"需求—感知"评测数据并不存在显著的组间差异,因此本书将所有样本进行汇总,以形成浙江传统村落游客的整体性"真实体验"认知,进而推导出更具普适性的"真实体验"影响要素集合。

"真实体验"影响要素集合是"真实性营建"菜单的基本雏形,还需经过"校对—调整"两个环节,才能推导出具有实践指导性的"真实性营建"菜单。一方面,在实际传统村落旅游服务空间规划设计中,除关注游客的需求、真实性感知外,还需考虑遗产保护、现有规划程序等维度下的限制条件,因此,需基于现有保护规范、旅游规划体系对"真实体验"影响要素集合进行校对,确保"真实性营建"菜单具有实践应用价值,助力传统村落的现状保护与旅游发展;另一方面,不同类型传统村落资源条件具有差异性，须基于四类型传统村落的资源条件，对要素项目进行适宜性调整，以形成更具针对性的旅游服务空间"真实性营建"菜单。

（三）基于"真实体验"的营建认知

基于对"真实体验"影响要素的归类汇总，识别出空间要素的特征属性，进而从各分析维度、营建尺度、营建类型出发，归纳总结"真实性营建"特征。首先，从"真实体验"二元分析维度出发，探索各类影响要素的文化/商业功能、人文关联性的特征属性，进而形成协调营建的方法；其次，从村域—建筑二元营建尺度、功能—设计二元营建类型出发，探索传统村落旅游服务空间"真实性营建"所应包含的营建项目；最后，对上述分析维度、营建维度的营建要素特征进行归纳与总结，梳理得出"真实性营建"机制，凝练形成基于"真实体验"的传统村落旅游服务空间营建的新认知（图 6-2）。

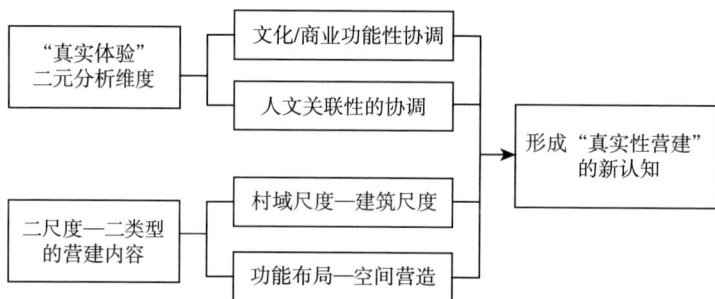

图 6-2　传统村落旅游服务空间的"真实性营建"认知的推导图示

二、层级性要素菜单制定与规范校对

（一）识别：三类游客"真实体验"影响要素的统计

借助上述"真实性营建"菜单的构建逻辑，从数据定量分析的维度出发，通过归一化处理、分类样本与全样本评测均值对比，识别出三类游客的共性及差异性需求要素，以及共性及差异性真实性感知要素。

（1）数据标准化处理

通过基本分析可知，游客对要素需求与真实性感知的评测分值集中在特定范围内，其原始分值难以突出各类游客对各项要素的需求与感知的差异性特征。此外，组一成员的打分值整体较高，而组二成员的打分值整体较低，若采用全样本整体均值进行比对，则会忽略组二成员的基础性需求与真实性感知。因此，本书对各类游客人群的要素评测均分进行标准化处理，以凸显出某一类人群需求与真实性感知的相对差异性，识别出对某一类人群"真实体验"相对重要的空间要素。

本书采用离差标准化方法（min－max标准化）对原始数据进行变换，使结果落到［0，1］的区间内，以突出差异性。由于原始数据均大于零，因此转换的计算方法如公式（6－1）所示，转化结果如表6－2所示。

$$新数据 ＝（原数据－最小值）/（最大值－最小值）$$

$$(6-1)$$

表6－2 浙江传统村落空间要素"真实体验"评测均值的标准化处理结果

环境营建要素	需求度			真实性感知		
	组一	组二	组三	组一	组二	组三
W1 建筑遗产展示	0.98	0.83	0.97	0.99	1.00	1.00
W2 非遗动态展示及制作体验	0.96	0.79	0.94	0.94	0.82	0.91
W3 历史要素的展示	1.00	0.87	1.00	1.00	0.98	0.94
W4 菜园、农家庭院的展示	0.67	0.70	0.69	0.84	0.82	0.86
W5 农事体验功能	0.71	0.61	0.72	0.81	0.74	0.79
W6 公共场所村民日常生活展示	0.84	0.55	0.76	0.82	0.64	0.85
W7 新建建筑彰显传统营建技艺	0.81	0.68	0.81	0.86	0.81	0.87
W8 新老区尺度/形态/风貌协调	0.49	0.28	0.25	0.57	0.38	0.37
W9 新建广场/设施成为新标志物	0.41	0.12	0.45	0.46	0.34	0.50
W10 对历史/技艺等的静态展示	0.95	0.78	0.93	0.95	0.98	0.91
W11 自然场所修筑游憩设施并展示	0.93	0.62	0.95	0.94	0.86	0.71
W12 户外观景设施	0.98	0.92	0.93	0.90	0.82	0.72
W13 街巷立面装饰乡土元素物件	0.37	0.64	0.62	0.59	0.42	0.86
W14 景区入口接待标志物设施	0.73	0.68	0.87	0.48	0.04	0.43
W15 传统建筑改旅游设施成为新标志物	0.42	0.28	0.48	0.58	0.38	0.46
S1 农家乐设施	0.99	0.80	0.81	0.85	0.65	0.75

（续）

环境营建要素	需求度			真实性感知		
	组一	组二	组三	组一	组二	组三
S2 茶馆设施	0.55	0.62	0.58	0.58	0.60	0.60
S3 土特产商店	0.60	0.51	0.63	0.75	0.58	0.68
S4 日常零售店铺	0.78	0.91	0.80	0.69	0.70	0.56
S5 利用厅堂/天井等营造交往空间	0.73	0.52	0.81	0.67	0.47	0.90
S6 特色食宿设施	0.97	0.94	0.93	0.88	0.74	0.78
S7 传统建筑内舒适度提升	0.73	0.40	0.85	0.51	0.30	0.73
S8 对传统建筑室内空间的灵活划分，增加空间层次与丰富度	0.37	0.16	0.57	0.44	0.13	0.64
S9 传统室内装饰风格	0.58	0.44	0.80	0.58	0.63	1.00
S10 传统风格的家具陈设	0.27	0.40	0.62	0.55	0.68	0.93
S11 街巷立面增添少量商业标志	0.00	0.64	0.00	0.25	0.38	0.13
S12 高端食宿设施	0.46	0.53	0.63	0.53	0.50	0.55
S13 咖啡吧/酒吧/奶茶店	0.63	0.46	0.64	0.37	0.43	0.35
S14 艺术家工坊/工艺品商店	0.37	0.42	0.50	0.48	0.43	0.51
S15 新型娱乐设施	0.06	0.00	0.06	0.00	0.00	0.00

（2）游客对空间要素"真实体验"的强弱对比

图 6-3（a）为三类游客群体对 30 项空间要素需求评分标准化的分析图，全样本需求均分的标准化数值（为 0.65）可作为各项空间要素需求得分相对高低的判断标准。由图可知，三类游客对建筑遗产展示、非遗动态展示及体验、菜园/农家庭院展示、新建建筑彰显传统技艺、历史/技艺的静态展示、户外观景设施、景区入口接待设施、农家乐、零售店铺、特色食宿设施等要素的需求均分在全样本标准化均值以上；而对新老区尺度/形态/风貌协调、新建广场/设施成为新标志物、景区入口接待标志物设施、传统建筑改旅游设施成为新标志物、茶馆设施、土特产商店、传统建筑室内空间的灵活划分，增加空间层次与丰富度、街巷立面增添少量商业标识、高端食宿设施、咖啡吧/酒吧/奶茶店、艺术家工坊/工艺品商店、新型娱乐设施等要素的需求评分在全样本标准化均值以下；三类游客对其余要素需求度评分存在较大差异性。

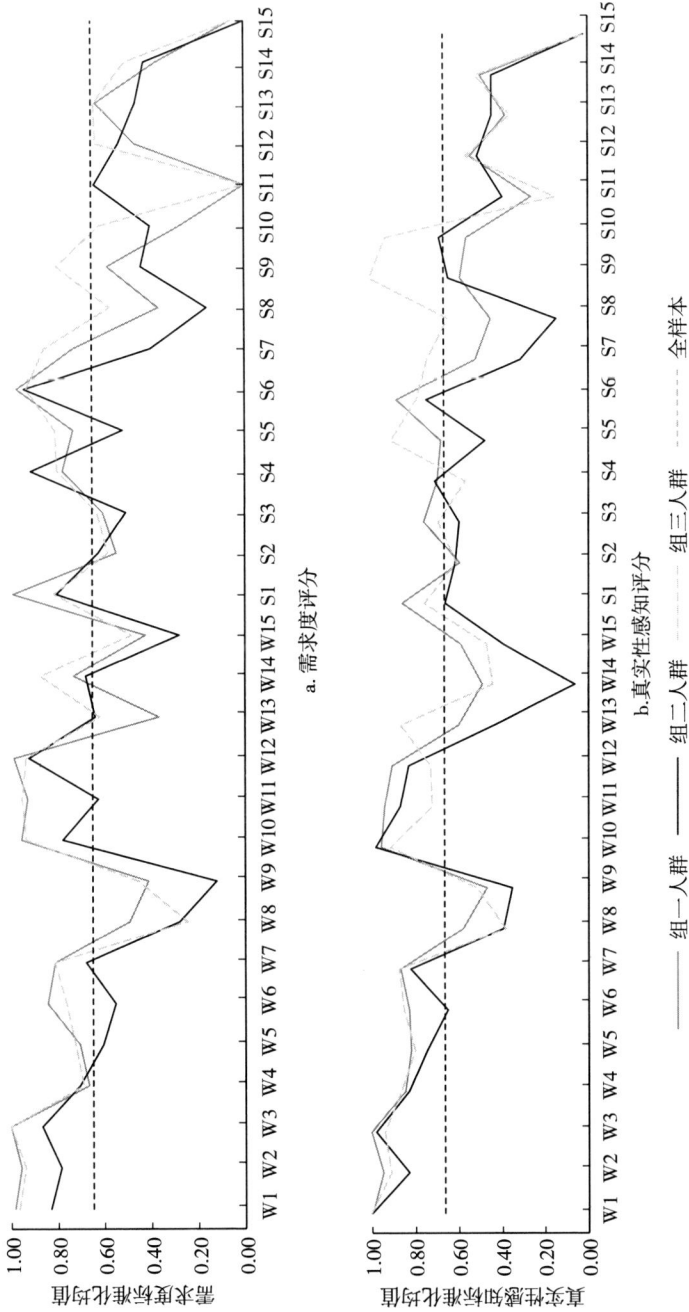

a. 需求度评分

b.真实性感知评分

———— 组一人群   ———— 组二人群   ———— 组三人群   ------ 全样本

图6-3 三类游客群体对空间要素需求、真实性感知评分均值的标准化结果分析图

图 6-3（b）为三类游客群体对 30 项空间要素真实性感知评分标准化的分析图。其中，全样本真实性感知均值的标准化数值（为 0.66）可作为各项要素真实性感知得分高低的判定标准。由图可知，三类游客对建筑遗产展示、非遗动态展示及体验、菜园/农家庭院展示、农事体验功能、历史/技艺的静态展示、自然场所修筑游憩设施并展示、户外观景设施、特色食宿设施等要素的真实性感知评分在全样本标准化均值以上；而三类游客对新老区尺度/形态/风貌协调、新建广场/设施成为新标志物、景区入口接待标志物设施、传统建筑改旅游设施成为新标志物、对传统建筑室内空间的灵活划分以增加空间层次与丰富度、街巷立面增添少量商业标识、高端食宿设施、咖啡吧/酒吧/奶茶店、艺术家工坊/工艺品商店、新型娱乐设施等要素的真实性感知评分均在全样本标准化均值以下；三类游客对其余要素的真实性感知评分存在差异性。

(3) 三类游客的"真实体验"影响要素统计

基于三类游客对各空间要素的需求、真实性感知评测均值的标准化处理结果，以全样本评分均值的标准化结果为分类标准，对高于标准的高需求、高真实性感知要素进行分类统计，汇总形成表 6-3 所示的判定结果统计表。

表 6-3　三类游客对空间要素的需求、真实性感知评测结果判定统计表

	组一			组二			组三		
	需求	真实性	总计	需求	真实性	总计	需求	真实性	总计
W1 建筑遗产展示	•	•	N&A	•	•	N&A	•	•	N&A
W2 非遗动态展示及制作体验	•	•	N&A	•	•	N&A	•	•	N&A
W3 历史要素的展示	•	•	N&A	•	•	N&A	•	•	N&A
W4 菜园、农家庭院的展示	•	•	N&A	•	•	N&A	•	•	N&A
W5 农事体验功能	•		N&A		•	A	•	•	N&A
W6 公共场所村民日常生活展示	•		N&A						
W7 新建建筑彰显传统营建技艺	•		N&A	•	•	N&A	•	•	N&A
W8 新老区尺度/形态/风貌协调									
W9 新建广场/设施成为新标志物									
W10 对历史/技艺等的静态展示	•	•	N&A	•	•	N&A	•	•	N&A
W11 自然场所修筑游憩设施并展示	•		N&A		•	A	•	•	N&A
W12 户外观景设施	•	•	N&A	•	•	N&A	•	•	N&A

（续）

	组一			组二			组三		
	需求	真实性	总计	需求	真实性	总计	需求	真实性	总计
W13 街巷立面装饰乡土元素物件								•	A
W14 景区入口接待标志物设施	•		N	•		N	•		N
W15 传统建筑改旅游设施成为新标志物									
S1 农家乐设施	•	•	N&A	•		N	•	•	N&A
S2 茶馆设施									
S3 土特产商店		•	A					•	A
S4 日常零售店铺	•		N&A	•	•	N&A	•		N
S5 利用厅堂/天井等营造交往空间	•		N&A				•		N&A
S6 特色食宿设施	•		N&A	•		N&A	•		N&A
S7 传统建筑内舒适度提升	•		N				•	•	N&A
S8 对传统建筑室内空间的灵活划分，增加空间层次与丰富度									
S9 传统室内装饰风格					•	N	•	•	N&A
S10 传统风格的家具陈设					•	A		•	A
S11 街巷立面增添少量商业标志									
S12 高端食宿设施									
S13 咖啡吧/酒吧/奶茶店									
S14 艺术家工坊/工艺品商店									
S15 新型娱乐设施									

N 代表需求均值高于评定标准，A 代表真实性感知均值高于评定标准

（二）构建："基础—拓展—低效"的层级性营建菜单

　　对各个空间要素之于三类游客"真实体验"的影响效益进行对比，识别出各类游客的共性体验要素、差异性体验要素、低效性体验要素。进而可将这些要素归类整合为传统村落旅游服务空间营建系统中的基础型、拓展型、低效型营建要素。如表 6-4 所示，三类人群均需要且感知真实的空间要素入选至"基础型营建要素"；部分游客需要且感知真实的空间要素入选至"拓展型营建要素"；无效性要素对三类人群的"真实体验"影响均较弱，这些要素被三类游客"公认"为是低需求、低真实性感知的。

表6-4 "基础—拓展—低效"的要素菜单

分类		空间要素	空间要素	组一	组二	组三	层级
文化展示型空间要素	人文关联性强	W1 建筑遗产展示	S6 特色食宿设施	N&A	N&A	N&A	基础型空间要素（12项）
		W2 非遗动态展示及制作体验	W1 建筑遗产展示	N&A	N&A	N&A	
		W3 历史要素的展示	W2 非遗动态展示及制作体验	N&A	N&A	N&A	
		W4 菜园、农家庭院的展示	W3 历史要素的展示	N&A	N&A	N&A	
		W5 农事体验功能	W4 菜园、农家庭院的展示	N&A	N&A	N&A	
	人文关联性中	W6 公共场所村民日常生活展示	W5 农事体验功能	N&A	A	N&A	
		W7 新建建筑彰显传统营建技艺	W7 新建建筑彰显传统营建技艺	N&A	A	N&A	
		W8 新老区尺度/形态/风貌协调	W10 对历史、技艺等的静态展示	N&A	N&A	N&A	
		W9 新建广场/设施成为新标志物	W12 户外观景设施	N&A	N&A	N&A	
		W10 对历史/技艺等的静态展示	S1 农家乐设施	N&A	N	N&A	
		W11 自然场所修筑游憩设施并展示	S4 日常零售店铺	N&A	N&A	N	
		W12 户外观景设施	W11 自然场所修筑游憩设施并展示	N&A	A	N&A	拓展型空间要素（8项）
	人文关联性弱	W13 街巷立面装饰乡土元素物件	S5 厅堂/天井营造交往空间	N&A		N&A	
		W14 景区入口接待标志物设施	W6 公共场所村民日常生活展示	N&A		N&A	
		W15 传统建筑改旅游设施成为新标志物	W14 景区入口接待标志物设施	N	N	N	
商业营利型空间要素	人文关联性强	S1 农家乐设施	S7 传统建筑内舒适度提升	N		N&A	
		S2 茶馆设施	S9 传统室内装饰风格		N	N&A	
		S3 土特产商店	S3 土特产商店	A	A		
		S4 日常零售店铺	S10 传统风格的家具陈设		A	A	
		S5 利用厅堂/天井等营造交往空间	W13 街巷立面装饰乡土物件			A	
		S6 特色食宿设施	S2 茶馆设施				低效型空间要素（10项）
		S7 传统建筑内舒适度提升	S8 对传统建筑室内空间灵活划分，增加空间层次与丰富度				
		S8 对传统建筑室内空间的灵活划分，增加空间层次与丰富度	S11 街巷立面增添少量商业标志				
	人文关联性中	S9 传统室内装饰风格	S12 高端食宿设施				
		S10 传统风格的家具陈设	S13 咖啡吧/酒吧/奶茶店				
		S11 街巷立面增添少量商业标志	S14 艺术家工坊/工艺品商店				
		S12 高端食宿设施	S15 新型娱乐设施				
	人文关联性弱	S13 咖啡吧/酒吧/奶茶店	W8 新老区尺度/形态/风貌协调				
		S14 艺术家工坊/工艺品商店	W9 新建广场/设施成为新标志物				
		S15 新型娱乐设施	W15 传统建筑改旅游设施成为新标志物				

　　最终，要素 W1、W2、W3、W4、W5、W7、W10、W11、W12、S1、S4、S6 被列为基础型营建要素，这些要素是传统村落旅游服务空间营建的重点项目；要素 W6、W13、W14、S3、S5、S7、S9、S10 被列为拓展型营建要素，这些要素可作为旅游服务空间营建的备选项目，视情况而建；要素 W8、W9、W15、S2、S8、S11、S12、S13、S14、S15 被列为无效型营建要素，游客对这些要素的需求度低、真实性感知低，可不做重点考虑。经归纳整合，形成初步的"基础—拓展—低效"层级化营建菜单，基于游客"真实体验"对旅游服务空间营建要素的相对重要性进行区分，为实际营建项目展开的先后顺序、优先级别判定提供参考。

（三）校对：与保护、建设类规范的比对及修正

（1）保护类规范校对

　　《浙江省历史文化名城名镇名村保护条例》《历史文化名城名镇名村保护规划编制要求》等对传统村落采取分区保护、对传统建筑采取分级别保护的措施。本书推导得出的"真实体验"要素菜单中的多数指标并未与村落保护条例相悖，然而，要素"W8 新老区尺度/形态/风貌协调"被游客评定、归类为"低效型营建"，但从传统村落保护维度出发，对村落新老区风貌的协同性管控极为重要。因此，需将"W8 新老区尺度/形态/风貌协调"移至"基础型营建"项目内。

（2）建设类规范比对

　　当下与旅游服务空间营建相关的规范为《风景名胜区总体规划标准》（GB/T 50298—2018），规范中针对不同级别的旅游服务基地制定有旅游服务设施的层级性功能配置菜单。然而，规范中缺乏针对具有保护要求的传统村落的营建配置标准。近年来，旅游发展逐步成为部分传统村落活化的重要方式之一，对传统村落旅游服务空间营建的指导关键且必要。因此，建议规范中增设"保护型古村"的旅游服务基地级别，并对"设施类型"予以增补，为此类型旅游地规划提供引导。

　　针对"保护型古村"这一旅游服务基地，具体"设施类型"的增补项目如下：在"游览类型—审美欣赏"的设施类型中，应将"观景类设施"列入备注项目中；在"餐饮设施、住宿设施"中，应增添特色食宿

设施项目，在"住宿设施——一般旅馆"的备注中增加农家乐；在"购物
——小卖部、商亭"的设施项目中，应将"日常零售"列入备注栏；在
"文化"设施类型中，应增添"建（构）筑遗产展示、传统生活展示"等
项目，其中，"传统生活展示"包含农业体验区、村民日常生活展示、菜
园/农家庭院展示、新建建筑彰显传统营建技艺等项目；且应将"社会民
俗"的设施项目改为"社会民俗、非遗文化"，以强调非物质文化的展
示。此外，"真实体验"要素菜单中的"基础型营建、拓展型营建"类别
可对应至规范中的"应该设置、可以设置"的营建层级，"低效型营建"
项目可经由专家讨论，进行适宜性取舍（如表6-5）。

表6-5　基于现行规范的"保护型古村"增补功能菜单

设施类型	增补/修改设施项目	增补/修改备注	保护型古村
2. 游览	审美欣赏	景观、观景、寄情、鉴赏、小品类设施	■
3. 餐饮	特色餐厅	体现当地特色的餐厅	■
4. 住宿	一般旅馆	二级旅馆、团体旅社、农家乐	■
	特色民宿	体现当地特色的民宿（如由传统建筑改造而来等）	■
5. 购物	小卖部、商亭	日常零售店铺	■
7. 文化	建（构）筑遗产展示	传统建筑物展示、多元历史要素展示	■
	社会民俗、非遗文化	民宿、节庆、乡土设施、非遗文化动态展示/体验、历史/技艺静态展示；	■
	传统生活展示	农业体验区、村民日常生活展示、菜园/农家庭院展示、新建建筑彰显传统营建技艺	□

■必须营建　□选择性营建
资料来源：作者基于《风景名胜区总体规划标准》（GBT 50298—2018）绘制。

三、"拓维—限类—提质"的"真实性营建"机制

　　基于对游客"真实体验"的深入性调查，梳理得到"基础—拓展—
低效"的层级性要素菜单，本小节将对该菜单营建项目的特征属性进行
进一步归类分析。首先，从"真实体验"二元分析维度出发，可通过归
类、总结来探索文化/商业功能、人文关联性协同营建的方法；其次，从
二元营建尺度（村域—建筑）、二元营建类型（功能—设计）出发，探索

具体性 "真实性营建" 项目；最后，通过归纳整合，凝练出 "真实性营建" 的内在机制，形成传统村落旅游服务空间营建的新认知。

(一) 文化/商业功能、人文关联性的营建协调

(1) 文化/商业功能协调：多元展示与限类提质

通过对文化、商业功能要素的分析归纳，可形成文化型旅游服务空间 "多元展示"、商业型旅游服务空间 "限类提质" 的协调性营建认知。

首先，基础型营建项目多为文化展示型空间要素，而拓展型、低效型营建项目则多为商业营利型要素，这体现出文化展示型空间要素仍是人多数游客 "真实体验" 形成的基础。

其次，文化遗产、村民生活、自然景观等多元类型文化展示要素均有助于促进游客的 "真实体验"。首先，遗产建筑、非遗文化、历史要素等入选基础性营建项目，说明常见遗产展示项目仍然是游客 "真实体验" 形成的基础。在传统村落旅游发展中，应时刻关注各类型物质性遗产的活化利用与公众展示。其次，与村民生计生活文化相关的诸多要素，如菜园/庭院展示、农事体验、新建建筑彰显传统营建技艺、公共场所村民日常生活展示等，入选基础型、拓展型营建项目，对游客 "真实体验" 具有积极促进作用。最后，自然场所、户外观景设施等空间要素入选基础型营建项目，受到游客青睐。因此，在文旅为主导的传统村落旅游发展中，仍不能忽视对自然景观资源的利用与展示。

新建广场/设施成为新标志物、传统建筑改旅游设施成为新标志物被列为低效型营建项目，即这些要素对游客 "真实体验" 不产生显著的促进作用。因此在旅游服务空间营建中，应以传统标志物节点的恢复与保持为主，尽量避免过多新节点的出现。

在商业营利型空间要素中，农家乐设施、日常零售店铺、特色食宿设施被列为基础型营建项目，这说明对于大多数游客而言，传统村落最关键的商业配置是食宿接待、日常性零售等功能类型；土特产商店、利用厅堂/天井等营造交往空间、传统建筑内舒适度提升、传统室内装饰风格、传统风格的家具陈设被列为拓展型营建项目，这些营建项目多为旅游服务空间的室内设计类要素；对传统建筑室内空间灵活划分以增加空间层次与丰富度、

街巷立面增添少量商业标志、高端食宿设施、咖啡吧/酒吧/奶茶店、艺术家工坊/工艺品商店、新型娱乐设施等被列为低效型营建项目，这表明上述商业服务功能与设计未对游客"真实体验"产生明显促进作用（表6-6）。

表6-6 "真实体验"影响要素的文化/商业功能偏重、人文关联性强弱的属性判定

营建层级	空间要素	文化/商业功能偏重		人文关联性强弱		
		偏文化	偏商业	强	中	弱
基础型营建（13项）	S6 特色食宿设施		•		•	
	W1 建筑遗产展示	•		•		
	W2 非遗动态展示及制作体验	•		•		
	W3 历史要素的展示	•		•		
	W4 菜园、农家庭院的展示	•		•		
	W5 农事体验功能	•		•		
	W7 新建建筑彰显传统营建技艺	•		•		
	W10 对历史、技艺等的静态展示	•			•	
	W12 户外观景设施	•			•	
	S1 农家乐设施		•	•		
	S4 日常零售店铺		•	•		
	W11 自然场所修筑游憩设施并展示	•			•	
	W8 新老区尺度/形态/风貌协调	•		•		
拓展型营建（8项）	S5 利用厅堂/天井营造交往空间		•	•		
	W6 公共场所村民日常生活展示	•		•		
	W14 景区入口接待标志物设施	•				•
	S7 传统建筑内舒适度提升		•		•	
	S9 传统室内装饰风格		•		•	
	S3 土特产商店		•		•	
	S10 传统风格的家具陈设		•		•	
	W13 街巷立面装饰乡土元素物件	•				•
低效型营建（9项）	S2 茶馆设施		•	•		
	S8 对传统建筑室内空间灵活划分，增加空间层次与丰富度	•			•	
	S11 街巷立面增添少量商业标志		•		•	
	S12 高端食宿设施		•			•
	S13 咖啡吧/酒吧/奶茶店		•			•
	S14 艺术家工坊/工艺品商店		•			•
	S15 新型娱乐设施		•		•	
	W9 新建广场/设施成为新标志物	•			•	
	W15 传统建筑改旅游设施成为新标志物	•				•

通过对"真实性营建"菜单内商业营利型要素的识别,可形成以下认知:一方面,游客并不青睐于传统村落具有多元类型的商业服务功能配置,食宿、零售功能即可满足大多数游客的需求,因此在实际营建中可对村落内商业服务功能配置进行适宜性限制;另一方面,部分室内商业服务空间品质对游客"真实体验"产生影响,可在有条件之时予以针对性营建。

(2)人文关联性强弱协同

空间要素的人文关联性强弱直接或间接影响到游客的"真实体验"。通过"真实性营建"要素菜单可知,大部分基础型营建要素的人文关联性强,诸多低效型要素的人文关联性较弱,这体现出游客偏好于强人文关联性要素,对其具有较高的需求与高真实性感知。

在文化展示型空间要素中,人文关联性强、中的空间要素多被列为基础型营建要素,这表明具有人文关联性的文化展示型要素对"真实体验"具有关键性促进作用。"新老区风貌协调"在本次调研中并未显示出对"真实体验"的显著促进效用,然而,在既往遗产旅游的真实性研究中,"旅游地风貌协同"一直被视为影响"客观主义真实性"的关键要素之一(Kolar et al.,2010)。本书研究结论与既往研究结果出现差异性的原因可能包含以下几点:首先,对真实性的界定不同。本书的真实性是指游客在游览中形成的、对村民真实生计生活文化的主观感知,与"客观主义真实性"注重旅游客体原真的概念不同。从村落活态延续维度出发,在经济较为发达的浙江传统村落内,"新老区风貌协同"可能并不是被游客特别看重的空间要素。其次,部分传统村落(如诸葛村、新叶村)的游览区位于核心保护区内,与新居住区相隔离,游客可能并未直接感受到新老风貌的差异性。此外,在游客问卷调研中,"风貌协同"的表述较为宽泛,游客主观性认知的差异可能导致分析误差。

在商业营利型空间要素中,人文关联性强弱主要由商业设施的经营者所决定。主要由村民主导经营管理的农家乐、土特产商店、日常零售、厅堂/天井等营造的交往空间、特色食宿等空间要素多被评定为基础型或拓展型营建项目,而主要由外来营建者经营的高端食宿、咖啡吧/酒吧/

奶茶店、艺术家工坊/工艺品商店、新型娱乐设施等均被评定为低效型营建项目。这彰显出村民旅游参与的重要性,即可以有效提升旅游服务空间的人文关联性、促进游客的"真实体验"。茶馆设施的空间要素来源于对诸葛村的走访调研,诸葛村的茶馆均是由村民开设,且村内老人有"喝早茶"的习俗,因此判定茶馆设施为强人文关联性要素。然而,茶馆设施却被广大游客评定为低效型营建项目,其原因可能在于诸葛村早茶多在4点到7点进行,非景区旅游接待时间,大多数游客并不了解当地村民的早茶习俗,因此将茶馆视为与村落本源文化无关的商业服务设施。此外,城市内多设有颇具商业气息的茶馆,可能影响到游客对"茶馆设施"的认知。

(二)村域—建筑二元尺度下的营建内容

(1)"真实性营建"层级尺度的判定

表6-7为"真实性营建"要素所隶属营建尺度的判定汇总表。整体而言,基础型营建项目主要涉及村域尺度下的功能配置、游线规划等,拓展型营建项目更多涉及建筑尺度下的空间组织与设计,低效型营建项目则涉及村域尺度下的功能配置、风貌管控两方面营建内容。

13项基础型营建项目中有11项涉及村域尺度的功能配置、游线规划,10项要素涉及建筑尺度的空间组织、设计。合理性的功能配置、游线规划、空间组织和设计等能够有效提升村落整体的"真实体验"效能。

8项拓展型营建项目中有7项涉及建筑尺度的空间组织、设计,1项要素(土特产商店)涉及村域功能配置。这表明在村域规划完成后,建筑尺度的空间组织、设计对"真实体验"起到进一步"提质"的作用。

大多数低效型营建项目涉及村域功能配置问题,未来营建中需要对游客低需求、低真实性感知的功能业态进行适宜性规避。此外,还需对街巷风貌进行适宜性管控等。

表 6-7　"真实性营建"要素隶属营建项目、营建尺度的统计表

营建层级	空间要素	村域尺度	建筑尺度
基础型营建（13 项）	S6 特色食宿设施	村域功能配置	空间组织、设计
	W1 建筑遗产展示	村域功能配置、游线规划	空间组织、设计
	W2 非遗动态展示及制作体验	村域功能配置、游线规划	空间组织、设计
	W3 历史要素的展示	村域功能配置、游线规划	空间组织、设计
	W4 菜园、农家庭院的展示	村域功能配置、游线规划	空间组织、设计
	W5 农事体验功能	村域功能配置、游线规划	空间设计
	W7 新建建筑彰显传统营建技艺		空间设计
	W10 对历史、技艺等的静态展示	村域功能配置、游线规划	
	W12 户外观景设施	村域功能配置、游线规划	空间设计
	S1 农家乐设施	村域功能配置	空间组织、设计
	S4 日常零售店铺	村域功能配置	
	W11 自然场所修筑游憩设施并展示	村域功能配置、游线规划	空间设计
	W8 新老区尺度/形态/风貌协调	村域风貌把控	
拓展型营建（8 项）	S5 利用厅堂/天井营造交往空间		空间组织、设计
	W6 公共场所村民日常生活展示		空间组织、设计
	W14 景区入口接待标志物设施		空间组织、设计
	S7 传统建筑内舒适度提升		空间设计
	S9 传统室内装饰风格		空间设计
	S3 土特产商店	村域功能配置	
	S10 传统风格的家具陈设		空间设计
	W13 街巷立面装饰乡土元素物件	村域风貌把控	空间设计
低效型营建（9 项）	S2 茶馆设施	村域功能引导	
	S8 对传统建筑室内空间灵活划分，增加空间层次与丰富度		空间组织
	S11 街巷立面增添少量商业标志	村域风貌把控	
	S12 高端食宿设施	村域功能引导	
	S13 咖啡吧/酒吧/奶茶店	村域功能引导	
	S14 艺术家工坊/工艺品商店	村域功能引导	
	S15 新型娱乐设施	村域功能引导	
	W9 新建广场/设施成为新标志物	村域风貌把控	
	W15 传统建筑改旅游设施成为新标志物	村域风貌把控	

(2)"真实性营建"内容制定

村域尺度下的功能配置、游线规划对游客"真实体验"具有关键性
影响,而风貌管控亦是避免低效型营建的有效措施。表6-8对应功能配
置、游线规划、风貌管控分别列举出"真实性营建"任务中的基础型营
建项目、拓展型营建项目、限制型营建项目。

表6-8 "真实性营建"中村域规划涉及的空间要素汇总表

	基础型营建项目	拓展型营建项目	限制型营建项目
功能配置	S6 特色食宿设施 W1 建筑遗产展示 W2 非遗动态展示及制作体验 W3 历史要素的展示 W4 菜园、农家庭院的展示 W5 农事体验功能 W10 对历史、技艺等的静态展示 W12 户外观景设施 S1 农家乐设施 S4 日常零售店铺 W11 自然场所修筑游憩设施并展示	S3 土特产商店	S2 茶馆设施 S12 高端食宿设施 S13 咖啡吧/酒吧/奶茶店 S14 艺术家工坊/工艺品商店 S15 新型娱乐设施
游线规划	W1 建筑遗产展示 W2 非遗动态展示及制作体验 W3 历史要素的展示 W4 菜园、农家庭院的展示 W5 农事体验功能 W10 对历史、技艺等的静态展示 W11 自然场所修筑游憩设施并展示 W12 户外观景设施		
风貌管控	W8 新老区尺度/形态/风貌协调	W13 街巷立面装饰乡土元素物件	S11 街巷立面增添少量商业标志 W9 新建广场/设施成为新标志物 W15 传统建筑改旅游设施成为新标志物

从功能配置维度出发,基础型营建项目包含多元文化展示空间及食
宿接待、零售等商业功能空间的营建;拓展型营建项目包含土特产零售
一项;限制型营建项目则多为由外来经营者进驻经营的、与古村本源文

化无关的、具有城市符号或特征的功能业态。游线规划仅涉及基础型营建项目,包含物质性遗产、非物质性遗产、村民生活、自然景观等多元文化展示类要素。风貌管控维度下,从村落保护维度出发,基础型营建项目为"新老区尺度/形态/风貌协调",拓展型营建项目为"街巷立面装饰乡土元素物件"。此外,在营建中应尽量避免出现商业符号,避免新建广场、旅游设施等成为村落新标志物节点。

在建筑空间营建尺度下,空间组织与空间设计亦关联到不同类型的基础型营建、拓展型营建、限制型营建项目。如表6-9所示,空间组织维度下,食宿接待、多元文化展示的空间组织是基础型营建项目;交往空间、公共场所、入口节点等空间组织为拓展型营建项目;而对传统建筑室内空间灵活划分,增加空间层次与丰富度则为限制型营建项目,这说明在传统建筑改造中,设计师不应刻意追求空间的丰富度、层次性而改变传统建筑的原有形制,应尽量保留、顺应传统空间形态,使之满足当下使用需求即可。空间设计维度下,食宿接待、多元文化展示的各个节点设计是基础型营建项目;服务空间的室内营建、公共场所、街巷立面、景区入口节点等为拓展型营建项目。

表6-9 "真实性营建"中建筑设计涉及的空间要素汇总表

	基础型营建项目	拓展型营建项目	限制型营建项目
空间组织	S1 农家乐设施 S6 特色食宿设施 W1 建筑遗产展示 W2 非遗动态展示及制作体验 W3 历史要素的展示 W4 菜园、农家庭院的展示	S5 利用厅堂/天井营造交往空间 W6 公共场所村民日常生活展示 W14 景区入口接待标志物设施	S8 对传统建筑室内空间灵活划分,增加空间层次与丰富度
空间设计	S1 农家乐设施 S6 特色食宿设施 W1 建筑遗产展示 W2 非遗动态展示及制作体验 W3 历史要素的展示 W4 菜园、农家庭院的展示 W5 农事体验功能 W7 新建建筑彰显传统营建技艺 W11 自然场所修筑游憩设施并展示 W12 户外观景设施	S5 利用厅堂/天井营造交往空间 S7 传统建筑内舒适度提升 S9 传统室内装饰风格 S10 传统风格的家具陈设 W6 公共场所村民日常生活展示 W13 街巷立面装饰乡土元素物件 W14 景区入口接待标志物设施	

（三）"拓维—限类—提质"的营建内涵

基于"基础—拓展—低效"型"真实性营建"要素菜单，通过对"真实体验"分析维度、营建尺度、营建类型所对应要素的归纳总结，可凝练形成"文化拓维—商业限类—空间提质"的"真实性营建"内涵，这也是"真实体验"对传统村落旅游服务空间营建的作用机制。

（1）文化拓维：多元文化展示

多元文化展示类营建项目对游客"真实体验"具有积极促进作用。图6-4为各"真实性营建"项目（基础型与拓展型）所关联的旅游资源类

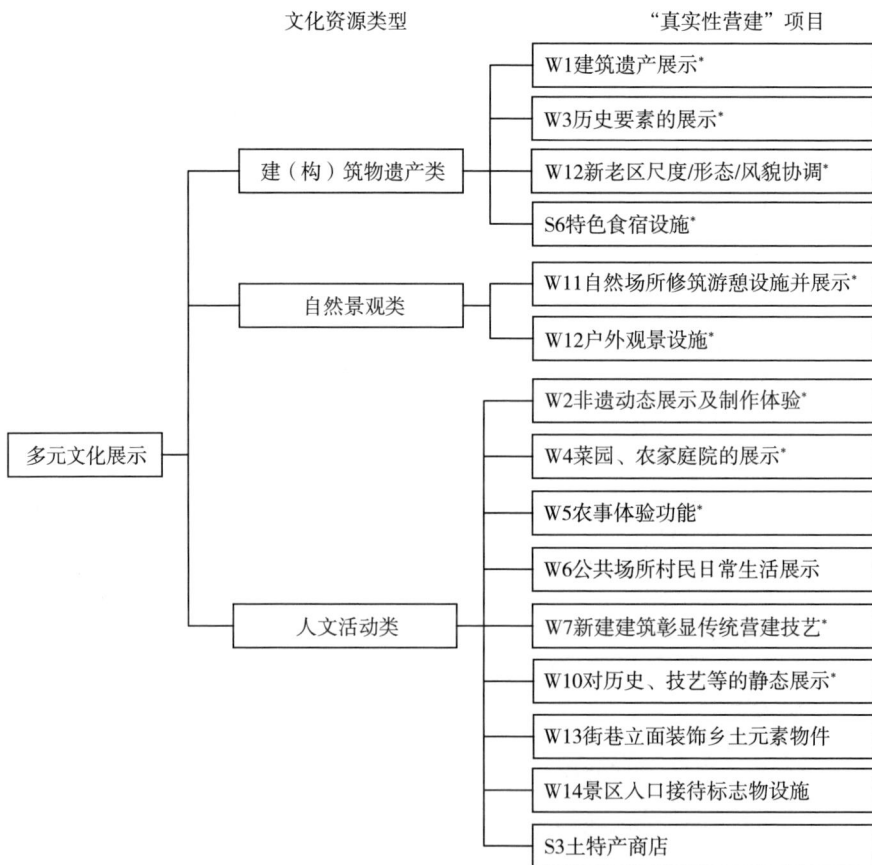

图6-4　传统村落"真实性营建"中的多元文化展示图示

*代表基础型营建项目

型，具体包括建（构）筑物遗产、自然景观与人文活动三种类型。其中，人文活动类资源涉及九项"真实性营建"项目，数量最多。既往传统村落旅游服务空间营建中，营建者更重视建（构）筑物遗产、自然景观类资源，而相对忽视人文活动类资源。这一研究结果说明基于游客"真实体验"，多元类型文化尤其是人文活动类文化展示，是关键性营建内容。

（2）商业限类：适宜性业态制定与营建

基于"真实性营建"机制，可通过对商业型旅游服务空间"限类提质"的方式促进"文化—商业"的功能协调。基于"真实体验"要素菜单，商业类旅游服务空间营建项目汇总至表 6 - 10 中。其中，适宜型功能配置营建项目包含农家乐、特色食宿、零售店铺、土特产商店四种类型，而限制型营建项目则包含茶馆、高端食宿、咖啡/酒吧/奶茶店、艺术家工坊/工艺品商店、新型娱乐设施等多元类型。适宜型设计营建项目则包含利用厅堂/天井营造交往空间、传统建筑内舒适度提升、传统室内装饰风格、传统风格的家具陈设等。

表 6 - 10 商业型旅游服务空间的"限类提质"型"真实性营建"菜单

	适宜型营建项目	限制型营建项目
功能配置	S1 农家乐设施 S6 特色食宿设施 S4 日常零售店铺 S3 土特产商店	S2 茶馆设施 S12 高端食宿设施 S13 咖啡吧/酒吧/奶茶店 S14 艺术家工坊/工艺品商店 S15 新型娱乐设施
设计营建	S5 利用厅堂/天井营造交往空间 S7 传统建筑内舒适度提升 S9 传统室内装饰风格 S10 传统风格的家具陈设	S8 对传统建筑室内空间灵活划分、增加空间层次与丰富度 S11 街巷立面增添少量商业标志

（3）空间提质：关键场所的设计营造

"真实性营建"项目依托于不同类型的空间场所，对关键场所的设计营造亦能够有效促进游客的"真实体验"。图 6 - 5 为"项目—空间—布局"的关联性图示。首先，特色食宿、建筑遗产展示、历史要素展示等营建项目主要依托传统建筑空间设立，街巷立面装饰依托传统街巷空间设立，传统街巷、传统建筑多分布在村落核心保护区内。其次，非遗展示及体验、土特产商店、日常零售、农家乐等依托村民私宅空间设立，历史要素展示、公共场所村民日常生活展示依托公共活动广场设立，村民私宅及公共活动广场主要分布在村庄范围内。最后，自然场所修筑休憩设施

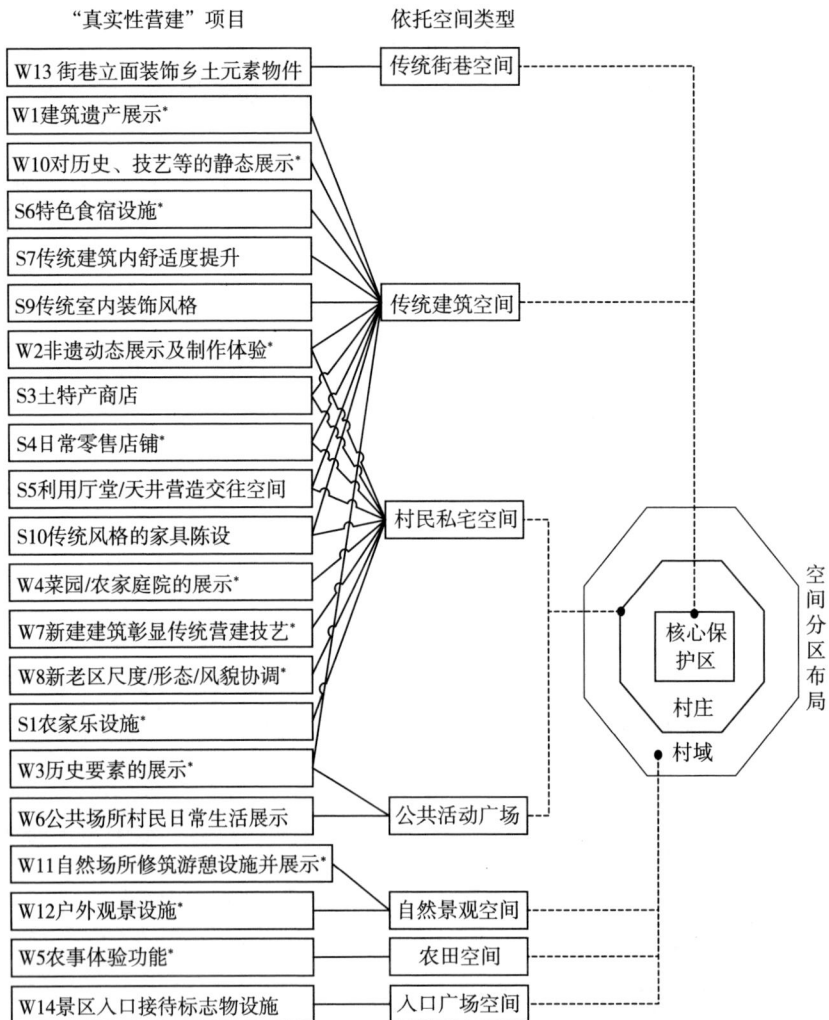

图 6-5　传统村落"真实性营建"关联的关键性场所图示

* 为基础型营建项目，其余为拓展型营建项目

并展示、户外观景、农事体验、景区入口标识设施等主要依托自然景观空间、农田空间、入口广场空间，这些空间主要分布在村庄范围外、村域范围内。这些关键性空间节点的设计营造将对村落 "真实体验" 具有积极促进作用。

四、基于 "真实体验" 的关键场所及营造要求

(一) 空间模块与节点识别

(1) 基于依托场所的要素组合

为全面了解 "真实性营建" 中的关键性空间场所，笔者首先对各基础型、拓展型营建项目所依托的场所进行识别与总结。如表 6 - 11 所示，"真实性营建" 项目依托的场所类型主要包含传统建筑、遗产空间、村民私宅、自然空间、公共活动空间、传统街巷、景区入口等。进而依据空间场所类型对关联的 "真实性营建" 项目进行汇总，识别出多要素组合的四种空间模块，分别是村民私宅模块、遗产展示模块、传统建筑模块、自然展示模块；以及单一要素构成的空间节点，分别是公共活动空间、传统街巷、景区入口。这些空间模块、节点的营建将对传统村落旅游服务空间的 "真实体验" 具有关键性影响。

(2) "真实性营建" 模块的重要性排序

基于游客 "真实体验" 影响要素的类型划分，对各空间模块的相对重要性进行判定。由表 6 - 12 可知，村民私宅模块涉及 8 项 "真实性营建" 要素，其中包含 6 项基础型营建项目与 2 项拓展型营建项目；遗产展示模块包含 4 项基础型营建项目；传统建筑模块则包含 4 项基础型营建项目与 5 项拓展型营建项目；自然景观展示模块包含 3 项基础型营建项目。上述四类空间模块均涉及多项基础型、拓展型 "真实性营建" 项目，这些空间模块对游客 "真实体验" 具有关键性影响，因此重要性非常高。活动广场、传统街巷、景区入口节点均涉及一项拓展型营建项目，相对而言，对游客 "真实体验" 的影响效益一般。

表 6-11　传统村落"真实性营建"中关键性空间模块/节点提取

空间要素	依托场所	模块/节点	空间要素
S6 特色食宿设施	传统建筑		S1 农家乐设施
W1 建筑遗产展示	遗产空间		S3 土特产商店
W2 非遗动态展示及制作体验	多元空间		S4 日常零售店铺
W3 历史要素的展示	遗产空间	村民私宅模块	S5 利用室内厅堂、天井、庭院等营造互动交往空间
W4 菜园、农家庭院的展示	村民私宅		
W5 农事体验功能	自然空间		W2 非遗文化动态展示及制作体验
W7 新建建筑彰显传统营建技艺	村民私宅		W4 菜园、农家庭院的展示
W10 对历史、技艺等的静态展示	多元空间		W7 新建建筑彰显传统营建技艺
W12 户外观景设施	自然空间		W8 新老区尺度/形态/风貌协调
S1 农家乐设施	村民私宅		W1 建筑遗产展示
S4 日常零售店铺	多元空间	遗产展示模块	W2 非遗文化动态展示及制作体验
W11 自然场所修筑游憩设施并展示	自然空间		W3 历史环境要素的展示
W8 新老区尺度/形态/风貌协调	村民私宅		W10 对历史、技艺等的静态展示
S5 利用厅堂/天井营造交往空间	传统建筑		S3 土特产商店
W6 公共场所村民日常生活展示	公共活动空间		S4 日常零售店铺
			S5 利用室内厅堂、天井、庭院等营造互动交往空间
W14 景区入口接待标志物设施	景区入口	传统建筑模块	S6 特色食宿设施
S7 传统建筑内舒适度提升	传统建筑		S7 传统建筑内的舒适度提升
S9 传统室内装饰风格	传统建筑		S9 传统室内装饰风格
S3 土特产商店	多元空间		S10 传统风格的家具陈设
S10 传统风格的家具陈设	多元空间		W2 非遗文化动态展示及制作体验
			W4 菜园、农家庭院的展示
W13 街巷立面装饰乡土元素物件	传统街巷		W5 农事体验功能
		自然展示模块	W11 自然场所修筑游憩设施并展示
			W12 户外观景设施
		公共活动空间节点	W6 公共活动空间内村民日常生活展示
		传统街巷节点	W13 街巷立面装饰有乡土元素物件
		景区入口节点	W14 景区入口接待的标志物设施

注：多要素形成空间模块，单一要素形成空间节点。

表 6-12　"真实体验"营建模块的相对重要性排序

空间场所类型	空间要素	营建类型	空间模块的相对重要性
村民私宅模块	S1 农家乐设施	基础型营建项目	非常重要
	S3 土特产商店	拓展型营建项目	
	S4 日常零售店铺	基础型营建项目	
	S5 利用室内厅堂、天井、庭院等营造互动交往空间	拓展型营建项目	
	W2 非遗文化动态展示及制作体验	基础型营建项目	
	W4 菜园、农家庭院的展示	基础型营建项目	
	W7 新建建筑彰显传统营建技艺	基础型营建项目	
	W8 新老区尺度/形态/风貌协调	基础型营建项目	
遗产展示模块	W1 建筑遗产展示	基础型营建项目	非常重要
	W2 非遗文化动态展示及制作体验	基础型营建项目	
	W3 历史环境要素的展示	基础型营建项目	
	W10 对历史、技艺等的静态展示	基础型营建项目	
传统建筑模块	S3 土特产商店	拓展型营建项目	非常重要
	S4 日常零售店铺	基础型营建项目	
	S5 利用室内厅堂、天井、庭院等营造互动交往空间	拓展型营建项目	
	S6 特色食宿设施	基础型营建项目	
	S7 传统建筑内的舒适度提升	拓展型营建项目	
	S9 传统室内装饰风格	拓展型营建项目	
	S10 传统风格的家具陈设	拓展型营建项目	
	W2 非遗文化动态展示及制作体验	基础型营建项目	
	W4 菜园、农家庭院的展示	基础型营建项目	
自然景观展示模块	W5 农事体验功能	基础型营建项目	非常重要
	W11 自然场所修筑游憩设施并展示	基础型营建项目	
	W12 户外观景设施	基础型营建项目	
活动广场节点	W6 公共活动空间内村民日常生活展示	拓展型营建项目	一般
传统街巷节点	W13 街巷立面装饰有乡土元素物件	拓展型营建项目	一般
景区入口节点	W14 景区入口接待的标志物设施	拓展型营建项目	一般

　　通过识别与分析可知,建筑尺度下,"真实性营建"的关键性营建内容为村民私宅、遗产展示、传统建筑、自然景观展示模块的组织与设计。此外,"真实性营建"还涉及活动广场、传统街巷、景区入口的空间营造等。

(3) 关键性节点识别与设计要求

基于"真实性营建"模块类型，结合各模块涉及的"真实性营建"空间要素，可推导得出关键性空间设计节点及其所需达到的功能、设计要求。表 6－13 为各类型模块对应的关键性空间设计节点与营建要求。

表 6－13　各类型空间模块/节点的功能、设计要求及营建的关键性空间节点

空间类型	功能要求（功能类空间要素）	设计要求（设计类空间要素）	关键性空间营建
村民私宅模块	食宿接待、各类零售服务、多元文化展示 （S1 农家乐设施、S3 土特产商店、S4 日常零售店铺、W2 非遗文化动态展示及制作体验、W4 菜园/农家庭院的展示、W7 新建建筑彰显传统营建技艺）	交往空间营造、立面与传统风貌协同 （S5 利用室内厅堂/天井/庭院等营造互动交往空间、W8 新老区尺度/形态/风貌协调）	庭院、接待前厅、建筑立面设计
遗产展示模块	各类遗产展示 （W1 建筑遗产展示、W2 非遗文化动态展示及制作体验、W3 历史环境要素的展示、W10 对历史、技艺等的静态展示）		展示空间营建
传统建筑模块	各类零售、食宿接待、多元文化展示 （S3 土特产商店、S4 日常零售店铺、S6 特色食宿设施、W2 非遗文化动态展示及制作体验、W4 菜园、农家庭院的展示）	交往空间营造、室内舒适、传统风格室内装陈 （S5 利用室内厅堂/天井/庭院等营造互动交往空间、S7 传统建筑内的舒适度提升、S9 传统室内装饰风格、S10 传统风格的家具陈设）	中庭、前厅、客房等接待空间营建
自然景观展示模块	农事体验、游憩、观景 （W5 农事体验功能、W11 自然场所修筑游憩设施并展示、W12 户外观景设施）		自然场所场地设计
活动广场节点	生活文化展示 （W6 公共活动空间内村民日常生活展示）		活动广场场地设计
传统街巷节点		W13 街巷立面装饰有乡土元素物件	街巷立面设计
景区入口节点		W14 景区入口接待的标志物设施	景区入口场地设计

　　首先，基于对"真实性营建"的空间要素汇总归纳，村民私宅模块的功能要求包括提供食宿接待、各类零售服务、各类文化展示等，设计要求是利用室内厅堂、天井、庭院等营造互动交往空间，私宅外立面设计与传统风貌相符。因此，村民私宅模块的关键空间营建内容包含庭院、接待前厅、建筑立面设计等。其次，与遗产展示模块相关联的要素多为功能要素，包含建筑遗产展示、非遗文化展示、历史环境要素展示、历史/技艺静态展示等。相应的关键性空间营建为展示空间营建。第三，传统建筑模块与诸多功能、设计类要素关联，具有零售、食宿接待、文化展示等功能要求，以及互动交往空间营造、建筑内舒适度提升、传统性室内装饰风格、家具陈设等设计要求。传统建筑内的关键性空间营建包含中庭、前厅、客房等旅游接待空间。第四，通过关联的功能要素可知，自然景观展示模块包含三项功能要求，分别是农事体验、游憩、观景。最后，三个空间节点的营建要求较为简单，活动广场节点包含村民生活文化展示的功能要求，传统街巷节点具有立面乡土装饰的设计要求，景区入口具有入口标志物设施配置的设计要求。

(二)"真实提质"型设计菜单构建

　　基于各类型村落"真实性营建"菜单，以及菜单内各要素关联的空间模块及空间节点，归纳汇总得到如表6-14所示的"真实提质"型设计菜单。

　　各类型村落营建仍包含"优先级项目—拓展项目"的层次性营建菜单，涉及不同空间营建模块及节点。如"偏文化—强人文关联"型村落优先级项目包含村民私宅、遗产展示、自然景观空间模块营建；"偏文化—弱人文关联"型村落优先级项目包含传统建筑、遗产展示等空间模块营建；"偏商业—强人文关联"型村落优先级项目包含村民私宅等空间模块营建；"偏商业—强人文关联"型村落优先级项目涉及自然景观、遗产展示等空间模块营建。

　　本小节将针对上述关键性空间模块提出要素组合策略，针对关键性节点提出空间营造策略，逐步形成组团、建筑层面的"真实提质"型营建策略。

表 6-14　各类型传统村落"真实提质"型设计菜单构建

村落营建模式类型	优先级项目	拓展项目 1	拓展项目 2
偏文化—强人文关联	村民私宅模块 遗产展示模块 自然景观模块	村民私宅模块 传统建筑模块 活动广场节点 传统街巷节点 景区入口节点	村民私宅模块
偏文化—弱人文关联	传统建筑模块 遗产展示模块 自然景观模块	传统建筑模块 传统街巷节点 景区入口节点	村民私宅模块 活动广场节点
偏商业—强人文关联	村民私宅模块 传统建筑模块 遗产展示模块	自然景观模块 自然景观模块 活动广场节点 景区入口节点	遗产展示模块 自然景观模块 传统街巷节点
偏商业—弱人文关联	自然景观模块 遗产展示模块 村民私宅模块	传统建筑模块 遗产展示模块 传统街巷节点 景区入口节点	村民私宅模块 遗产展示模块 活动广场节点

第七章

基于 "真实体验" 的营建策略推导

一、基于"真实体验"的营建程序、主体及原则

(一) 营建程序

为促进游客的"真实体验"，传统村落旅游服务空间营建不应是"遗产展示—商业配置"主导下的、专注于物质遗产展示与经济盈利的简单性营建，而应该是一个由政府或旅游公司主导、村民积极参与、多方协作的经营过程。

图 7-1 为传统村落"真实性营建"的一般性程序。结合村落旅游规划的一般方法及游客的"真实体验"特征，"真实性营建"程序包含上位规划、模式判定、方案设计、营建调控四个阶段。

(1) 发展模式制定

由地方政府主导的上位规划通过景区级别设定、投资模式选择、营建理念植入，对村落"真实性营建"产生关键性影响。

首先，旅游资源条件是村落景区级别设定的重要依据。部分村落资源条件良好，多形成相对独立的景区村落。然而，更多传统村落资源条件有限，难以形成强势的旅游吸引力，因此多依托上位景区进行旅游发展，作为上位景区的旅游服务点之一，承载食宿接待和参观展示功能。此类村落在迎合上位景区主题外，仍需秉承"遗产保护"的基本方针，活化利用传统遗产资源，而不应忽视村落特色遗产资源，导致外来文化入侵。

其次，原住民生计生活的保有与延续是真实性保护的关键。旅游发展应为村民生计生活提供支持，促进更多村民返乡定居，而不能以旅游

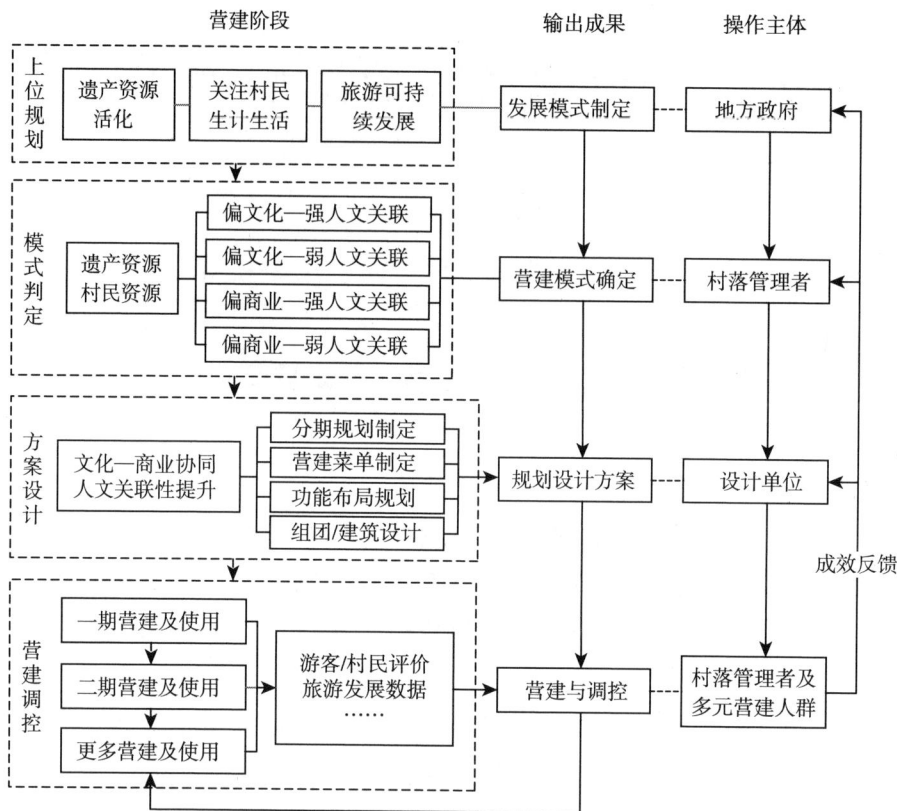

图 7-1 传统村落旅游服务空间的"真实性营建"程序图示

开发商的利益为主导，形成商品化、标准化的"旅游飞地"①。因此传统村落的投资模式选择需保障村民的基本利益。

最后，旅游服务空间营建理念应"以人为本"。游客作为旅游服务的接收者，亦是村落旅游收益主要贡献者，游客满意是村落旅游可持续发展的基础，因此，应关注并促进游客的"真实体验"，满足其基础性及高层级心理需求（图 7-2）。

（2）营建模式确定

传统村落"真实性营建"包含偏文化—强人文关联型、偏文化—弱

———————————

① 旅游飞地现象是指外来资本掌控旅游设施的所有权，游客旅行方式高度定向，且与当地居民接触较少，旅游业为当地居民提供的就业机会极少。

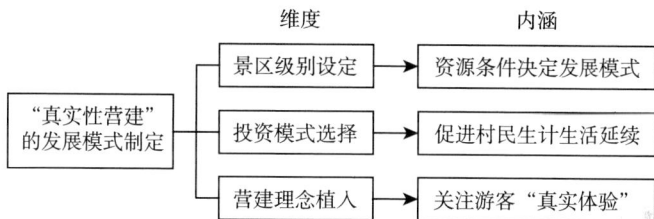

图 7-2　"真实性营建"发展模式制定的维度及内涵图示

人文关联型、偏商业—强人文关联型、偏商业—弱人文关联型等营建模式，在交由设计单位进行方案规划设计之前，村落管理者应结合村落资源条件对适宜的营建模式进行判定，对村落未来发展路径进行预判，为规划设计工作提供参考。

（3）规划设计方案

从村域规划、建筑设计二元尺度，提出"真实性营建"策略。从规划导控维度出发，构建"定性—定类—定位"的规划导控策略，实现传统村落的"真实增效"。首先，根据传统村落资源条件，结合旅游服务空间的营建模式类型，进行营建的"定性"判定，从时间维度上对传统村落旅游服务空间营建的优先级进行分期规划；其次，针对各类型村落，制定具有针对性的"真实性营建"菜单，确定旅游服务空间营建的功能类型；最后，结合各类型村落空间特征，将"真实性营建"项目落地，形成"基础—拓展—延伸"层级游线，构建空间功能布局模式，建立点—面、新—旧协调的传统风貌营建策略。

从建筑设计维度出发，基于"真实体验"要素菜单，识别关键的"真实性营建"空间模块与节点，一般涉及建筑遗产展示、传统建筑食宿接待/零售设施、兼做食宿接待的村民私宅、关键公共活动场地等场所空间。进而结合村落的实际空间现状，针对性地提出空间组合与设计方案。

（4）营建与调控

传统村落旅游服务空间营建具有长期性、分期营建的特征，村落管理者需在村落旅游服务空间营建的漫长过程中对其进行适宜性引导与调节，逐步实现传统村落的"真实增效"。部分传统村落可能在旅游发展之初面临村民外流、资源缺乏的困境，村落管理者须基于各营建项目的

"轻重缓急"进行分批次营建。此外,在每一批次旅游服务空间营建完成并投入使用后,可针对游客、村民进行环境评价调查,了解主客二元人群的需求变化,再结合旅游发展数据,进行综合性评估反馈。调研中呈现出的问题、矛盾可在未来营建项目中进行及时性调整与纠偏。

(二)营建主体

"真实性营建"要素相关联的营建主体主要包含政府(管理部门、文保部门)、旅游公司、村民、外来经营者、非遗传承人等(表7-1)。其中,政府、旅游公司、村民等涉及多项空间要素营建,是关键性"真实性营建"主体。

表7-1　各"真实性营建"要素的关联营建主体

	空间要素	政府	旅游公司	村民	外来经营者	非遗传承人
基础型营建	S6 特色食宿设施		•	•	•	
	W1 建筑遗产展示	•	•			
	W2 非遗动态展示及制作体验	•	•			•
	W3 历史要素的展示	•	•			
	W4 菜园、农家庭院的展示			•		
	W5 农事体验功能		•		•	
	W7 新建筑彰显传统营建技艺	•		•		
	W10 对历史、技艺等的静态展示	•	•			
	W12 户外观景设施	•	•			
	S1 农家乐设施			•		
	S4 日常零售店铺			•		
	W11 自然场所修筑游憩设施并展示	•	•			
	W8 新老区尺度/形态/风貌协调	•		•		
拓展型营建	S5 利用厅堂/天井营造交往空间			•	•	
	W6 公共场所村民日常生活展示	•		•		
	W14 景区入口接待标志物设施	•	•			
	S7 传统建筑内舒适度提升			•	•	
	S9 传统室内装饰风格			•	•	
	S3. 土特产商店		•	•		
	S10 传统风格的家具陈设			•	•	
	W13 街巷立面装饰乡土元素物件	•	•			

（1）政府主导营建

政府部门涉及多项旅游服务空间营建项目，包含各项文化遗产资源展示、村落公共空间/自然景观场所内设施配置、村落风貌管控等营建维度。

文化遗产展示维度的营建中，在"营"（管理经营）的维度下，闲置建筑的产权转化是遗产活化利用的前提。政府管理者应在旅游策划阶段，明晰主要游览区内传统建筑的产权归属。对于适宜改造为旅游服务设施且建筑产权仍归属私人的建筑，当地政府应出面协调，了解村民旅游参与的意愿。若村民旅游参与意愿较低，可通过租赁、购买等方式收回建筑产权。在"建"（空间营造）的维度下，应促进更多遗产资源的转化利用。如将更多建筑质量良好的祠堂、大宅院等历史建筑开发为参观展览景点、旅游服务设施，赋予非物质文化新的功能和效益，设置更多深度体验型文化展示项目等。

各类活动场所修建、游憩设施配置等多由政府营建。此类设施配置需考虑村民、游客二元人群的使用需求。结合游客"真实体验"要素菜单的同时，还需重点考察当地村民的环境行为，促使配建设施能够同时服务于游客、村民二元人群。游憩类设施配置在考虑各类设施在各个地点配建优先级别的同时，亦需权衡不同设计形式下的美观度及营建和维护成本，争取以较少的资金投入取得最优的营建成效。

（2）村民的日常式营建

与村民生活文化相关联的旅游服务空间营建包含食宿接待、依托自宅的生活空间营建等。这些营建项目依赖于村民的支持与参与。村民积极参与旅游业、适当保持传统农耕习惯、提供多元主客交流平台等措施是营建的关键。

管理部门可积极引导村民进行相关旅游服务空间的营建。政府可采用提供培训、补助等措施引导、促进旅游参与，在旅游发展中协调多元营建主体利益，优先保证村民的基本权益，以促进村民的旅游参与；政府应鼓励、引导村民坚持小规模农业生产（如种菜、种植瓜果等），保持部分适宜的传统乡村生活模式，引导村民或村集体基于农家庭院、农家乐、农田、公共活动场地等空间设立主客多元模式的交流平台，让游客有机会观摩、体验到传统村落"原汁原味"的特色文化，提升游客的"真实体验"。

（3）旅游公司主导营建

部分传统村落（如杭州新叶村）是由旅游公司主导进行旅游发展与

旅游服务空间营建，旅游公司主要对各文化遗产展览空间进行营建，对主要巷道、入口节点、景观节点空间进行设施配置与装饰。此外，旅游公司还可能主导经营特色食宿、农事体验等营利性项目。

旅游公司需秉承村落保护、社区和谐的基本原则，进行适度营建。一方面，不应损害文化遗产、破坏村落风貌，杜绝引入与村落本源文化无关的功能业态；另一方面，在进行农事体验、特色食宿接待中，应加强与村民的合作，避免出现恶性竞争。广场等公共场所设施配置需考虑村民的需求与使用。政府管理者需对旅游公司营建项目进行监管，在确保文化遗产保护的同时，对多元主体矛盾进行协调。

（三）营建原则

本书以提升游客"真实体验"（需求及真实感知）为目标导向，探索针对性的传统村落旅游服务空间"真实性营建"方法，以期能够协调文化真实性与商业化发展的潜在矛盾，构建具有高度人文关联性的、促进村民生活生计延续的适宜性营建策略。基于"真实性营建"机制，可归纳总结出以下三项营建原则。

（1）多元文化展示、商业限类提质

在文化—商业的二元平衡关系中，文化要素更能增强游客的"真实体验"。除传统的遗产空间、非遗文化等展示功能外，部分游客还青睐于自然景观、村民生活等多元文化要素。多元文化展示是促进游客"真实体验"的基础，亦是旅游服务空间"真实性营建"的首要原则。

（2）增强主客关联互动

通过调研分析可知，诸多游客看重村民真实的生活生计文化，旅游服务空间人文关联性的强弱直接影响到游客对传统村落真实性的体验。因此，为提升游客的"真实体验"，在旅游服务空间营建中，应通过各项措施增强主客关联互动。

（3）分类型、长期性、层级性营建

首先，分类型的旅游服务空间营建极为关键。"真实性营建"与村域资源条件、空间形态等要素紧密关联。村落资源条件决定了村落营建项目（功能、设计）类型的选择，进而结合村落实际空间条件，可确定

实际营建中旅游服务空间功能布局、设计营造。其次，传统村落往往建设资金有限，且建设周期较长，难以在短时间满足游客的各项游览需求。因此，旅游服务空间营建项目应基于需求的 "轻重缓急" 进行排序建设。在有限的资源条件下，应优先营建大多数游客高度需求的 "基础型" 项目，后营建个别游客群体需要的 "拓展型" 项目。优先满足游客的基本游览需求，后满足游客真实性感知的心理需求。可结合具体情况制定长期性营建计划，逐步实现旅游服务空间 "真实体验" 的提质增效。

秉承 "多元文化展示/商业限类提质、增强主客互动、分类型/长期性/层次性营建" 的基本原则，浙江传统村落旅游服务空间 "真实增效" 型规划导控可从共时性、历时性双重维度展开，将依据 "营建模式定性—营建要素定类—营建项目定位" 三个层级逐步深入推导。具体导控思路如图 7-3 所示。

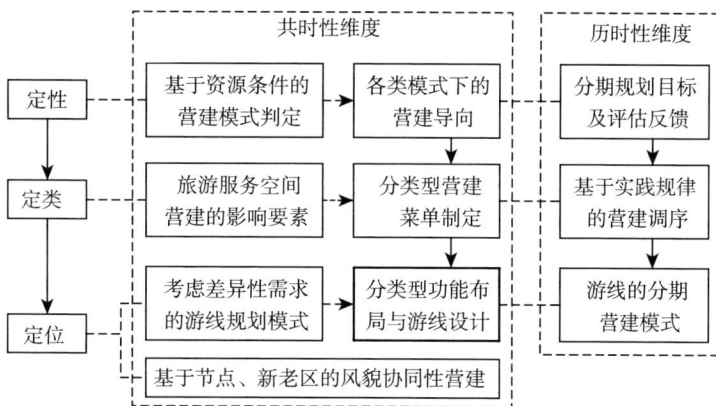

图 7-3　浙江传统村落旅游服务空间 "真实增效" 型规划导控

二、定性：基于资源条件的村落定类及规划定向

(一) 基于资源条件的营建导向

(1) 分类判定依据

浙江传统村落的资源条件各异，需依据各村落实际情况对旅游服务

空间营建模式进行预判，为适宜的旅游服务功能配置提供参考。分类判
定依据包含传统建（构）筑物资源、村民驻留及旅游参与情况等。核心
保护区面积较大（参考本书案例村落情况，大于 150 000 平方米）、遗产
资源数量较多（参考本书案例村落情况，各类评级的物质和非物质遗产
项目之和超过 30 项）的传统村落可归类于"偏文化"型营建模式，其余
村落则归类于"偏商业"型营建模式。原住民驻留人数较多、旅游参与
度高（参考本书案例村落情况，有超过半数村民驻留村内，且积极开店
经营）的村落可归类于"强人文关联"型村落，反之则可归类至"弱人
文关联"型村落（图 7-4）。通过分类即形成"偏文化—强人文关联"
"偏文化—弱人文关联""偏商业—强人文关联""偏商业—弱人文关联"
四种类型的传统村落旅游服务空间营建模式。该分类基于资源调查的初
步预判，为旅游服务空间营建提供基本导向性参考。

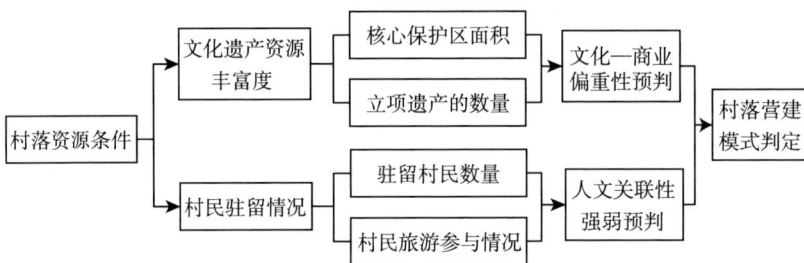

图 7-4　传统村落旅游服务空间营建模式的判定流程

(2) 各模式下的"真实性营建"导向

基于各类型传统村落的资源条件，结合对案例村落营建现状的调研，对
各类型模式下"真实性营建"的优势、挑战、营建导向进行总结（表 7-2）。
其中，"偏文化—强人文关联"型村落优势显著，其挑战在于村落面积太
大，涉及的要素多元复杂，因此需制定详细的分批次、分层级的营建方
案。"偏文化—弱人文关联"型村落旅游资源丰富，但可能驻留村民数量
较少或旅游参与度低，商业配置可能难以满足游客基本需求，此类村落
常引入外来经营者进行旅游经营，但需对业态类型进行把控，在旅游发
展中逐步引导村民返乡创业。"偏商业—强人文关联"型村落可能多为
"民宿村"，主客互动度高，其挑战在于村内文化遗产展示要素可能相对

较少，旅游经营或大幅度改变村民传统生计生活方式。因此，在旅游服务设施营建中，一方面应深入挖掘村落文化，增强文化展示功能，另一方面需对村民进行适宜引导，鼓励其保持部分传统生计生活模式（如种菜、公共活动等）。适宜进行旅游发展的"偏商业—弱人文关联"型村落一般包含优质的自然景观资源，或毗邻上位景区，具有良好的区位条件。然而从"真实性营建"的维度出发，这些村落需进行更多维度的营建调节，如深入挖掘村落传统文化、增强文化展示功能、吸引村民返乡创业、对商业业态类型进行把控等。

表 7-2　各类型营建模式下优势、劣势及营建导向统计表

旅游服务空间营建模式	优势	挑战	营建导向
偏文化—强人文关联	可以为游客提供丰富的文化遗产展示、营造高人文关联性旅游服务空间	村落面积较大，涉及的营建要素、营建人群类型更多，规划设计工作复杂性更高	制定详细的分批次、分层级的功能布局与空间营造方案
偏文化—弱人文关联	可以为游客提供丰富的文化遗产展示	旅游服务空间人文关联性弱，村民旅游参与度低；村落商业配置不能满足游客需求	通过旅游发展逐步吸引村民返乡创业；引入外来经营者但对业态类型进行把控
偏商业—强人文关联	主客互动度高	文化遗产展示要素可能相对较少；旅游经营或大幅度改变村民传统生计生活方式	深入挖掘村落传统文化，增强文化展示功能；引导村民坚持部分传统生活生计方式
偏商业—弱人文关联	村落多包含优质的自然景观资源，或毗邻高层级旅游景区	旅游服务空间人文关联性弱，村民旅游参与度低；外来经营者的进驻、经营或引入不适宜的功能业态	吸引村民返乡创业；深入挖掘村落传统文化，增强文化展示功能；对商业业态类型进行把控

（二）分期引导与反馈调节

传统村落旅游发展具有长期性、分期营建的特点，历时维度下的

"真实增效"型引导关键且必要。传统村落旅游服务空间营建极具复杂性，除了村落资源条件具有差异性、营建要素及主体多元复杂外，历时维度下还存在市场环境的动态不确定性，如外来投资意向、政策导向（如疫情管控）、经济条件等的变化等可能会影响旅游服务空间的营建。此外，游客的需求与品位亦可能发生改变。基于传统村落旅游发展特征，历时维度下旅游服务空间"真实性营建"包含以下两项工作：一是基于村落营建模式类型制定前、中、后期规划；二是构建分期营建中的反馈—调节机制。

（1）各类型村落"真实增效"型分期规划目标

"偏文化—强人文关联"型村落资源条件较好，旅游服务空间营建以村民为主导，兼有外来经营者参与经营。在旅游发展初期，除配建基本旅游服务设施外，可基于"真实性营建"菜单，完成基础型旅游服务空间营建；在旅游发展中期进行拓展型营建项目营建，并对村落内商业业态类型进行管控；旅游发展后期需保持村民稳定的生计生活状态，保持村落活态延续。

"偏文化—弱人文关联"型村落由于村民外流严重，前期只能以外来经营者为主导，中后期由外来经营者、村民共同主导。前期需进行基本旅游设施配建及部分（易于营建的）基础型项目营建；中期应吸引部分村民返乡创业，开设食宿接待设施，进一步完善基础型营建项目；后期进行拓展型项目的营建。

"偏商业—强人文关联"型村落以村民为主导，旅游发展中后期或兼有少量外来经营者。旅游发展前期需进行基本接待服务设施配置和部分（易于实现的）基础性项目营建；旅游发展中期须对村民进行适宜性引导，鼓励其坚持部分传统生计生活模式（如种菜、公共活动等），同时需增强村落的文化展示功能；旅游发展后期可进行拓展型项目营建，并保持村民稳定的生计生活状态。

"偏商业—弱人文关联"型村落由于村民外流严重，前期以外来经营者为主导，中后期由外来经营者、村民共同主导。旅游发展前期需进行基本接待服务设施配置和部分（易于实现的）基础性项目营建；中期需吸引部分村民返乡创业，开设食宿接待设施，并逐步增强文化展示功能；

后期可着手进行拓展型项目营建。此类型村落旅游发展前、中、后期均需对商业业态类型进行把控（表7-3）。

表7-3   各类型村落"真实性营建"的前、中、后期规划目标

旅游服务空间营建模式	主导营建者	前期规划	中期规划	后期规划
偏文化—强人文关联	以村民为主导，旅游发展中后期兼有少量外来经营者	基本接待服务设施配置；进行基础型项目的营建	拓展型项目，把控商业业态类型	保持村民稳定的生计生活状态
偏文化—弱人文关联	前期以外来经营者为主，中后期由外来经营者、村民共同主导	基本接待服务设施配置；进行易于实现的基础性项目的营建建	吸引部分村民返乡创业，开设食宿接待设施；拓展型项目营建	拓展型项目营建
偏商业—强人文关联	以村民为主导，旅游发展中后期兼有少量外来经营者	基本接待服务设施配置；进行易于实现的基础性营建项目的营建	引导村民坚持部分传统生计生活模式；增强文化展示功能；拓展型项目营建	拓展型项目营建；保持村民稳定的生计生活状态
偏商业—弱人文关联	前期以外来经营者为主导，中后期由外来经营者、村民共同主导	基本接待服务设施配置；进行易于实现的基础性项目的营建；把控商业业态类型	吸引部分村民返乡创业，开设食宿接待设施；增强文化展示功能；把控商业业态类型	拓展型项目营建；把控商业业态类型

（2）基于评估—反馈的营建调节

在旅游发展中，传统村落的游客量与需求处于动态变化中，对旅游服务空间的要求亦会发生变化。因此，传统村落营建者有必要定期（如每批次营建完成后）对村落内游客的需求与真实性感知进行评测，基于评测结果进行优化性营建。可从定类、定量、定位三维度展开评估—反馈的营建调节（表7-4）。

表 7-4 ××村旅游服务空间营建评价问卷（20××年度）

第一部分：营建项目的定类分析

项目	需求度					真实性感知				
	非常需要	需要	无所谓	不需要	非常不需要	非常真实	真实	一般	不真实	非常不真实
1. 传统手工艺工坊										
2. 非遗项目的 VR 体验										
3. 茶馆设施										
……										

第二部分：营建项目的定量分析

项目	现有营建规模（数量、面积）是否适宜（满足需求）				
	非常过剩	略微过剩	适宜	略微不足	非常不足
1. 对多元历史环境要素的展示					
2. 活动场地设置有游憩设施（休息座椅、凉亭等）					
3. 菜园、农家庭院的展示					
4. 风格统一、信息清晰、覆盖全面的标识系统					
5. 夜间具有适宜的照明设施					
……					

第三部分：营建项目的定位分析

××村旅游服务空间布局图示	问题
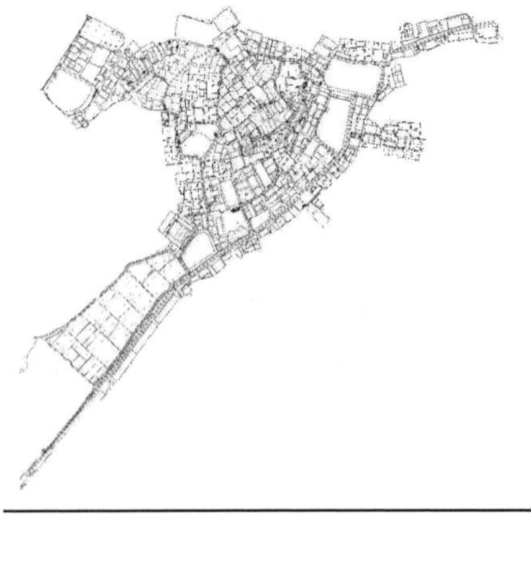	请结合××村的地图以及您的实际需求与真实性感知（对村落原汁原味特色的感知），圈出您认为旅游服务空间营建、旅游服务设施配置不完善之处，并提出改进意见。 改进意见一： 改进意见二： 改进意见三：

　　"定类"评测是了解游客在新时期对营建类型的需求，旨在对问卷指标体系进行适宜性增减，可在指标中加入旅游发展中涌现的新型业态类型，选择性列入村落当前阶段旅游发展最关注的、可能对游客"真实体验"产生关键影响的营建项目，删减掉景区内已经建设完善的营建项目。值得注意的是，营建项目需符合传统村落的保护规范、法规。可通过量表打分来衡量各项旅游服务空间营建要素的需求与真实性感知程度。

　　"定量"评测是指基于村落初期各类旅游服务空间营建的数量、规模，以及景区内游客的数量、活动，从游客主观维度出发衡量旅游服务空间的供给是否满足需求。可通过量表打分来衡量各项旅游服务空间规模是否适宜。

　　"定位"评测是指基于村落营建现状，让游客提出具体性营建意见或建议：如说明在村落哪个位置具体缺乏什么类型的旅游服务设施或旅游服务功能。在调研中，可为游客提供传统村落地图，通过半结构式问题来获取游客的主观体验。

三、定类：基于实践特征的层级性营建菜单定制

(一) 关联性影响要素

(1) 旅游服务空间营建的关联性影响要素

　　传统村落"真实性营建"中主要包含功能、设计二元营建类型，游客的"真实体验"评测为各空间营建项目的相对重要性提供了排序建议。然而，本文所形成的空间要素菜单并不能直接指导旅游服务空间营建，所列举的空间营建项目仍受到村落其他空间条件（如村落原有格局、保护分区）、资源条件等的制约。因此，需基于村落资源条件与"真实性营建"要素的潜在关联，才能提出更具现实指导意义的营建策略。

　　在建筑尺度下旅游服务空间的营建中，除满足游客各项需求与真实性感知外，需考虑多元人群的需求，如村民日常生活需求与游客旅游接待需求。此外，诸多旅游服务空间依托传统建（构）筑物等空间设立，在改造设计中，须考虑传统建筑的形制、性能，在遗产保护的框架内制定适宜的空间形态改造、性能提升策略。

(2) 结合难易度的文化展示类营建

多元文化展示对传统村落游客的"真实体验"具有关键性意义。多元文化类型包含物质遗产、自然景观、村民生计生活、传统技艺等。然而，各文化类营建项目的难易程度、营建成本、运营成本并不相同。在实践中，可优先营建较为容易的物质空间，将营建难度稍大的文化展示类项目置于中期规划范畴中，而将难度最大的营建项目纳入远期规划的范畴中，并在旅游发展过程中积极探索可能的实施路径。

在多元文化展示中，物质性遗产、自然景观、场所节点的静态展示项目营建最易实现，在当下浙江传统村落内也最为常见。其中，建（构）筑物遗产可根据保护等级进行修缮，在遗产空间内可置入展板、静物等静态展示设施，相关营建项目包含建筑遗产展示、历史要素的展示、对历史/技艺等的静态展示。自然景观展示类营建可通过选择适宜性观景点并进行设施配置完成，相关营建项目包含自然场所修筑游憩设施并展示、户外观景设施。场所节点营建内容包含一次性配建及定期修复，相关营建要素包含街巷立面装饰乡土元素物件、景区入口接待标志物设施（表7－5）。

表7－5　多元文化展示项目中的营建难易度类型划分

营建难度	营建项目	展示类型	主要营建任务
简单	W1 建筑遗产展示 W3 历史要素的展示 W10 对历史、技艺等的静态展示 W11 自然场所修筑游憩设施并展示 W12 户外观景设施 W13 街巷立面装饰乡土元素物件 W14 景区入口接待标志物设施	物质遗产静态展示 自然景观静态展示	物质遗产修葺、设立室内展示物品及展板 选择适宜性观景、游憩场所，并营建游憩设施 对重要场所节点（景区入口、传统街巷）进行空间营造
较难	W2 非遗动态展示及制作体验 W4 菜园、农家庭院的展示 W5 农事体验功能 W6 公共场所村民日常生活展示 W8 新老区尺度/形态/风貌协调	村民生计生活文化动静态展示	引导村民返乡定居、创业 引导村民坚持部分传统生活方式
难	W7 新建建筑彰显传统营建技艺	传统技艺的延续与创新	专业人员在充分了解传统营建技艺，并结合村民人居需求，提出创新型营建策略

部分营建项目有赖于营建者长期、频繁的运营维护，营建难度较大。相关营建要素包含非遗动态展示及制作体验、菜园/农家庭院的展示、农事体验功能、公共场所村民日常生活展示、新老区尺度/形态/风貌协调。其中，非遗文化展示与体验需要前期的挖掘与业态设计，动态体验项目还需要非遗传承人的讲解与指导，整体而言运营成本较大，若无高额的利润收益，则难以长久存在。菜园、农家庭院属于村民私人空间，需要村民的同意才能用于参观展示（如拆除庭院围墙等），且需要村民长期管理、维护，以保持庭院、菜园美观的状态。菜园、农家庭院展示一般适合设置在进行旅游经营的村民的私有空间中，结合农家乐一起设立。村民生活展示与交流的前提是村民生活在传统村落内，且保持部分传统生活习惯。然而，当下传统村落的人口流失较为严重，村民多外出务工，仅逢年过节返回村内短暂居住。且受到城市文化影响，村落多放弃传统生活、生产模式，而趋向于现代化的生活模式，因此需引导、促进村民驻留传统村落并保持部分传统生活模式。

新建建筑彰显传统营建技艺的营建难度最大。核心保护区外的新建建筑多为村民住宅，村民倾向于采用新材料建设"欧式洋房"。如何识别优秀传统技艺，并加以推广，形成在地性实践仍需要建筑学者的深入研究与探索。

综上，基于文化展示型空间要素营建的相对难易度，可对真实性营建项目的先后顺序进行适宜性调整，结合村落实际资源现状，部分空间要素可优先营建，其他条件不完备的文化展示要素可推后营建。

（二）分类型的营建菜单制定

基于不同类型村落的资源条件，其"真实性营建"菜单也具有差异性。本小节基于四种村落的资源条件、营建模式类型，结合第四章推导得出的、具有一定普适性的"真实体验"要素层级性菜单，分类制定更具针对性的"真实性营建"菜单。

（1）"偏文化—强人文关联"型村落"真实性营建"菜单

"偏文化—强人文关联"型村落包含优质的资源条件，村内有较多驻留村民，适宜于大多数空间项目的营建。笔者基于文化展示类要素营建的难易程度，将非遗动态展示及体验、菜园/农家庭院展示移至拓展项目1中，而将公共场所村民日常生活展示、新建建筑彰显传统营建技艺移至拓展项目2中。其中，"新老区尺度/形态/风貌协调"是村落保护的基本项目，亦会为到访村民留下直接印象，因此归类至优先级营建项目。

综上，"偏文化—强人文关联"型村落的"真实性营建"菜单中的优先级营建项目包含食宿接待、遗产静态展示、自然景观展示等内容，拓展项目1中包含多元文化展示、商业服务空间室内营建、入口/巷道营建等，拓展项目2中包含难度较大的文化展示类营建项目，如新建建筑彰显传统营建技艺（表7-6）。

表7-6 "偏文化—强人文关联"型村落"真实性营建"菜单

	优先级项目	拓展项目1	拓展项目2
营建内容	食宿接待、遗产静态展示、自然景观展示	多元文化展示、商业服务空间室内营建、入口/巷道营建	难度较大的文化展示类项目
营建要素	S1 农家乐设施 S4 日常零售店铺 S6 特色食宿设施 W1 建筑遗产展示 W3 多元历史要素的展示 W5 农事体验功能 W8 新老区尺度/形态/风貌协调 W10 对历史、技艺等的静态展示 W11 自然场所修筑游憩设施并展示 W12 户外观景设施	S3 土特产商店 S5 利用厅堂/天井等营造交往空间 S7 传统建筑内舒适度提升 S9 传统室内装饰风格 S10 传统风格的家具陈设 W2 非遗动态展示及制作体验 W4 菜园、农家庭院的展示 W6 公共场所村民日常生活展示 W13 街巷立面装饰乡土元素物件 W14 景区入口接待标志物设施	W7 新建建筑彰显传统营建技艺

（2）"偏文化—弱人文关联"型村落"真实性营建"菜单

"偏文化—弱人文关联"型村落内多包含优质的传统建（构）筑物资源，但原住民驻留率、旅游参与度较低。因此，在旅游发展初期，可优先营建物质遗产静态展示、自然景观展示等项目，引入外来经营者营建食宿接待设施。在旅游发展中后期，逐步吸引村民返乡创业，提升旅游服务空间的人文关联性。因此"偏文化—弱人文关联"型村落"真实性营建"菜单将特色食宿接待、遗产静态展示、自然景观展示列为优先级项目；将多元文化展示、商业服务空间室内营建、入口/巷道营建列为拓展项目1，而将强人文关联性项目、营建难度较大的项目列为拓展项目2（表7-7）。

表7-7　"偏文化—弱人文关联"型村落"真实性营建"菜单

	优先级项目	拓展项目1	拓展项目2
营建内容	特色食宿接待、遗产静态展示、自然景观展示	多元文化展示、商业服务空间室内营建、入口/巷道营建	强人文关联性项目、难度较大的营建项目
营建要素	S4 日常零售店铺 S6 特色食宿设施 W1 建筑遗产展示 W3 多元历史要素的展示 W5 农事体验功能 W8 新老区尺度/形态/风貌协调 W10 对历史、技艺等的静态展示 W11 自然场所修筑游憩设施并展示 W12 户外观景设施	S3 土特产商店 S5 利用厅堂/天井等营造交往空间 S7 传统建筑内舒适度提升 S9 传统室内装饰风格 S10 传统风格的家具陈设 W13 街巷立面装饰乡土元素物件 W14 景区入口接待标志物设施	S1 农家乐设施 W2 非遗动态展示及制作体验 W4 菜园、农家庭院的展示 W6 公共场所村民日常生活展示 W7 新建建筑彰显传统营建技艺

（3）"偏商业—强人文关联"型村落"真实性营建"菜单

"偏商业—强人文关联"型村落内村民驻留率高、旅游参与度高，村民多依托自宅进行食宿接待，形成"民宿村"。基于旅游发展客观规律，在旅游发展初期，此类村落多重点进行食宿设施的功能、设计类营建，并进行简单的建筑遗产展示与风貌协调管控。在旅游发展中后期，可进行多元文化展示，完善景区入口营建、自然景观展示等项目建设，进一步提升游客的"真实体验"。因此，"偏商业—强人文关联"型村落"真实性营建"菜单中的优先级项目包含食宿接待功能及设计性营建、生活文化展示等内容，拓展项目1包含自然景观展示及入口接待，拓展项目2包含多元文化展示等内容（表7-8）。

表 7-8　"偏商业—强人文关联"型村落"真实性营建"菜单

	优先级项目	拓展项目 1	拓展项目 2
营建内容	食宿接待功能及设计、生活文化展示	入口营建、自然景观展示	多元文化展示、难度较大的营建项目
营建要素	S1 农家乐设施 S4 日常零售店铺 S5 利用厅堂/天井等营造交往空间 S6 特色食宿设施 S7 传统建筑内舒适度提升 S9 传统室内装饰风格 S10 传统风格的家具陈设 W1 建筑遗产展示 W4 菜园、农家庭院的展示 W8 新老区尺度/形态/风貌协调	S3 土特产商店 W6 公共场所村民日常生活展示 W11 自然场所修筑游憩设施并展示 W12 户外观景设施 W14 景区入口接待标志物设施	W2 非遗动态展示及制作体验 W3 多元历史要素的展示 W5 农事体验功能 W7 新建建筑彰显传统营建技艺 W10 对历史、技艺等的静态展示 W13 街巷立面装饰乡土元素物件

(4) "偏商业—弱人文关联"型村落"真实性营建"菜单

"偏商业—弱人文关联"型村落包含的传统建（构）筑物资源较少，原住民驻留率、旅游参与度较低。此类村落多包含优质自然景观资源，或毗邻高级别景区。基于旅游发展客观规律，在旅游发展初期，此类村落应重点进行商业营利型设施（如食宿设施、零售）的配建与自然景观展示空间（平台）的营建，且多需引入外来经营者进驻经营。在旅游发展中后期，为提升游客"真实体验"，一方面应逐步吸引村民返乡创业，提升旅游服务空间的人文关联性；另一方面应进行更多传统文化的发掘与展示。此外，通过调研可知，"偏商业—弱人文关联"型村落内游客对"传统建筑舒适度提升"的需求度相对较高、标准差相对较低，因此将 S7 要素移至优先级项目内。综上，"偏商业—弱人文关联"型村落"真实性营建"菜单的优先级项目包含食宿接待与自然景观展示，拓展项目 1 包含多元文化遗产展示、商业服务内空间营建、入口营建等内容，拓展项目 2 则包含强人文关联性项目，由返乡村民主导营建（表 7-9）。

表 7-9　"偏商业—弱人文关联"型村落"真实性营建"菜单

	优先级项目	拓展项目1	拓展项目2
营建内容	食宿接待、零售、自然景观展示	多元文化遗产展示、商业服务空间室内营建、入口营建	强人文关联性项目、难度较大的营建项目
营建要素	S3 土特产商店 S4 日常零售店铺 S6 特色食宿设施 S7 传统建筑内舒适度提升 W1 建筑遗产展示 W5 农事体验功能 W8 新老区尺度/形态/风貌协调 W11 自然场所修筑游憩设施并展示 W12 户外观景设施	S5 利用厅堂/天井等营造交往空间 S9 传统室内装饰风格 S10 传统风格的家具陈设 W3 多元历史要素的展示 W10 对历史、技艺等的静态展示 W13 街巷立面装饰乡土元素物件 W14 景区入口接待标志物设施	S1 农家乐设施 W2 非遗动态展示及制作体验 W4 菜园、农家庭院的展示 W6 公共场所村民日常生活展示 W7 新建建筑彰显传统营建技艺

四、定位：结合空间结构的层级性布局与风貌协调

（一）考虑多元体验的分类分期型游线规划

（1）"基础—拓展—延伸"的层次性游线规划

传统村落内包含多元类型游客，通过调研分析，识别出古村爱好者、普通旅游者、真实文化追求者三种游客类型，各类人群的需求、真实性感知、旅行特征亦存在差异。普通旅游者适合最基础性的观光游览线路，古村爱好者及真实文化追求者则可能有深入游览体验的需求。因此，在游览线路的布局规划中，可通过多层次游览线路的设计（基础游线、拓展游线、延伸游线），满足多元类型游客的需求。

基础游览线路适合所有游客，是到访游客的必经线路。基于"真实性营建"菜单可知，基础型游线应当串联多元类型传统遗产展示项目、村落内重要公共活动场地（广场、水塘等）、重要观景点等，并延展至村落内的食宿接待设施（农家乐）。此类游线主要布置在传统村落的主要游览区内（一般位于核心保护区范围内），将游客引导至村庄内外的重要节点处。

拓展游线主要面向古村爱好者及真实文化追求者，为其提供深度体验传统村落真实性（即村民生计生活）的游览路径。该游线串联村庄内村民日常生活的重要节点，包括村民主要活动广场、洗涤水塘、仍在使用的古井、村民日常集会场所（如喝早茶场所、集市场所等）。此外，还应选择适宜的村民庭院、菜园、农田供游客参观、游憩，建立更多村民与游客交流的平台。村民则可依托来往客流进行零售服务、食宿接待、农事体验接待等经营活动。

延伸游线主要针对在传统村落内停留时间较长的游客，这类游客多为古村爱好者，他们可能会在村域及其周边地区游憩，形成更加深刻的旅游体验。此类游客的多日驻留能够提升其旅游花费，增加村落旅游收益，亦有助于传播村落传统文化。因此，在旅游服务空间营建中应当予以支持。针对多日留宿型游客，在配置更多深度体验项目（非遗文化体验、农事体验等）的同时，可进一步规划深度游憩线路，开辟村庄周围的自然山林空间，营建自然场所内的旅游服务空间（如观景平台、游憩平台），配置游憩设施、公共服务类设施，满足游客的多元需求。

综上，基于多元类型游客的"真实体验"，传统村落宜结合自身旅游资源，规划多层级游览路线。表7-10所示为分级游线的营建导则及布局图示。其中，基础游线、拓展游线的营建可纳入村落前期、中期规划之中，而延伸线路的营建可纳入村落中期或后期规划的范畴中。差异性的游线规划模式有助于满足多元类型游客需求，可助力传统村落的长期性、分期性营建及村落旅游的可持续发展。

(2) 各类村落游线的分期营建模式

历时维度下，各类型传统村落营建模式存在差异性。整体而言，各村落游线营建呈现"先构建基础游线，后丰富延伸"的特征。"偏文化—强人文关联"型村落传统建（构）筑物遗产丰富、村民驻留人数多，多先建设参观展示点，并形成游览线路的基本骨架，在历时发展维度下不断加以完善。"偏文化—弱人文关联"型村落内传统建（构）筑物遗产丰富，但村民多外出务工，此类村落多先在核心保护区内形成基本游线骨架，旅游发展中后期，村民返乡创业后，可向村庄范围内进行游线拓展。"偏商业—强人文关联"型村落多形成"民宿村"，此类村落多先串联传

表 7 - 10　传统村落分层级的游线规划营建导则

	基础游线	拓展游线	延伸线路
关键节点	遗产展示项目、文化体验项目、重要公共活动场地、食宿接待设施、观景平台等	村民活动广场、水塘、仍在使用中的古井、村民日常集会场所、村民庭院、菜园、农田等	自然场所内的观景平台、游憩平台等；更多文化深度体验类项目的设置
针对人群	古村爱好者、普通旅游者、真实文化追求者	古村爱好者、真实文化追求者	留宿多日的游客（多为古村爱好者）
图示	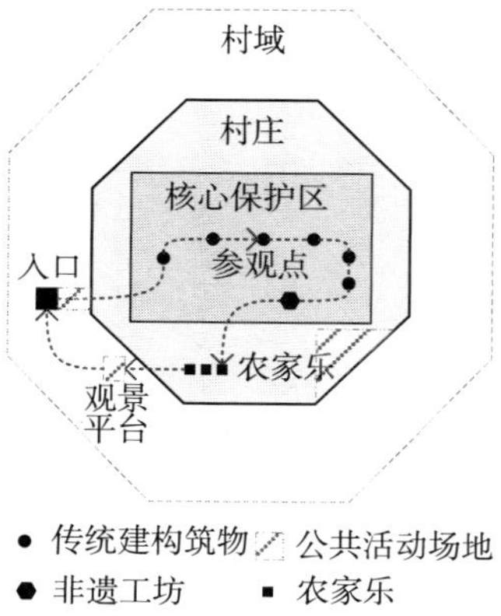 村域／村庄／核心保护区／参观点／农家乐／观景平台／入口。图例：●传统建构筑物、公共活动场地、■非遗工坊、农家乐	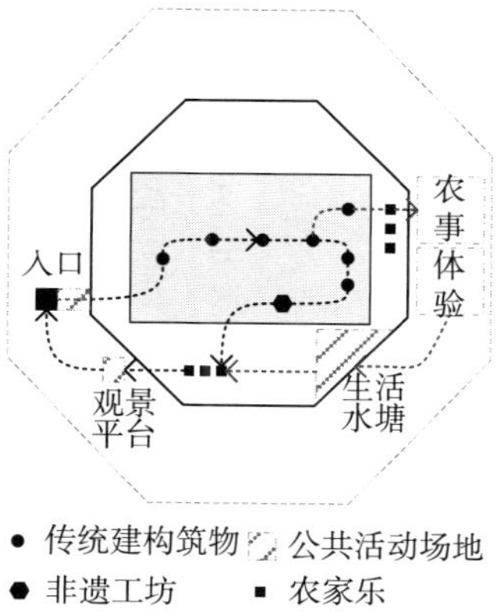 农事体验／生活水塘／观景平台／入口。图例：●传统建构筑物、公共活动场地、■非遗工坊、农家乐	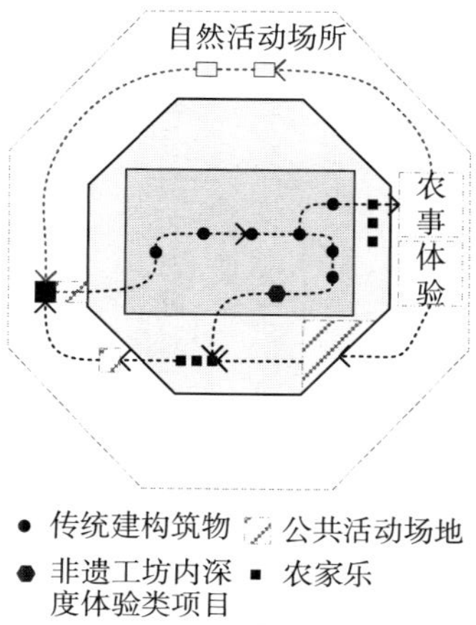 农事体验／自然活动场所／入口-口区。图例：●传统建构筑物、公共活动场地、■非遗工坊、农家乐、非遗工坊内深度体验项目、度假深度体验类项目

统街巷、主要街巷形成游览线路，后在街巷两侧增设更多旅游接待设施。
"偏商业—弱人文关联"型村落村庄面积较小，基于旅游服务空间的营建
形成基本参观游览线路，以自然景观、建筑遗产的参观展示为主。旅游
发展中后期，自然景观游线亦可联通多个村落、景点，形成上位景区的
参观展示廊道（表 7 - 11）。

（二）各类型村落的差异性功能布局模式

传统村落空间格局、资源条件的差异性，会导致不同的空间布局模式。
本小节基于村落保护分区情况、旅游资源条件、"真实性营建"菜单等，有
针对性地对"偏文化—强人文关联""偏文化—弱人文关联""偏商业—强
人文关联""偏商业—弱人文关联"型村落的功能布局特征进行总结。

（1）"偏文化—强人文关联"型：多圈层式布局

"偏文化—强人文关联"型村落内村域、核心保护区面积较大，包含丰
富的传统建（构）筑物遗产资源，驻留村民人数较多。此类型村落包含核
心保护区内、核心保护区外—村庄内、村庄外—村域内三个区域。由于资
源条件良好，旅游服务空间可能在三个区域均有分布。各项物质性遗产展
示空间、特色食宿设施等位于核心保护区内；村民主导经营的旅游服务空
间位于核心保护区外—村庄内，新老区风貌协同性也主要体现在此区域；
自然景观类旅游服务空间则分布在村庄外—村域范围内（表 7 - 12）。

（2）"偏文化—弱人文关联"型：核心保护区作为主游览区

"偏文化—弱人文关联"型村落内村域及核心保护区的面积较大，包
含丰富的传统建（构）筑物遗产资源，驻留村民人数较少。此类型村落
亦包含核心保护区内、核心保护区外—村庄内、村庄外—村域内三个区
域。在旅游发展初期，村落旅游服务空间（如各项物质性遗产展示空间、
特色食宿设施等）集中分布在核心保护区范围内。

为提升此类村落的"真实体验"，旅游发展中后期，村落的旅游服务
空间可逐步向核心保护区外延伸。如可逐步吸引原住民返乡创业，营建
更多由村民主导经营旅游服务空间（农家乐、菜园、农家庭院的展示，
公共场所村民日常生活展示，新建建筑彰显传统营建技艺），以提升旅游
服务空间的人文关联性；可基于村域内自然景观条件在村庄周边建设户

外观景、游憩设施等（表7-13）。

（3）"偏商业—强人文关联"型：食宿、展示分区布局

"偏商业—强人文关联"型村落面积适中，但核心保护区面积较小，包含传统建（构）筑物遗产资源较少。然而，村内驻留村民人数较多、多依托于自宅空间开设食宿接待设施。从村落空间结构出发，此类型村落亦包含核心保护区内、核心保护区外—村庄内、村庄外—村域内三个区域。各物质性遗产展示空间、特色食宿设施等位于核心保护区内，但此类旅游服务空间数量少、面积小；核心保护区外—村庄范围内集中分布着较多数量的农家乐设施（食宿接待设施）；村庄范围外分布着少量自然景观设施、游览设施。

"偏商业—强人文关联"型村落呈现出明显的食宿接待、文化展示分区布局的模式，大部分旅游服务空间为食宿接待空间，主要分布在村落的第二圈层区域，即核心保护区外—村庄内（表7-14）。

（4）"偏商业—弱人文关联"型：村庄内外并重型布局

"偏商业—弱人文关联"型村落村域、核心保护区面积较小，包含传统建（构）筑物遗产资源较少，村内驻留村民人数较少。此类村落多包含有优质的自然景观资源作为重要的旅游资源，且多毗邻（或隶属于）上位景区进行旅游发展。

"偏商业—弱人文关联"型村落一般包含核心保护区—村庄内、村庄外—村域内两个区域。各项特色食宿设施、文化展览点等位于村庄范围内，村庄范围外则主要分布着自然景观、观景游憩设施等。因此，村落旅游服务空间呈现出村庄内外并重的布局模式。为进一步提升"偏商业—弱人文关联"型村落游客的"真实体验"，旅游发展后期可逐步吸引原住民返乡创业，在村庄内设立农家乐等设施，提升旅游服务空间的人文关联性（表7-15）。

（三）基于节点、新老区的风貌协同性营建

与传统村落旅游服务空间营建关联的传统风貌类要素包含区域、街巷、标志物、整体风貌等类型。经分析可知，首先，村落区域扩展、街巷延伸等要素是村落发展不可避免的形态变化；其次，街巷立面大开窗、修建新商业街等不符合传统村落的保护要求，在未来营建中需加以规避；最后，基于游客评测结果可知，街巷立面增添少量商业标志、新建广场/

表 7 - 11　各类村落游线的分期营建模式

村落类型	分期营建模式特征	分期营建图示
"偏文化—强人文关联"型村落	先形成游线骨架，后填充细节，如增设更多展示参观元素，不断完善细节	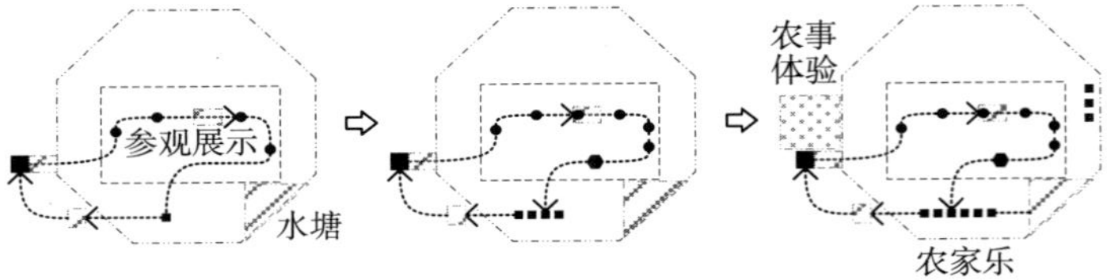 参观展示　水塘　农事体验　农家乐
"偏文化—弱人文关联"型村落	在核心保护区内先形成基础游线，后不断增添设施类型，游线向居民区扩展延伸	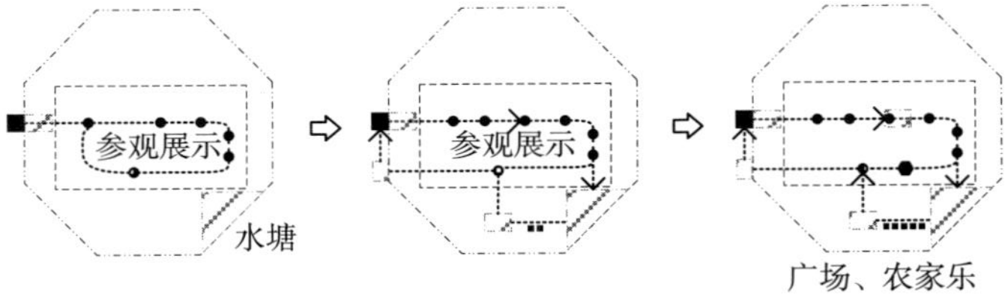 参观展示　水塘　广场、农家乐
"偏商业—强人文关联"型村落	形成基础游线后填充细节，增添更多文化展示、农事体验类项目	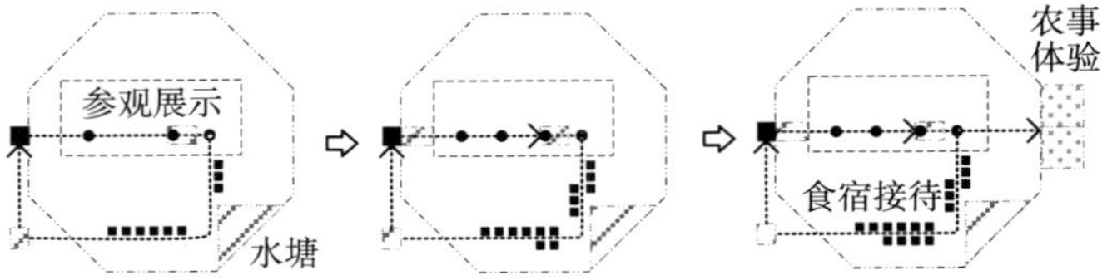 参观展示　水塘　食宿接待　农事体验
"偏商业—弱人文关联"型村落	形成基础游线后填充细节，自然景观游线向其他村落、景点延伸	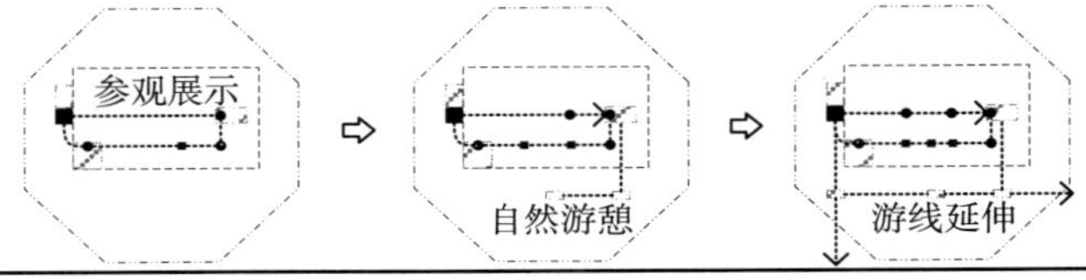 参观展示　自然游憩　游线延伸

表 7 - 12 "偏文化—强人文关联"型村落功能布局模式

功能布局模式图	区位分布	优先级营建项目	拓展型营建项目
	核心保护区内	S6 特色食宿设施 W1 建筑遗产展示 W3 多元历史要素的展示 W10 对历史、技艺等的静态展示	S3 土特产商店 S5 利用厅堂/天井等营造交往空间 S7 传统建筑内舒适度提升 S9 传统室内装饰风格 S10 传统风格的家具陈设 W2 非遗动态展示及制作体验 W6 公共场所村民日常生活展示 W13 街巷立面装饰乡土元素物件
	核心保护区外、村庄范围内	S1 农家乐设施 S4 日常零售店铺 W8 新老区尺度/形态/风貌协调	S5 利用厅堂/天井等营造交往空间 W4 菜园、农家庭院的展示 W6 公共场所村民日常生活展示 W7 新建建筑彰显传统营建技艺
	村庄范围外、村域范围内	W5 农事体验功能 W11 自然场所修筑游憩设施并展示 W12 户外观景设施	W14 景区入口接待标志物设施

表 7-13 "偏文化—弱人文关联"型村落功能布局模式

功能布局模式图	区位分布	优先级营建项目	拓展型营建项目
	核心保护区内	S6 特色食宿设施 W1 建筑遗产展示 W3 多元历史要素的展示 W10 对历史、技艺等的静态展示 W14 景区入口接待标志物设施	S3 土特产商店 S5 利用厅堂/天井等营造交往住空间 S7 传统建筑室内舒适度提升 S9 传统室内装饰风格 S10 传统风格的家具陈设 W2 非遗动态展示及制作体验 W6 公共场所村民日常生活展示 W13 街巷立面装饰乡土元素物件
	核心保护区外、村庄范围内	S4 日常零售店铺 W8 新老区尺度/形态/风貌协调	S1 农家乐设施 S5 利用厅堂/天井等营造交往住空间 W4 菜园、农家庭院的展示 W6 公共场所村民日常生活展示 W7 新建建筑彰显传统营建技艺
	村庄范围外、村域范围内	W11 自然场所修筑游憩设施并展示 W12 户外观景设施	W5 农事体验功能

村域 / 村庄 / 核心保护区 / 生活水塘 / 入口 / 户外游憩

● 传统建构筑物区　公共活动场地　● 特色民宿
● 非遗工坊

表 7 - 14　"偏商业—强人文关联"型村落功能布局模式

功能布局模式图	区位分布	优先级营建项目	拓展型营建项目
	核心保护区内	S6 特色食宿设施 S7 传统建筑室内舒适度提升 S9 传统室内装饰风格 S10 传统风格的家具陈设 W1 建筑遗产展示	S3 土特产商店 W2 非遗动态展示及制作体验 W3 多元历史要素的展示 W10 对历史、技艺等的静态展示 W13 街巷立面装饰彰乡土元素物件
	核心保护区外、村庄范围内	S1 农家乐设施 S4 日常零售店铺 S5 利用厅堂/天井等营造交往空间 W8 新老区尺度/形态/风貌协调 W14 景区入口接待标志物设施	W4 菜园、农家庭院的展示 W6 公共场所村民日常生活展示 W7 新建建筑彰显传统营建技艺
	村庄范围外、村域范围内		W5 农事体验功能 W11 自然场所修筑游憩设施并展示 W12 户外观景设施

● 传统建构筑物　／公共活动场地
■ 农家乐　● 特色民宿

"真实体验"理念下的
浙江传统村落旅游服务空间营建策略

表 7-15 "偏商业—弱人文关联"型村落功能布局模式

功能布局模式图	区位分布	优先级营建项目	拓展型营建项目
	村庄/核心保护区内	S3 土特产商店 S4 日常零售店铺 S6 特色食宿设施 W1 建筑遗产保护展示 W8 新老区尺度/形态/风貌协调	S1 农家乐设施 S5 利用厅堂/天井等营造交往空间 S7 传统建筑内舒适度提升 S9 传统室内装饰风格 S10 传统风格的家具陈设 W2 非遗动态展示及制作体验 W3 多元历史要素的展示 W4 菜园、农家庭院的展示 W6 公共场所村民日常生活展示 W7 新建建筑彰显传统营建技艺 W10 对历史、技艺等的静态展示 W13 街巷立面装饰乡土元素物件
	村庄范围外、村域范围内	W5 农事体验功能 W11 自然场所修筑游憩设施并展示 W12 户外观景设施	W14 景区入口接待标志物设施

● 传统建筑构筑物　▨ 公共活动场地
■ 农家乐　● 特色民宿

设施成为新标志物、传统建筑改旅游设施成为新标志物、新老区尺度/形态/风貌协调对游客需求及真实性感知的影响较低，而街巷立面装饰乡土元素物件、景区入口接待标志物设施则具有一定影响。经初步分析、专家纠偏及"真实体验"要素研判结果可知，"真实性营建"中需重点考量的空间形态要素包含标志物节点营建、新老区风貌协调两个方面。

(1) 传统村落的标志物节点营建

通过"真实体验"要素研判可知，游客对新建标志物节点（新建广场、传统建筑改旅游设施等）的需求与真实性感知均较低，唯一入选拓展型要素的是景区入口接待标志物设施。这反映出相比于新建、改建标志物节点，游客可能更青睐于传统节点的复原。因此，基于"真实体验"要素菜单，适宜作为传统村落标志物节点的空间要素包含景区入口节点、古建展示节点、多元历史要素节点、户外观景节点、公共场所节点（如广场、水塘）、非遗工坊节点等。总而言之，在传统村落旅游服务空间营建中，应以复原传统村落节点为主，避免过度改变村内空间、立面形态而致使新建、改建场所转变为村落的新标志物节点。

各类型村落的资源条件不同，需营建的标志物节点不一。其中，景区入口节点、古建展示节点是所有类型传统村落的重要性节点。"偏文化"型村落内，多元历史要素可成为关键性节点。"强人文关联"型村落内公共场所是承载村民日常活动、公共活动的重要场所，可成为村落节点。部分"偏文化—强人文关联"型村落可能还需营建非遗工坊这一重要性节点，而"偏商业—弱人文关联"型村落内户外观景点或成为村落重要性节点。表7-16为"真实性营建"中各类村落可能出现的标志物节点及分布。

(2) 新老区的风貌协同

新老区的风貌协同是"真实性营建"的关键要素之一，亦是传统村落的重要管控任务。基于调研可知，不同类型村落内新老区的布局模式各不相同。"偏文化—强人文关联"型村落内存在"新老环绕、新区独立"两种新老布局特征，"偏文化—弱人文关联""偏商业—强人文关联"型村落主要为新区环绕老区的布局模式，"偏商业—弱人文关联"型村落村域面积较小，村庄范围内多为新旧建筑混杂。

"真实性营建"需保持传统村落游览区风貌和谐统一。新老混杂型布

表7-16　"真实性营建"中各类村落的标志物节点及分布

标志物节点	偏文化—强人文关联	偏文化—弱人文关联	偏商业—强人文关联	偏商业—弱人文关联
景区入口节点	●	●	●	●
古建展示节点	●	●	●	●
多元历史要素节点	●	●	○	○
户外观景节点	○	○	○	●
公共场所节点	●	○	●	○
非遗工坊节点	●	○	○	○
节点分布图示	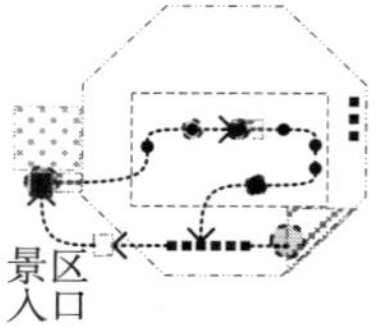	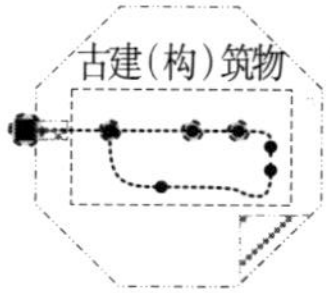	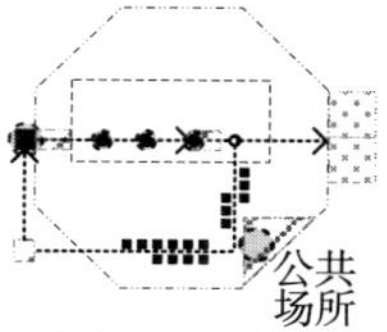	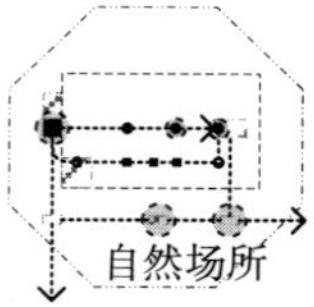

● 重要性标志物节点　○ 备选项标志物节点

局模式对新老建筑尺度、形态、风貌均提出协同性要求，环绕型布局模式需要新老建筑在形态、风貌上保持统一（街巷尺度可能会因为要引入车行道而适当增大）。当新老区相对独立设置且完全不承担旅游接待功能时，新老区仍需保持基本的风貌协同。具体要求汇总至表 7-17。

表 7-17　"真实性营建" 中各类型村落的新老区风貌协同

节点类型	偏文化—强 人文关联	偏文化—弱 人文关联	偏商业—强 人文关联	偏商业—弱 人文关联
新老区 位置关系	环绕＋独立型	环绕型	环绕型	混杂型
图示	村域／新区／老区／新区	村域／新区／老区	村域／新区／老区	村域／新老混杂
协同要求	环绕布局模式须保持形态、风貌协同；独立布局模式须保持风貌协同	环绕布局模式须保持形态、风貌协同	环绕布局模式须保持形态、风貌协同	新旧混杂型布局模式须保持尺度、形态、风貌协同

从营建维度出发，新老区的风貌协同包含以下营建策略。环绕传统民居的新建民居须延续传统村落空间机理，如可基于原有道路结构向外延伸（图 7-5（a））；房屋形式与传统民居相符（如坡屋顶），建筑体量不宜过大（图 7-5（b））；建筑立面设计应提取传统建筑立面设计元素，

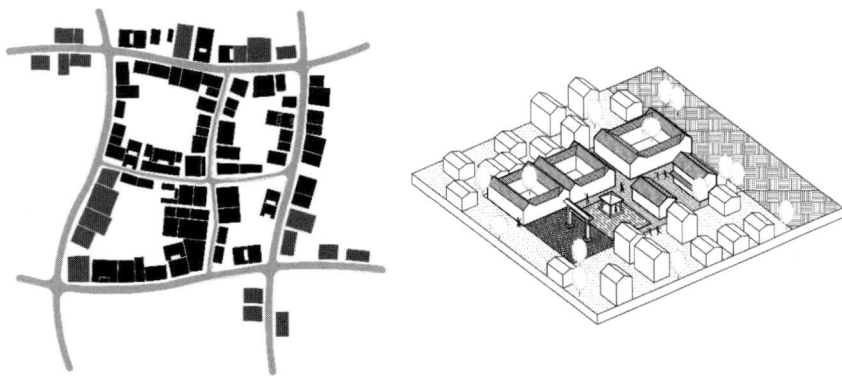

（a）延续传统空间机理，沿原道路向外扩展　　（b）新建民居形式、体量与传统民居相符

图 7-5　传统村落新旧风貌协同营建策略

优先选择乡土材料进行建造（图7-6）；建筑立面应禁止使用玻璃幕墙和高反光的装饰材料；颜色与传统民居保持一致，禁止使用鲜亮颜色。

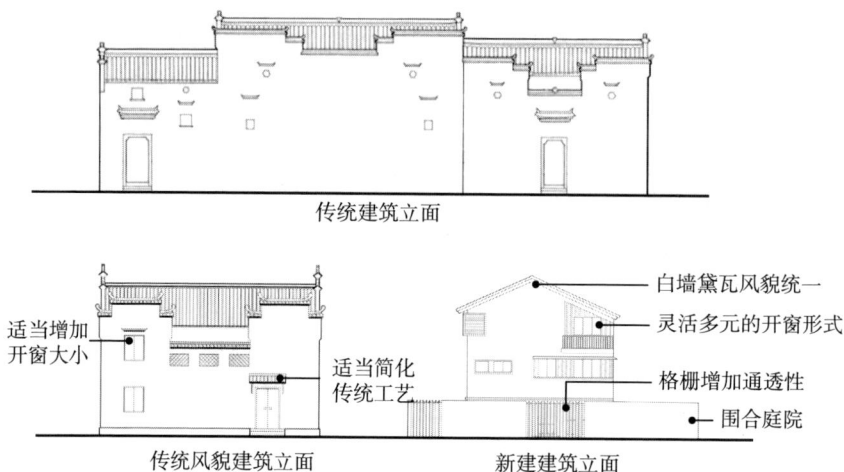

图7-6　浙江传统村落新老建筑风貌协同营建策略

五、组合：空间模块的功能设计组合模式

在传统村落旅游服务空间营建中，村民私宅、遗产展示、传统建筑、自然景观空间模块均涉及多元要素类型，各功能、设计要素需有机组合，才能达到增强"真实体验"的目的。因此本小节着重探索四类空间模块内各空间要素的适宜性组合方式。

（一）村民私宅空间的功能复合型营建

（1）多元功能的"真实性营建"要求

诸多"真实性营建"要素依托于村民私宅空间，且由村民主导经营。这些要素包含功能性要素如食宿接待、土特产零售、日常用品零售、非遗文化制作体验、菜园/农家庭院展示等，又包含设计类要素如互动交往空间营建、新老区风貌协同等。从营建维度出发，一方面，村民私宅空间需承担多元功能，满足游客旅游接待的多元需求，因此，重要接待空间的多功能性设计极为重要；另一方面，私宅内外空间亦是文化展示的重要平台，精心的营建可增强游客的真实性感知。此外，村民私宅外立面亦是村落整体景观的构成要素，需与传统风貌协同。

并非全部村民私宅空间都适合进行旅游接待，如何评估私宅空间改造为旅游服务空间的适宜性，如何对私宅空间进行适宜性改造设计以满足旅游接待要求，如何为游客提供适宜性接待服务，是"真实提质"的关键性问题。

综上，私宅空间营建包含空间多功能性、文化展示设计、立面协调三个营建要求，以及评估私宅空间旅游接待适宜性、私宅空间室内外设计两项营建任务。

(2) 住宅分类及旅游服务空间营建的适宜性判定

传统村落内住宅类型多样，影响村民私宅转化为旅游服务空间的要素包含村民住宅与游览线路的相对位置及住宅的实体形式。村民住宅与游览线路的相对位置包含三种类型：住宅紧邻游线、住宅半脱离游线（不紧邻游线，但与游线距离较近，一般分布在核心保护区内）、住宅完全脱离游线（住宅分布在新规划建设的住宅区内，脱离游览区）。游览线路是游客到访最常行进的路线，因此紧邻游线的住宅会有较大的客流，这有利于土特产商店、日常零售等店铺的开设；半脱离、全脱离游线的住宅适宜作为农家乐设施，供游客休憩停留。

住宅的类型与其布局具有一定关联性。位于核心保护区内、紧邻游线及半脱离游线的村民住宅多为传统建筑或风貌协调建筑；完全脱离游线、位于新区内的村民住宅多为风貌协调建筑或新建建筑，其尺度、风貌、形态与传统建筑具有一定差异。如图 7-7 是以新叶村为例对各类型村民住宅的识别。

表 7-18 为各类型住宅"真实性营建"要素的适宜性判定。相比于传统建筑，传统风貌建筑、新建建筑采用新结构、新材料，形成更符合现代人居需求的内部空间。因此，半脱离、脱离游线住宅的风貌协调型或新建建筑更适合于作为经济型食宿接待（农家乐）设施。土特产零售更适合紧邻游线设置，亦可依托于农家乐一层空间设置。日常零售设施同时服务于村民、游客两类人群，可依托于多元类型的民宅空间设置。交往空间营建、

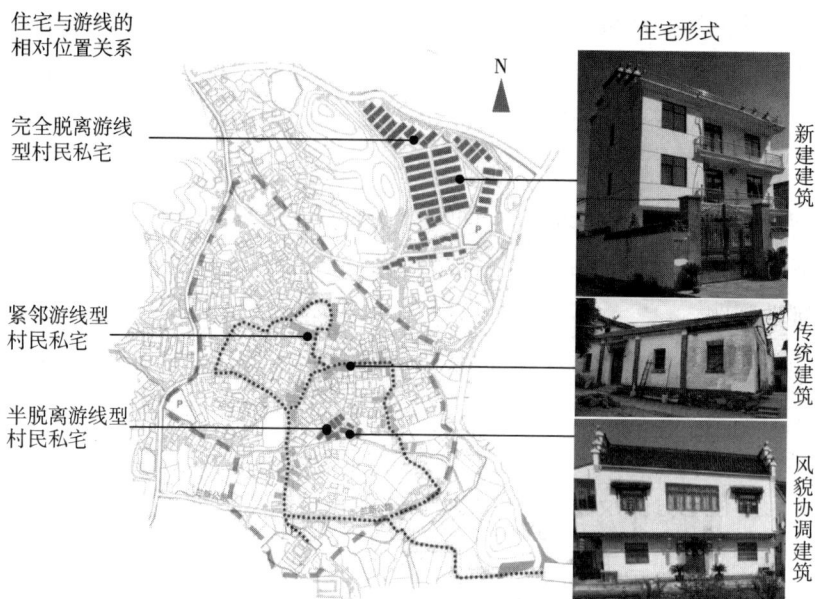

图 7-7 以新叶村为例的传统村落村民住宅类型划分

非遗展示/体验、菜园/庭院展示等可依托多元类型住宅空间设置。"新建建筑彰显传统营建技艺"的营建要素可在风貌协调建筑、新建建筑营建中加以落实，尤其在游客可能到访的区域内（紧临游线、半脱离游线）需重点把控里面设计风格的协调统一。

表 7-18 各类型村民住宅空间要素适宜性评估表

"真实性营建"要素	紧邻游线		半脱离游线		脱离游线	
	传统建筑	风貌协调建筑	传统建筑	风貌协调建筑	风貌协调建筑	新建建筑
S1 农家乐设施	○	○	○	●	●	●
S3 土特产商店	●	●	○	○	○	○
S4 日常零售店铺	●	●	●	●	●	●
S5 利用室内厅堂/天井/庭院等营造互动交往空间	●	●	●	●	●	●
W2 非遗文化动态展示及制作体验	●	●	●	●	●	●
W4 菜园/农家庭院的展示	●	●	●	●	●	●
W7 新建建筑彰显传统营建技艺		●		●	○	○
W8 新老区尺度/形态/风貌协调	—	—	—	—	—	●

●营建适宜性高 ○营建适宜性一般

(3)"真实性营建"要素组合

村民住宅空间单体内存在多元要素组合问题，表7-19为村民住宅内各空间场所及所关联的"真实性营建"项目，由表可知，客厅/前厅、餐厅、庭院空间与更多"真实性营建"要素相关联。此类空间需具有复合性功能：既是食宿接待的重要场所，又可作为零售商品展示（如土特产、日常零售）的空间，还是重要的互动交往、生活文化展示场所。

表7-19　村民住宅各场所内的"真实性营建"功能性汇总

"真实性营建"项目	村民住宅空间细分					
	客厅/前厅	餐厅	厨房	卧室	庭院空间	建筑外形
S1 农家乐设施	大堂接待	餐饮服务		休息	各类娱乐活动	—
S3 土特产商店	零售商品展示		—		—	—
S4 日常零售店铺	零售商品展示		—		零售商品展示	—
S5 利用室内厅堂/天井/庭院等营造互动交往空间	交谈、互动		—		交谈、互动	—
W2 非遗文化动态展示及制作体验	制作体验、工艺品展示		食物制作体验	—	制作体验	—
W4 菜园/农家庭院的展示	—	—		—	休憩/观赏	—
W7 新建建筑彰显传统营建技艺	观赏	观赏	—	观赏	观赏	观赏
W8 新老区尺度/形态/风貌协调						观赏

村落私宅空间内，客厅与餐厅多设置在一个大空间内，形成主要接待厅。为营造多元功能的接待空间，可依托主接待厅，结合一层卧室及厨房形成多元体验空间。厨房可兼做美食制作体验空间，为此需要扩大厨房面积，置入较大的操作台面。一层卧室可根据需求改为具有零售服务、手工体验等接待功能的场所。可依托客厅、餐厅墙面设立土特产等的展示空间，为主接待厅增添零售功能。客厅外可设置檐廊空间，作为主客互动交流的场所，庭院内亦可设置廊架等，供村民、游客休憩、互动（图7-8）。

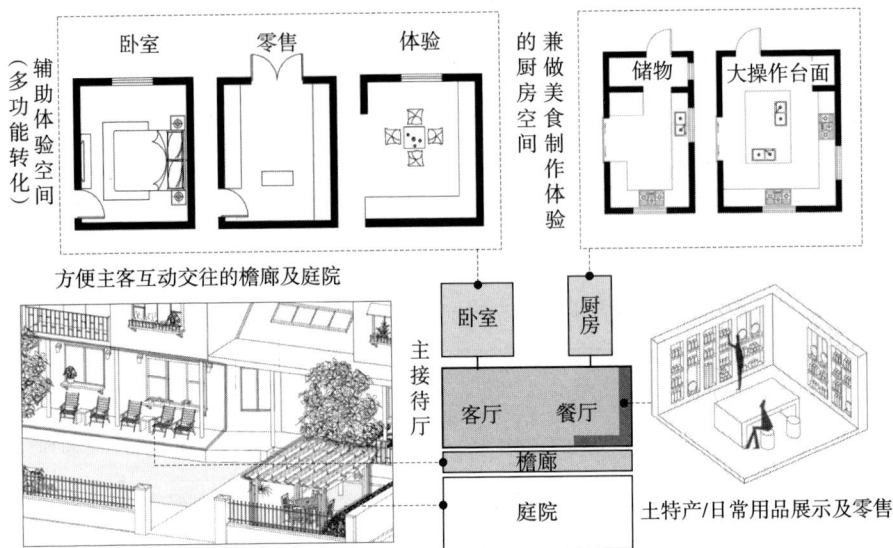

图 7-8 村民私宅空间内的"真实性营建"要素组合

(二) 多类型文化遗产的组合展示

建构筑物遗产展示组团是分布于核心保护区内，依托文物建筑、历史建筑、公共空间而设立的文化遗产展示组团。该组团内包含四项"真实性营建"基础型项目，对游客"真实体验"具有关键性作用。

(1) 要素识别及特征

文化遗产组团内包含多元物质性、非物质性要素，"真实性营建"中需首先明晰要素特征，后进行展示要素的组合设计。

浙江传统村落内，常见的物质性文化遗产要素包含传统建筑（文物建筑、历史建筑）、古牌坊、古桥、古树、古井、古河道/沟渠、古庙等，常见的非物质性要素包含祭祖、节庆、非遗技艺、日常生活、公共活动等。不同类型遗产与空间功能性相关的特征属性各不相同。其中，物质性遗产的特征属性包含空间形式、要素数量、分布区位，非物质性遗产的特征属性包含事件周期、发生频率与空间依托（余压芳，2020）（表 7-20）。

对物质性遗产要素而言，封闭性的空间适合放置静态展品、承载室内展示、非遗手工制作等活动；开放性空间适合承载多元类型文化活动、公共活动；高品质、单点性文化遗产要素可成为村落的重要空间节点，而多发性设施则可串联形成游线，或作为村落标志性空间符号；位于村落中心区域的文物建筑、历史建筑、传统街巷更适于作为参观点，形成基础游线，非边缘类要素则多为备选参观项，形成拓展、延伸型游线。

表 7 - 20　各类文化遗产展示要素的特征属性汇总表

物质性文化遗产	空间形式	要素数量	分布区位
文物建筑	封闭	多发/单点	中心
历史建筑	封闭	多发/单点	中心
古街巷	开放	多发	中心
古牌坊	开放	多为单点	中心
古桥	开放	多发/单点	中心/边缘
古树	开放	多发/单点	中心/边缘
古井	开放	多发/单点	中心/边缘
古河道、沟渠	开放	多为单点	中心/边缘
水塘	开放	多发/单点	中心/边缘
古庙	开放	多为单点	多为边缘
……	……	……	……
非物质文化遗产	事件周期性	发生频率	空间依托
祭祖活动	规律	低频	祠堂、活动广场、街巷等
文化节庆活动	规律	低频	活动广场、街巷等
非遗手工艺活动	规律	高频或低频	各类室内展示空间等
日常生活活动	随机	高频	村民私宅空间等
公共交往活动	随机	高频	活动广场等
……	……	……	……

　　各非物质文化遗产要素的特征属性存在差异性。祭祖、文化节庆是规律、低频发生的，一般发生在祠堂、活动广场、街巷等场所。非遗手工艺活动的情况不一，部分适合进行旅游经营的非遗活动（如诸葛村的孔明锁）可依托工坊进行展示，具有规律性、高频发生的特征；不适合旅游经营的非遗活动发生频率较低。日常生活活动、公共交往活动常依托村民私宅、活动广场空间随机、高频发生。

(2) 要素组合设计

图7-9为以诸葛村为例的文化遗产要素组合图示。诸葛村有多元类型的文化遗产要素，既包含众多封闭型文物建筑、历史建筑，又包含开放式的古街巷、古树、古井等；非遗要素包含祭祖、节庆活动、非遗制作、日常生活活动、公共交往活动等。物质性历史要素既有位于中心区域的、"多发型"的古树，又有零星（单独性）分布在村落边缘区的古井要素等。在村落中心地带，连接各文保单位、传统街巷、古树群、水塘等多元要素，可形成村落的"基础游线"。在村落边缘地带，连接古井、水塘等要素可形成村落的"拓展游线"及"延伸游线"，供古村爱好者、真实文化追求者进行深度游览体验。不同物质场所承载不同类型非物质性文化要素：如水塘空间承载着村民清洗打水等日常生活活动，以及聚会游憩等公共交往活动（随机、高频发生）；各祠堂空间则承载着村民的祭祀、节庆等规律、低频型传统活动；村落内的各个工坊则承载着非遗技艺的制作、展示等。

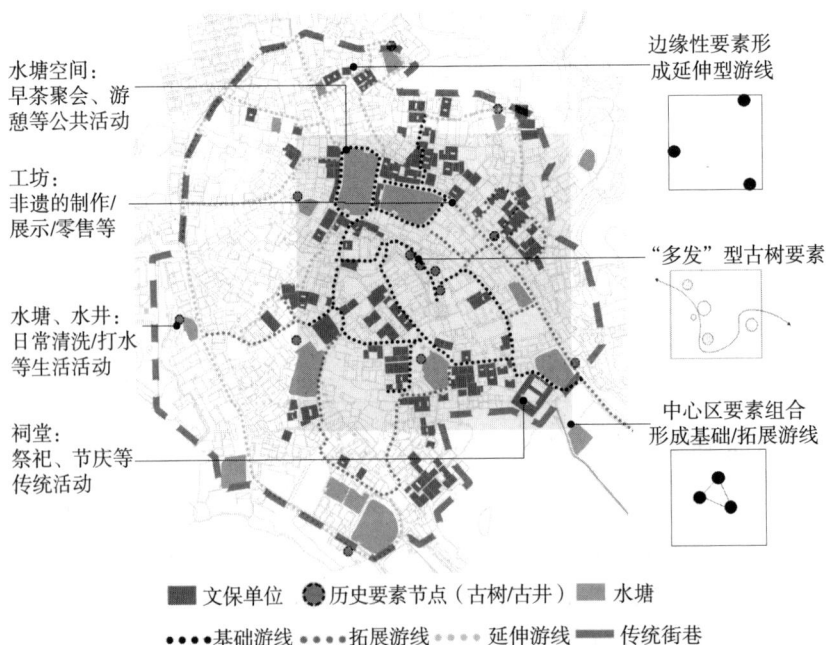

图7-9 以诸葛村为例的核心保护区内各文化遗产要素组合图示

（三）传统建筑的功能改造与性能提升

依托传统建筑的旅游服务空间 "真实性营建" 要素包含土特产零售、日常用品零售、特色食宿接待、非遗展示及体验、菜园/农家庭院的展示等多元功能性要素，以及交往空间营造、舒适度提升、传统装饰风格、传统家具陈设等多元设计类要素，这说明传统建筑的功能置换、空间营造、性能提升等是关键营建任务。本小节将主要探讨多元要素的空间组合模式。

（1）基于空间功能的要素组合

当传统村落承担不同主导服务功能时，所涉及的空间要素类型各不相同。浙江传统村落内传统建筑常见的功能类型包括食宿接待、土特产零售、日常零售、非遗展示及体验。表 7 - 21 为四种旅游服务功能对 "真实性营建" 要素组合的 "需求程度"。当传统村落作为特色食宿接待设施时，需组合多元 "真实性营建" 要素。由于游客需在传统建筑内进行长时间停留，因此食宿设施须营建交往空间、舒适度提升、传统装饰风格、

表 7 - 21　基于各功能类型的 "真实性营建" 要素组合

"真实性营建" 要素	传统村落旅游服务空间的功能类型			
	食宿接待	土特产零售	日常零售	非遗展示及体验
S3 土特产商店	○	●		
S4 日常零售店铺			●	
S5 利用室内厅堂/天井/庭院等营造互动交往空间	●			●
S6 特色食宿设施	●			○
S7 传统建筑内的舒适度提升	●			●
S9 传统室内装饰风格	●	○		●
S10 传统风格的家具陈设	●	○		●
W2 非遗文化动态展示及制作体验				●
W4 菜园、农家庭院的展示	●			●

●组合需求度较高　○组合需求度适中

传统家具陈设等要素，亦可设置土特产零售的功能业态。当传统建筑作
为土特产零售设施时，除该功能外，还可对传统室内装饰风格、传统风
格的家具陈设等设计要素进行营造。日常零售对空间营造的要求相对较
低，并无更多要素组合需求。传统建筑还可作为非遗展示及体验的空间，
在此类空间内，游客需长时间停留，与非遗传承人进行沟通交流，因此
需对交往空间、舒适性、室内装饰、陈设等进行营建，部分非遗工坊可
能还设有食宿接待功能，方便游客驻留休憩。

图 7 - 10 为传统建筑内各功能要素的适宜性布局图示。基于各旅游服
务功能对空间私密性的要求，一层空间适宜承担互动交往、零售、庭院
展示、餐饮接待、非遗体验/展示等旅游服务功能。其中餐饮接待、非遗
展示适合布局在前院、中堂内，而非遗体验等耗时较长的项目适宜布局
在后庭，零售店铺可布局在两侧厢房内。二层宜布局较为私密的服务空
间，如住宿、包厢类餐饮等。

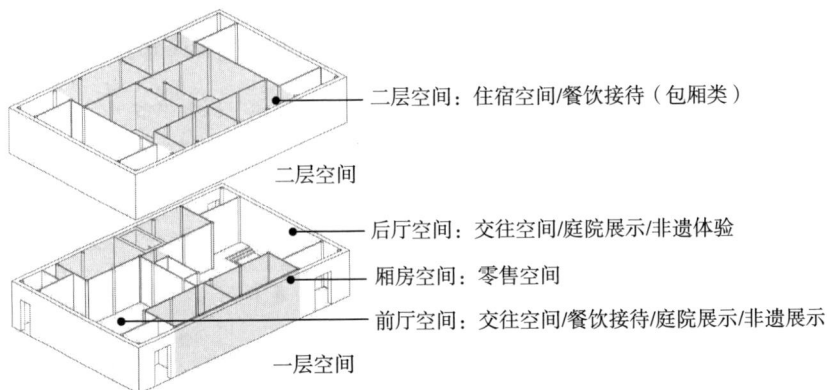

二层空间：住宿空间/餐饮接待（包厢类）

二层空间

后厅空间：交往空间/庭院展示/非遗体验

厢房空间：零售空间

前厅空间：交往空间/餐饮接待/庭院展示/非遗展示

一层空间

图 7 - 10　传统建筑内功能模块的适宜性布局区位

(2) 传统建筑的性能提升策略

传统建筑在结构安全、保温隔热、隔声、空间形态等方面多存在性
能缺陷，为空间的活化利用带来困难与挑战。从空间形态维度出发，可
通过水平划分、垂直划分、传统建筑内体块置入、传统建筑周边体块增
置、多单体连接等设计手法对空间进行适宜性分隔，满足使用需求
（表 7 - 22）。值得注意的是，基于游客的"真实体验"特征，"S8 对传统

建筑室内空间灵活划分，增加空间层次与丰富度"为低效性要素，因此
传统建筑的空间分割无需刻意追求空间丰富度与层次性，满足旅游服务
接待的使用要求即可。

表 7 - 22　传统建筑空间形态改造方式汇总表

设计手法	内涵	图示	设计手法	内涵	图示
水平/垂直划分	通过水平划分匹配使用需求		体块增置	保留传统空间的同时容纳更多的功能，增加传统建筑的开放性	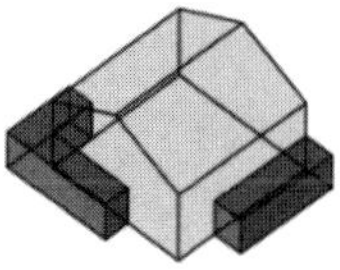
	充分利用不同高度的空间，形成丰富的空间层次			新旧体块相互分离，形成明确功能分区、动静分区	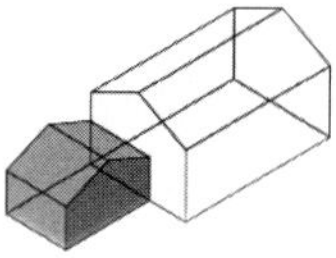
体块置入	传统建筑中置入新体块，新旧形成对比			增设多功能厅等大空间，拓展使用功能	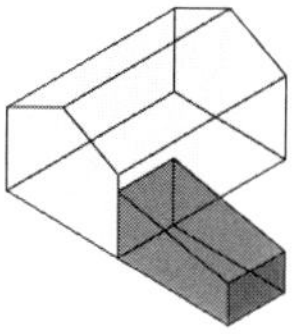
			多单体连接	新旧体块构成大小不一的数个空间，相互协调构成完成性功能	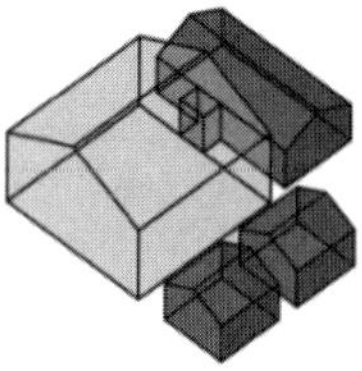

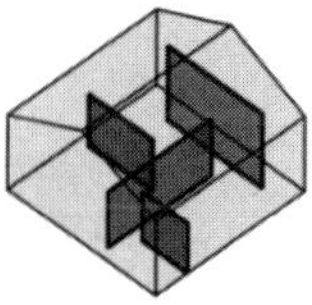

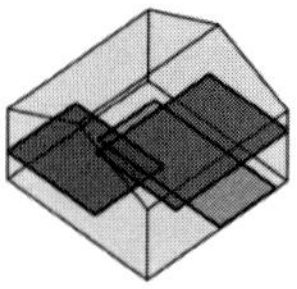

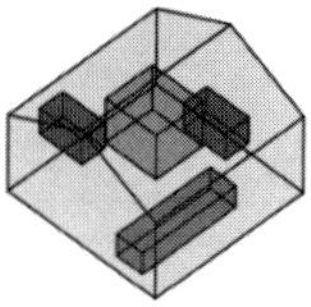

　　从空间性能出发，可通过修缮、更换材料的方式保证传统建筑的结
构安全性，通过在天井设玻璃顶棚的方式提升建筑气密性，亦可通过增
设屋顶采光窗的方式改善建筑室内照明。可通过软装、增设家具的方式，
营造良好的场所氛围，通过加强屋顶保温、地坪隔潮等方式提升传统建
筑的热舒适性（表 7 - 23）。

表 7 - 23 传统建筑性能提升措施汇总表

性能要求	建筑改造方式	图示
结构稳固、安全	对传统建筑进行修缮,可对建筑结构进行加固、并(或)局部替换木结构	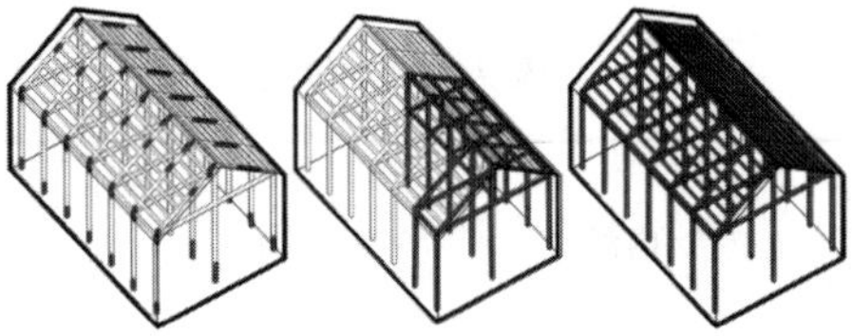
气密性与光环境	在天井上方增设玻璃顶棚以提升建筑气密性,亦可通过增设屋顶采光窗的方式改善建筑室内照明	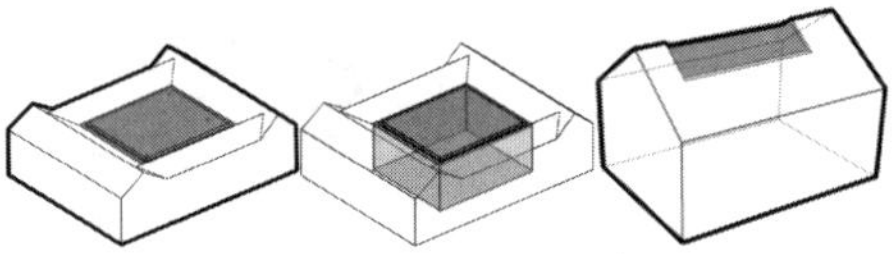
营造良好的购物、体验环境	通过软装、增设家具的方式,营造良好的场所氛围	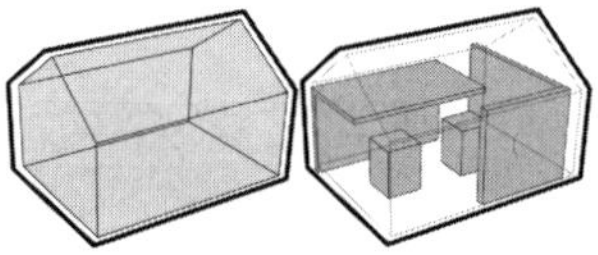
保温隔热	加强屋顶保温隔热、通过抬高地坪、重做地面的方式隔绝室内地坪潮气	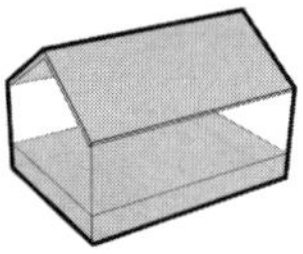

(3) 不同功能类型的组合模式设计

表 7 - 24 为传统建筑改造为食宿接待、零售、工坊三类型旅游服务空间的营建模式图示及策略总结。其中,食宿接待功能模块包含住宿、餐饮、交往、庭院展示、后勤服务等多元功能,可通过增加体块的方式满足建筑使用需求。建筑室内通过增设卫生间模块、空调设施改善舒适度,并通过传统风格的装修、陈设等营造室内传统氛围。

零售接待服务对空间形态、性能要求相对较低,仅需要将传统建筑一层空间(多利用传统建筑两侧厢房空间)进一步分割成小空间作为零售店铺即可,中庭空间既可做零售店铺,又可作为互动交往、餐饮休憩空间。二层空间的可达性较弱,适宜于作为研学/会议、后勤服务等功能空间。零售接待对建筑性能的要求相对较低,但传统风格的装饰与陈设能够增强游客的"真实体验"。

表 7 - 24　三种功能类型的传统建筑内旅游服务空间的"真实性营建"模式

空间模块图示	"真实性营建"策略
食宿接待 加建体块 住宿空间 后勤空间 餐饮空间 互动交往空间 庭院展示空间	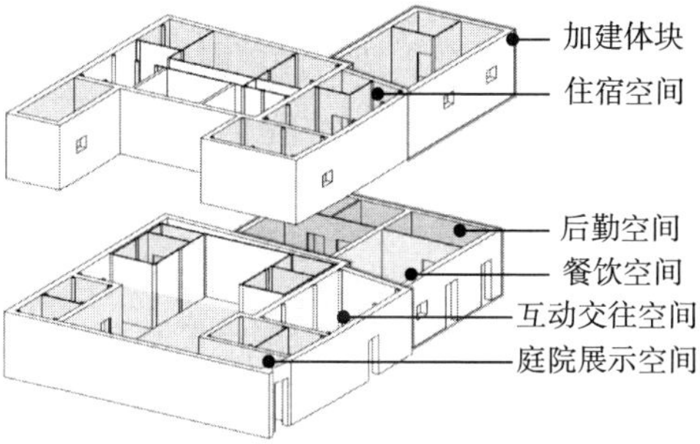 1. 功能布局：一层布置后勤、餐饮、互动交往/遗产技艺体验、庭院展示、客房等；二层主要布置客房空间，可通过加建体块作为后勤服务空间 2. 舒适性提升：加强屋顶保温隔热、通过抬高地坪、重做地面的方式隔绝室内地坪潮气；可在天井上方增设玻璃顶棚以提升建筑气密性 3. 传统氛围营造：通过软装、家具陈设、摆件陈设的方式，营造具有传统风格的室内空间
零售接待 后勤服务空间 研学体验/会议 零售空间 互动交往空间	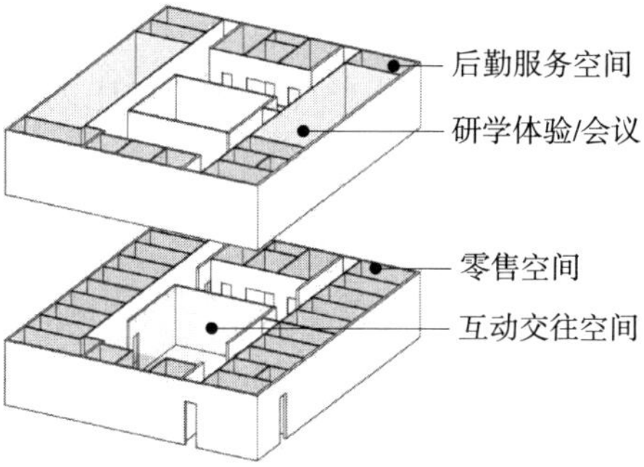 1. 功能布局：零售店铺适合布置在中堂周围的厢房内，中堂、天井空间适宜作为互动交往场所，可设置茶座等；二楼空间可设置研学体验、会议等功能，并布置后勤空间 2. 舒适性提升：可通过增设屋顶采光窗的方式改善建筑室内照明 3. 传统氛围营造：通过家具、摆件陈设保持零售店铺内传统风格
工坊类接待 工作空间 住宿空间 后勤服务空间 互动交往空间 展示/体验空间 加建体块	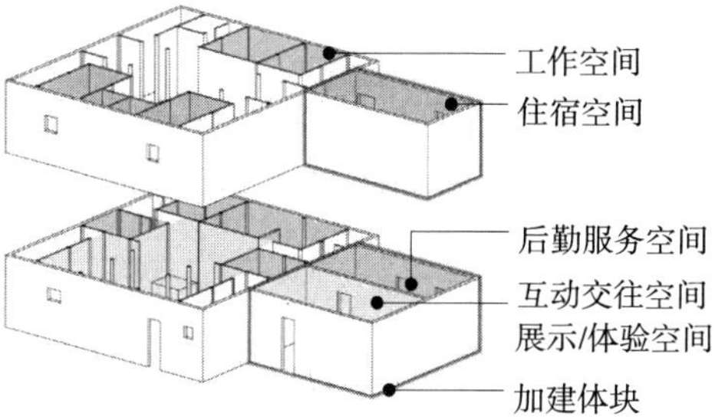 1. 功能布局：一层主要布置参观展示、互动交往、制作体验等空间；二层主要布置客房、工作室空间，可通过加建体块作为研学体验、后勤服务等空间 2. 舒适性提升：加强屋顶保温隔热、通过抬高地坪、重做地面的方式隔绝室内地坪潮气；在天井上方增设玻璃顶棚以提升建筑气密性，亦可通过增设屋顶采光窗的方式改善建筑室内照明 3. 传统氛围营造：通过软装、家具陈设、摆件陈设，营造具有传统风格的室内空间

规模较大的工坊类接待服务多包含互动交往、参观展示、零售服务、体验服务、食宿接待等复合性功能，因此对空间形态、性能要求较高。当传统建筑作为工坊设施时，可在一层设置参观展示、公共交往、互动体验、工作空间，在二楼设置具有较高私密性的住宿、工作空间。可通过加建体块的方式满足多元功能需求。此外，由于游客在工坊内停留时间较长，还需设置空调、洗浴设施提升整体舒适度，并保持传统风格的室内装饰与家具陈设。

（四）多类型自然景观空间的设施配置模式

自然展示模块主要包含农事体验、自然展示、游憩等功能，配合以游憩、观景设施。"真实性营建"要素组合的关键在于"选点—配置"，即基于村落自然景观资源，选择适宜的观景、游憩场所，进而结合自然场所所应具有的功能特征进行适宜的设施配建。

（1）自然景观展示模块的位置及功能性

从选点维度出发，自然景观模块的位置分布可能位于村庄内的高地、花园，以及村庄周边的农田、山林等自然景观场所。不同地点自然观景模块所承担的旅游接待功能具有细微的差异性。

图7-11为传统村落内自然景观场所的常见布局。村庄内的自然景观场所多位于游览线路上或其附近区域，因此，除承担观景游憩功能外，还是游客暂时性驻留、休憩的重要场所；村庄周边的农事体验区域主要承担游客游憩、休息、洗漱等多元功能；村庄外自然景观场所多是延伸型游线上的重要参观点、驻留点，观赏、游憩是这些自然景观场所的主导性功能。

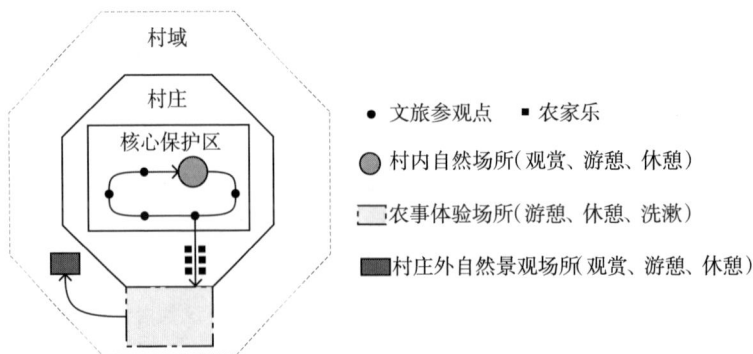

图7-11 传统村落自然景观场所位置分布

（2）常见模块类型的要素组合

表7-25为传统村落常见的三类自然景观模块的空间要素组合模式。其中，村内自然场所包含观景台、休憩凉亭、景观小品等游憩、休憩设施，是游客游览途中的重要参观点、驻留点；农事体验场所一般设置接待、洗漱类设施，同时还可设置展板、座椅台阶、游步道、休息平台等游憩设施；村庄外的自然景观模块以自然观赏、游憩为主，可设置观景亭、观景台、展板、座椅等设施为游客提供便利。

表7-25 常见自然景观模块"真实性营建"要素组合

模块类型	图示	"真实性营建"策略
村内自然场所		1. 位于传统村落核心保护区内，游览线路上（或附近） 2. 作为游客游览的参观展览点、驻留点之一，为游客提供游憩、休憩等旅游服务 3. 可配置观景台、休憩凉亭、景观小品等
农事体验场所		1. 选择毗邻村庄、方便达到的农田作为农事体验场所 2. 为游客提供农事体验、游憩、休憩等旅游服务功能 3. 可配置洗漱、接待、展板、座椅、景观小品、休憩平台等设施
村庄外自然景观场所		1. 选择村庄外方便达到的、景观资源条件优越的自然场所设立 2. 为游客提供游憩、休憩等旅游服务功能 3. 可配置观景亭、观景台、展板、座椅等设施

六、提质：关键节点的空间营造策略

（一）村民私宅中的交往空间营造与传统营建技艺应用

（1）前厅、庭院、立面的空间营造策略

村民自宅空间的关键设计节点包含中庭、庭院、外立面等。笔者首

先结合具体设计方案，对依托私宅设立的旅游服务空间"真实增效"型
营建策略进行总结。图7-12（见后彩插）为笔者对某村落村民私宅的设
计方案图，考虑到业主以后可能要进行旅游接待经营，因此在方案设计
阶段便考虑到住宿空间作为农家乐、零售等旅游服务场所的改造方法。

方案中一层平面主要承担游客接待、互动交往、生活文化展示等功
能。客厅与餐厅空间多联通，作为游客的主要接待厅，临近客厅的卧室、
厨房等空间可作为手工艺体验、美食制作体验等互动交往空间。本方案
中，靠近门厅的一间卧室可作为多功能性房间，根据实际需要灵活转化
为客房、非遗文化体验、零售空间等。当作为体验类空间时，可结合墙
面布置工艺品、传统文化的展品柜，房间内可陈设大桌子，作为手工艺
制作体验的操作台。厨房可作为游客美食制作体验场所，以增强主客互
动。此外，本方案中，建筑室内各旅游接待空间均采用传统风格的内部
装饰与家具陈设，以增强到访游客的"真实体验"。

本方案中，利用村民宅基地设置宽敞的前廊、庭院与菜园空间，作为
主客互动交往空间。宅基地西南侧为庭院空间，周边设置有环绕花坛，花
坛向心边缘设置座椅设施，庭院中央设置烤火炉，方便游客、村民在此烤
火、烧烤、交谈等。宅基地东南侧设置有菜园，亦可供游客观赏、游憩。

村民住宅外立面设计需与村落传统风貌相协调，外立面使用乡土材
料（如白墙黛瓦）、民宅形体尺度与传统建筑相近、建筑外立面形态模仿
传统建筑形态（如设置坡屋顶等）。住宅外立面避免使用现代化材料、避
免出现鲜艳颜色、避免出现现代化商业标识等。

(2) 传统建构方式的提取与设计植入

传统营建技艺或者说传统建构方式在新建建筑中的转译应用是文化活
态延续的重要方式之一，对游客"真实体验"具有积极促进作用。空间建
构类要素包含空间界定、空间特质、空间尺度类型、尺度的序列、尺度的
弹性、空间对功能的表达、空间意义、空间多用途、剩余空间处理、自然
采光、人工照明、空间与空间的关系、室内外空间、空间的分割、入口位置、
交通流线与活动范围、交通空间等内容（怀特，2009）。基于传统村落的应用
场景和旅游接待的功能需求，建筑师可从材质类型、空间尺度、空间联系、
室内外空间界定、门窗洞口开设形式等维度出发，提取并转译应用传统建构

方式（表7-26）。

表7-26　浙江传统村落传统建构方式的提取

建构方式 提取类型	内涵	浙江传统村落常见的建构方式
空间的 界定材质	形成建筑隔墙、地板、屋面等所利用的乡土材质	 ·铺地多以石材为主　·墙面材料有石材、夯土、木材等
空间尺 度类型	乡土建筑空间的尺度大小	 ·H/L=0.8
两空间之 间的连接	空间的连接方式	 ·明塘　　　　　　·天井
室内外 空间界定	室内外空间边界的界定方式及界定元素提取；柱、梁、墙、楼板、自然要素等组合关系	 ·冬设夏除的隔扇　·底层敞厅
门窗洞口 开设形式	墙面门窗洞口开设比例	 ·侧墙面开窗较少，多为小窗　·庭院围墙上端做成花墙、漏窗形式，既装饰又通风

本方案中，为彰显地方特色和传统营建技艺，菜园、庭院中应尽可能采用当地生产的乡土材质（如石材、木材、夯土等）进行建构，沿袭传统空间形制与砌筑方式。本方案中用老房子废弃的瓦片搭建庭院、菜园的围栏；采用传统砌筑方法搭建花窗、漏窗；用传统石材进行路面铺设。此外，在建筑室内广泛采用石材、木材等乡土材料，并依据传统砌筑方式制作花窗进行空间分割与装饰，以营造建筑室内传统氛围。

（二）传统建筑内展示型空间设计

遗产展示空间模块、传统建筑空间模块均存在依托传统建筑设立的情况，部分节点的空间特征相似，相应的营建策略可相互借鉴。因此，本小节针对传统建筑室内外关键性节点，从多元文化展示、传统氛围营造两个维度提出"真实提质"型策略。

与传统村落适配的、常见的文化展示方式包括原状展示（建构筑物本体展示）、功能展示（建筑空间合理利用）、虚拟展示（数字记录等）等。虚拟展示与空间形态的关联性并不紧密（如VR等可脱离空间展示虚拟性场景）。本小节将对前两项文化展示空间场景进行设计。

（1）建筑原状展示营建策略

遗产展示空间模块多采用原状展示的形式，相应的空间营造主要以文物修缮、室内设施陈设为主。即在修缮保护的基础上，传统建筑内还可设置展品、家具、装饰、展板等设施（图7-13）。

（2）室内空间功能展示营建策略

功能展示则是指活化利用传统建构筑空间，改造为住宿、零售、非遗体验等旅游服务空间。功能展示的空间营造中主要包含平面布局与空间营造两项营建内容。

浙江传统村落内的传统建筑多为徽派民居形制，传统建筑各部分

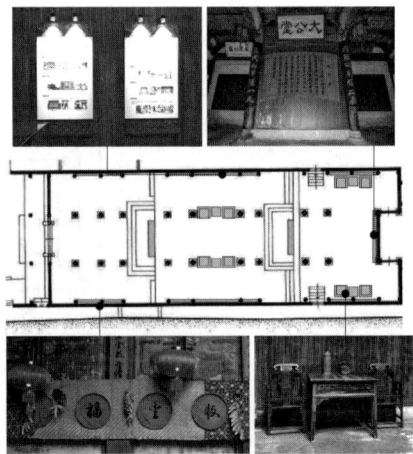

图7-13 建筑原装展示的
室内空间营造

空间形态不同，其适宜的活化利用方式亦不相同。如图 7 - 14 所示，依据建筑进深方向的天井数量，传统建筑包含 "单天井" "双天井" 等类型。传统建筑首层平面包含三类型空间：天井空间、中堂/中庭空间、厢房空间。其中，中堂空间平面较为开阔，适合作为互动交往空间，可改造为茶吧、会议室等；中堂两侧的厢房空间面积较小，适合作为小型茶室、画室等空间，亦可改造为零售空间或住宿空间。建筑前后天井空间适合进行景观布置，作为庭院展示空间，增强建筑的传统氛围。

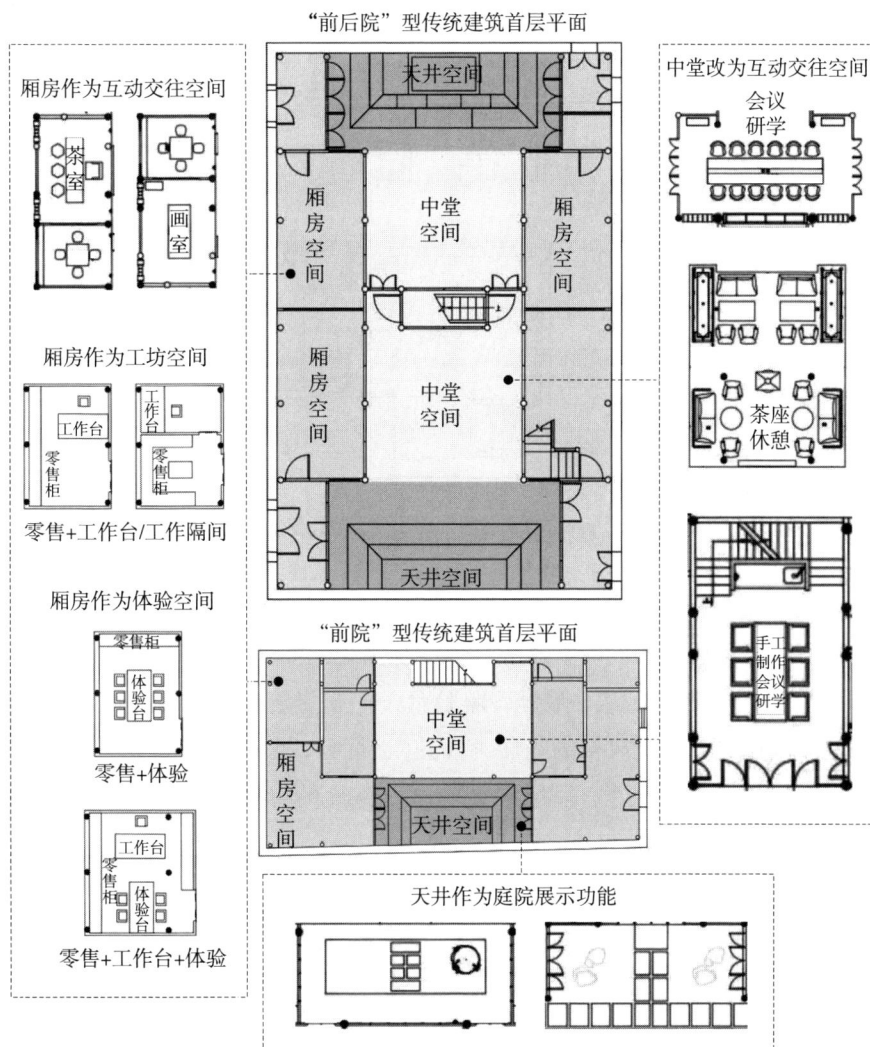

图 7 - 14　传统建筑首层空间改造模式示意图

传统建筑二层平面适宜布置住宿接待等私密性要求较高的旅游服务空间。基于不同投资成本,可形成多种空间品质、空间类型的住宿空间。图 7-15 为传统建筑内经济型、家庭型、豪华型住宿空间的平面改造方式。

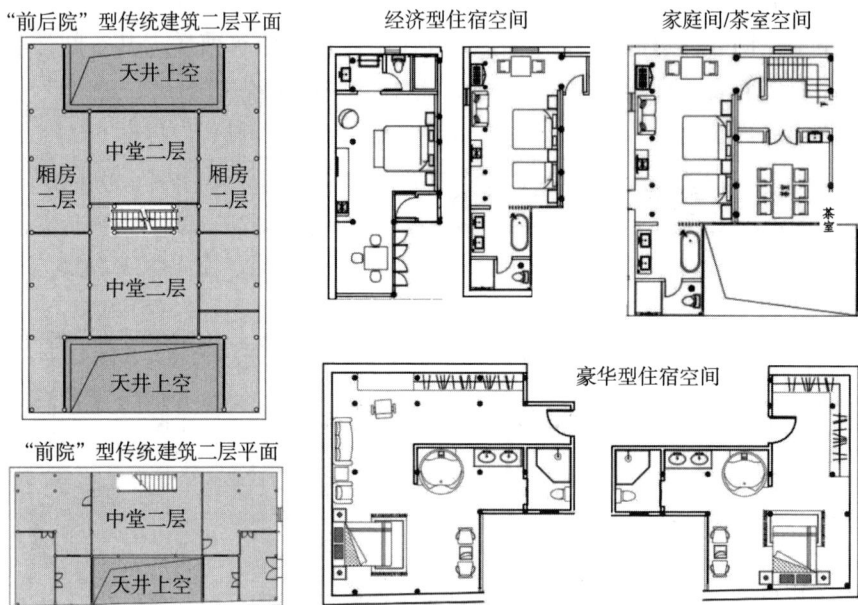

图 7-15 传统建筑二层空间改造模式示意图

室内功能展示旨在通过家具陈设布置,在传统建筑内植入新的功能,让游客在休闲游憩的同时,体验村落传统文化。如图 7-16 所示,常见的家具类型包含展示柜、工作台、体验台、住宿设施、餐饮设施等,常见的室内陈设包含传统风格的花瓶(插花)、灯具、装饰画、竹席、灯笼挂饰、解说牌、土特产等。通过家具与室内陈设的有机组合,营造多元类型的旅游服务空间。

(3) 室外空间功能展示营建策略

户外传统建(构)筑物空间可能是非遗体验的重要场所,如乡土活动、戏剧歌舞等多依托村落广场、戏台等空间进行。可有针对性地对户外活动场地进行适宜性设计,如在场地内可设置活动告示牌、座椅等设施,方便游客、村民驻留;可通过地面铺装对活动场地进行界定;户外建（构）筑物旁可设置讲解标识，结合建筑物历史故事设立场景雕塑等景观小品。表7-27为祠堂前广场、戏台前广场两个典型室外功能展示场所的营建策略汇总。

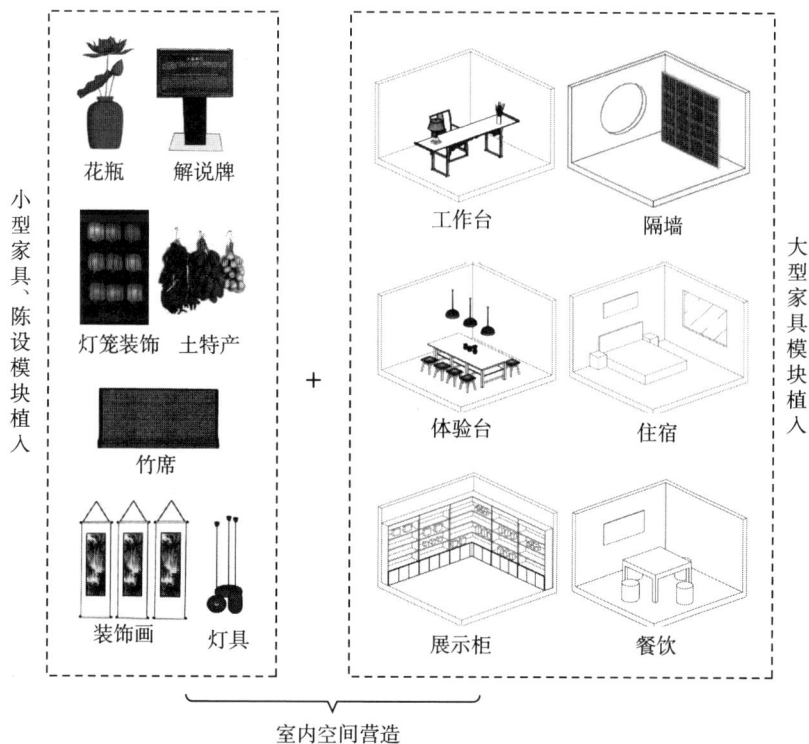

图7-16　功能展示的室内空间营造图示

表 7 - 27   户外活动型空间营建策略

展示形式图示	空间营建方案图示	营建策略
户外活动型展示		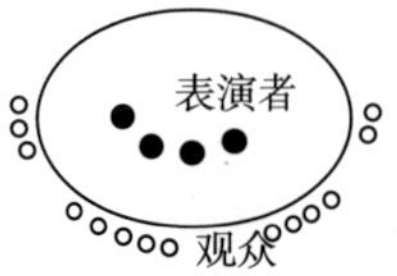 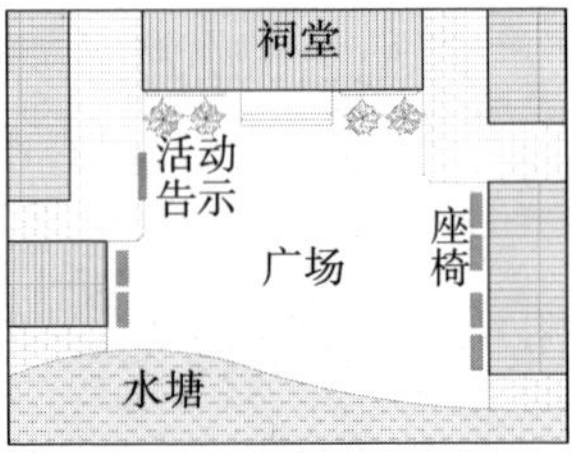 1. 节庆时期在祠堂前或水塘边广场空间内可能举行非遗活动 2. 广场内可设置活动告示牌、广场边缘可设置座椅 3. 广场空间可用铺装材质与其他区域进行分割
戏剧展示型展示		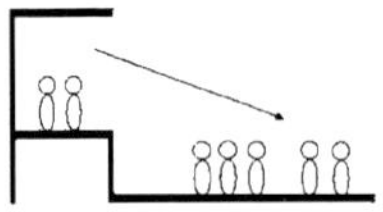 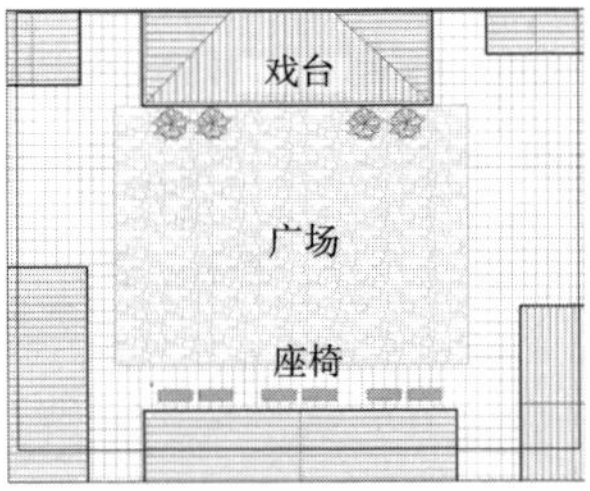 1. 节庆时期在戏台空间内可能举行非遗展示 2. 广场边缘可设置座椅 3. 广场空间可用铺装材质与其他区域进行分割

（三）关键户外节点的场地设计

通过对游客"真实体验"评测可知，游客对室外旅游服务空间具有相对更高的需求与真实性感知。游客期待看到村民的真实生活，而室外公共空间是重要的展示平台之一。传统村落旅游地内，"真实性营建"的关键室外节点还包括村内活动广场、村落景区入口及传统街巷。活动广场、景区入口节点的场地设计，以及传统街巷内立面装饰对游客"真实体验"具有重要影响。本小节将逐一介绍各空间节点的"真实性营造"策略。

（1）活动广场节点设计

活动广场空间营建可遵循"观察选点、设施配置"的营建模式，依据主客实际活动需求配建旅游服务类设施，促进公共活动的发生。首先，对村落内村民（及游客）的行为活动进行环境行为学统计，记录各类人群到访各公共活动空间的时间、驻留时长、活动类型等。通过环境行为数据库的构建，识别出公共活动的高频发生场所与活动类型。接着，选取重要公共活动空间节点进行深入设计，设计内容包括依据活动类型、人群规模等的空间设计，以及游憩类设施功能选型与组合布局。

在浙江传统村落内，公共活动发生的高频场所一般包含临水空间、活动广场等，常见的可配置游憩设施包括座椅、凉亭、展示雕塑、盆栽、其他装饰物等景观小品。图 7-17 是水塘、活动广场节点的场地设计示意。水塘边场地设计以村民生活需求为先，设置/保留亲水平台、水井供村民日常洗涤、挑水等；设置座椅设施供村民、游客休憩；设置解说标识设施为游客进行讲解。活动广场配置有棋牌桌、健身器械等供村民日常娱乐、休闲时使用，地面的铺陈设计暗示出活动场地区域，广场周边还设置路灯以方便村民、游客夜间活动。

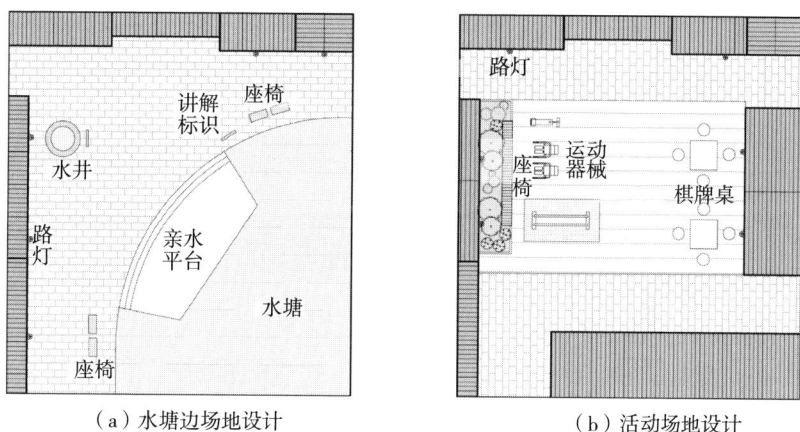

（a）水塘边场地设计　　　　　　　　　（b）活动场地设计

图 7-17　传统村落内典型活动场地设计示意图

（2）景区入口节点设计

景区入口节点设计包含游客接待中心、入口标识、停车场、景观绿化等要素的配置，基于村落场地条件，这些要素有多元组合形式。图 7-18 为几种场地布局模式示意图。

除了场地布局外，游客接待中心、入口标识的立面设计也是景区入口节点设计的关键。其中，景区入口标识可基于村落原有牌坊等设立，或结合场地条件营造 "新中式" 风格的标识。入口标识营造可提取传统建筑的立面形制、色彩、材质等设计元素，营造出具有传统村落风貌代表性的造型。

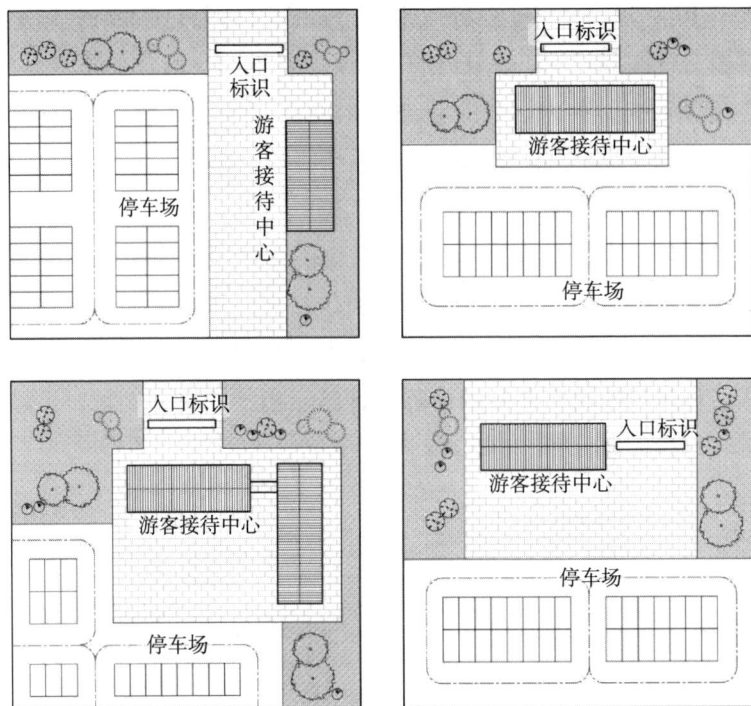

图 7-18 村落景区入口节点场地设计示意图

(3) 传统街巷立面设计

浙江传统村落内包含多种街巷类型。部分街巷两侧均为二层建筑，街巷空间较为狭长；部分街巷两侧建筑高低不一，一侧为二层建筑，另一侧为单层建筑或矮墙；还有部分街巷两侧均为单层建筑或矮墙。此外，浙江村落内水系发达，诸多街巷临水而建，一侧为建筑（单层或双层），另一侧为水塘（图 7-19）。

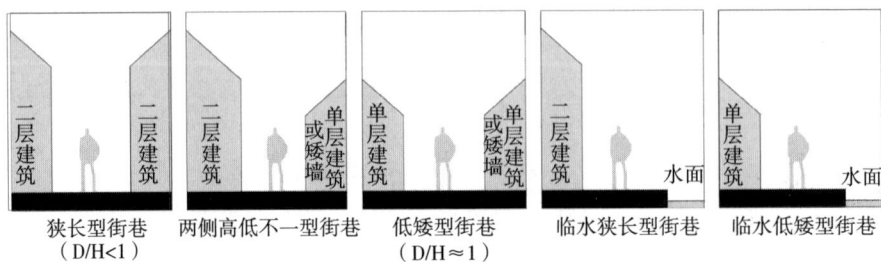

图 7-19 浙江传统村落内常见街巷类型示意图

　　针对不同类型街巷的空间形态，可采取不同的营建策略。对于空间狭长型街巷（D/H<1），可在建筑一层设立旅游接待空间，横向扩展空间，亦可在街巷顶界面悬挂灯笼等富有乡土特色的装饰物，缓解游客在街巷中的紧迫之感。对于高宽比适宜性街巷（D/H≈1），可在两侧设置花坛、盆栽、标识展板、乡土元素装饰物等，活跃街巷立面。对于临近水塘的街巷，可在水塘一侧设立盆栽、座椅等，进行空间界定与装饰。当建筑高度较高时，可悬挂与传统氛围相协调的牌匾进行立面装饰；当建筑较低矮时，可在建筑外立面设置标识展板、悬挂乡土元素装饰物等。各类型街巷的营建模式及效果示意图如图7-20、图7-21所示。

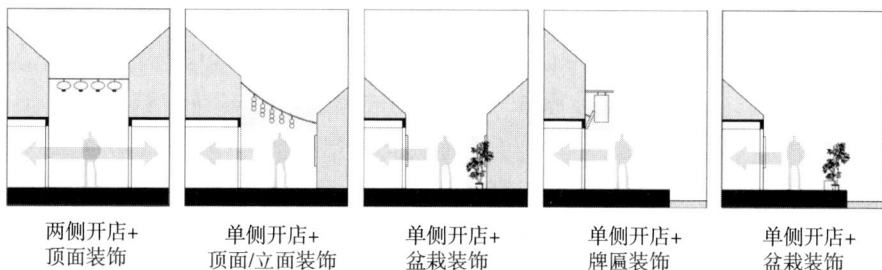

| 两侧开店+
顶面装饰 | 单侧开店+
顶面/立面装饰 | 单侧开店+
盆栽装饰 | 单侧开店+
牌匾装饰 | 单侧开店+
盆栽装饰 |

图7-20　浙江传统村落街巷立面设计模式图示

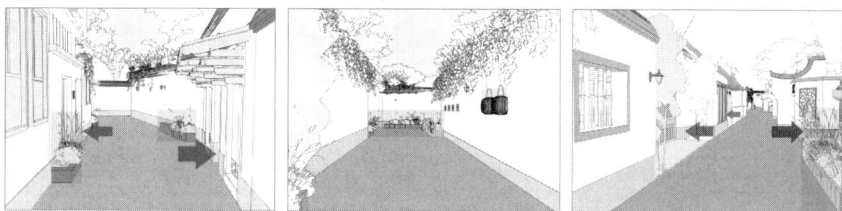

图7-21　浙江传统村落街巷立面设计意象图

结 语

一、主要研究结论

在传统村落旅游发展中，游客的"真实体验"与满意度、重游率、旅游花费相关联，并直接影响村民的生计收益。对"真实体验"的追求有助于提升村落旅游吸引力、促进村落可持续发展。近年来，随着旅游的发展，传统村落内原汁原味特色逐步被消磨，游客在游览中出现了"失真"体验。该问题源于对游客真实性环境体验的模糊认知，以及当下空间营建模式的不适宜性。既有传统村落旅游服务空间营建以"物质性遗产展示＋商业业态配置"为主导，而对多维文化要素，尤其是与村民生计生活紧密关联的人文要素多有忽视，这致使游客在旅游服务空间内难以体会到传统村落"永续的宜居性"的真实性价值。笔者通过对案例村落内游客"真实体验"调研数据的收集与定量分析，进一步验证并提出了"拓维—限类—提质"的"真实性营建"认知，进而推导出促进"真实体验"的传统村落旅游服务空间营建策略。

本书立足于探索"失真"问题背后的学理与营建法则，构建了"真实体验"的理论与方法，探明了影响"真实体验"的旅游服务空间要素，旨在揭示游客"真实体验"对旅游服务空间营建的作用机制，形成了新的空间营建认知，为规划设计工作提供了有益指导。具体而言，本书形成了以下研究成果。

(1) 构建了包含二维度、二尺度、二类型的"真实体验"营建视角

本书确定了传统村落的真实性价值在于"永续的宜居性"，表现为对村民生计生活的保留。传统村落旅游发展中的"失真"问题包含主客观真实性二元维度，两者之间的良性互促是问题解决的关键。在传统村落真实性保护的价值观下，"真实体验"指游客通过旅游服务空间感知传统

村落真实性，具体包含基础性需求及真实性感知二元体验维度。

在空间规划设计中，"真实体验"的营建视角包含文化/商业功能、人文关联性的二元分析维度、村域—建筑二元营建尺度、功能—设计二元营建类型，以及"定性—定类—定位—组合—提质"的营建内容。"量表-定量分析"的真实性评测方法可助力研究的深入探索。

（2）基于案例村落的功能配置、空间营造特征，建立了营建要素集合

通过对七个案例村落的调研可知村落内商业、文化两种旅游服务功能类型及各类旅游服务空间的分布特征。建（构）筑物遗产展示类空间多布局在核心保护区内，自然景观展示类空间分布在村庄范围外、村域范围内，商业类空间多分布在村庄范围内。其中，零售设施多沿游线布局，住宿类设施则可能脱离游线，布局在居民区内。

传统村落内由旅游服务空间营建引起的空间形态变化包含区域、街巷、标志物、整体风貌四种类型。建筑尺度下，旅游服务设施内空间营造特征可归类至氛围、空间布局、美学设计、装饰符号、交往互动等维度。

基于调研可汇总得到案例村落所具有的 18 项功能要素、15 项设计类要素。进而经过专家的纠偏删补，最终形成了符合传统村落保护价值观的 30 项空间要素集合。

（3）构建了基于"需求—感知"评测的环境真实体验模型

客观维度下"真实体验"影响要素与主观维度下"真实体验"特征类型共同构成了游客的"环境真实体验模型"。从客观维度出发，游客对各空间要素的需求度整体上稍高于真实性感知，对要素的评测均值在不同类型的村落内不存在显著性差异，大多数空间要素的需求度和真实性感知之间并无显著性对立矛盾出现。从主观维度出发，游客包含"高需求—高感知""低需求—低感知""需求—感知情况不一"三种类型，可被描述为"古村爱好者""普通旅游者""真实文化追求者"。"真实文化追求者"人数占比大，他们关注对人文关联性要素的体验，看重于传统村落的真实性价值，这彰显出旅游服务空间营建中追求"真实体验"影响效用的重要性。

（4）揭示了传统村落旅游服务空间"拓维—限类—提质"的"真实性营建"机制

通过调研分析构建了"基础—拓展—低效"的层级性营建菜单。从

"真实体验"二元分析维度出发，文化型旅游服务空间的"多维展示"、商业型旅游服务空间的"限类提质"有助于"文化—商业"功能的协调营建。强人文关联性空间有助于增强游客的"真实体验"，而村民的旅游参与可提升旅游服务空间的人文关联性。此外，村域尺度下的功能布局、游线规划、风貌协调，建筑尺度下的关键场所空间组织、设计等对游客"真实体验"具有关键性影响，而风貌管控亦是避免低效型营建的有效措施。最后，研究凝练得出"文化拓维—商业限类—空间提质"的传统村落旅游服务空间"真实性营建"机制，形成了新的营建认知。

(5) 提出了传统村落旅游服务空间的"真实性营建"策略

提出了"发展模式制定—营建模式判定—营建方案设计—营建与调控"的"真实性营建"程序，总结出多元文化展示/商业限类提质、增强主客关联互动、分类型/长期性/层级性营建的原则。针对多元类型的浙江传统村落，从共时性、历时性双重维度出发梳理"真实增效"型旅游规划导控方法。首先，基于资源条件对村落营建模式进行"定性"，确立分类、分期营建导向；其次，结合实际营建需考虑的多元因素，对各类村落的营建要素进行"定类"，制定"真实性营建"菜单，其中包含"基础—拓展"的营建要素层级性划分；第三，结合村落空间结构进行项目"定位"，提出考虑多元"真实体验"的"基础—拓展—延伸"层级性游线规划，制定分期营建目标，并针对不同类型村落提出"多圈层式、核心保护区作为主游览区、食宿/展示分区布局、村庄内外并重"的差异性布局模式；最后，从设计维度出发，提出了标志物节点营造、新老区风貌协调的导控策略。

从建筑尺度出发，识别出村民私宅、遗产展示、传统建筑、自然景观展示四项关键性空间模块，以及活动广场、传统街巷、景区入口三项关键性空间节点，进而整合得到各类型村落的"真实提质"型营建菜单。从"要素组合"维度出发，提出村民私宅空间的功能复合型营建、多类型文化遗产的组合展示、传统建筑的功能改造与性能提升、多类型自然景观空间设施配置等空间组织策略；从"空间提质"维度出发，提出村民私宅中交往空间营造与传统技艺应用、传统建筑内多元展示型空间设计、关键户外节点场地设计等策略。

二、研究的创新点

（1）厘清传统村落的真实性价值，提出了"真实体验"的概念及营建视角

厘清了传统村落的真实性价值在于"永续的宜居性"，表现为对村民生计生活的保留。"真实体验"是指游客在旅行游览中通过旅游服务空间感知传统村落真实性的过程（或状态）。基于"真实体验"的旅游服务空间营建可促进主客观真实性之间的良性互促，可助力于解决（或缓解）广泛出现的旅游"失真"体验问题。因此，将"真实体验"视角引入旅游服务空间营建中，初步形成了"真实体验"的营建视角。

（2）基于"真实体验"，形成了传统村落旅游服务空间营建的新认知

基于传统村落旅游发展中出现的"失真"体验问题，对既有旅游服务空间"物质性遗产展示＋商业业态配置"的营建模式进行反思。通过探明"真实体验"的空间影响因子、识别多元主观体验类型，进而揭示出"真实性营建"机制，形成了"文化拓维—商业限类—空间提质"的新认知。

（3）提出了促进游客"真实体验"的传统村落旅游服务空间营建策略

既有传统村落旅游服务空间营建以物质遗产展示、商业配置为主导，对人文类要素多有忽视，致使空间未能充分传递传统村落的真实性价值。本书提出"拓维—限类—提质"的"真实性营建"新认知，从功能配置、游线规划、风貌管控、空间营造等营建内容出发，促进游客的"真实体验"。

针对多元类型的浙江传统村落，从村域尺度出发，提出"定性—定类—定位"的旅游规划导控方法。此外，从建筑尺度出发，在识别关键性节点基础上，整合得到分类"真实提质"型设计菜单。"真实性营建"策略的提出为传统村落旅游服务空间营建提供科学性依据及方法性指导。

三、研究局限与展望

（1）研究维度：历时维度下"真实体验"变化特征缺失

随着传统村落旅游发展的推进，各旅游地进入到不同的旅游发展阶段，旅游服务空间功能类型、空间形态可能出现历时性变化，进而可能会影响游客的需求及真实性感知。因此，"真实体验"研究应包含共时性、历时性双重分析维度。但受限于时间、精力、经费等限制，研究过程中暂时忽略了旅游发展历时变化的分析维度，仅从共时性维度出发探索"真实性营建"机制。未来可探索历时发展维度下"空间营建"与"真实体验"内在机制的变化，可为处在不同旅游发展阶段的传统村落旅游服务空间营建提供重要参考。

（2）研究视角："真实体验"评测具有主观性

本书采用问卷调研的方法获取游客对环境要素的基础性需求与真实性感知，并从问卷发放数量、量化分析方法等维度出发，提升了研究的科学性，使研究在一定程度上能够体察游客需求，并转化为可以探讨的群体意愿。然而，"真实体验"本身具有较强的主观性，可能因人、因地、因时而异。未来需要更多评测数据以获得更为客观的、更具针对性的评测结果。

此外，旅游服务空间营建还涉及政策导向、产业经济、公共管理等多元要素。本书所提出的营建策略可能难以顾全营建中多维度的、主客观交织的关键性影响要素，从而可能降低营建策略的现实指导作用。在未来研究中，若要制定合理的、具有高度落地性的营建策略，仍需各学科从更多维度出发进行探索与实践。

（3）成效检验：缺乏对营建策略的实证检验

传统村落旅游服务空间营建具有长期性、分期进行的特征，且需统筹多方主体和资源，笔者当前不具备将"真实性营建"方法进行落地实践、成效检验的条件。但在未来的工作、研究中，可通过实证研究的方法，选择具体村落案例落实"真实性营建"策略，并在村落持续性旅游发展中对游客"真实体验"进行跟踪性评测，以验证"真实性营建"策略的有效性。

参 考 文 献

(1) 中文文献

博拉·劳森，2004. 旅游与游憩规划设计手册 [M]. 北京：中国建筑出版社.

蔡国英，赵继荣，马金莲，等，2020. 产业融合视角下甘肃省传统村落旅游开发模式研究 [J]. 甘肃高师学报，25 (2)：127－130.

曹昌智，邱跃，2015. 历史文化名城名镇名村和传统村落保护法律法规文件选编 [M]. 北京：中国建筑工业出版社.

曹娟，2007. 谈原真性（authenticity）[J]. 中国科技术语 (1)：47－48.

常青，2022. 传统与创造：反思历史建成环境再生的理念与途径 [J]. 世界建筑 (10)：6－17，4.

车震宇，2008. 传统村落旅游发展与形态变化 [M]. 北京：科学出版社.

车震宇，2016. 旅游开发对传统村落风貌的利弊影响 [J]. 旅游研究，8 (3)：1-3.

陈桂欣，2018. 旅游背景下广西地区传统民居的民宿化改造更新研究 [D]. 广州：华南理工大学.

陈蕾，杨钊，2014. 生活方式型旅游小企业的特征及研究启示 [J]. 旅游学刊，29 (8)：80-88.

陈沛照，2014. 主体性缺失：当前非物质文化遗产保护省思 [J]. 广西民族大学学报：哲学社会科学版 (6)：87-92.

代小梅，2019. 基于乡土聚落保护更新的民宿开发设计研究 [D]. 大连：大连理工大学.

戴永明，2012. 基于游客感知的古村落真实性研究 [D]. 杭州：浙江大学.

第二届历史古迹建筑师及技师国际会议，1964. 关于古迹遗址保护与修复的国际宪章（威尼斯宪章）[Z].

第二届文化遗产保护与可持续发展国际会议，2006. 第二届文化遗产保护与可持续发展国际会议"绍兴宣言"[Z].

董培海，2011. 旅游中"真实性"研究的回顾与展望 [J]. 旅游研究，3 (3)：62-70.

董霞，高燕，马建峰，2017. 近二十年国内旅游"真实性"研究述评与展望 [J]. 重庆工商大学学报（社会科学版），34 (5)：64-73.

厄里·拉森，2016. 游客的凝视 [M]. 黄婉瑜，译. 上海：上海人民出版社.

费孝通，2001. 江村经济［M］. 北京：商务印书馆.

冯骥才，2013. 传统村落的困境与出路：兼谈传统村落是另一类文化遗产［J］. 民间
　　文化论坛（1）：7-12.

冯淑华，沙润，2007. 游客对古村落旅游的"真实感—满意度"测评模型初探［J］.
　　人文地理（6）：85-89.

盖尔，2002. 交往与空间［M］. 北京：中国建筑工业出版社.

高峻，2007. 旅游资源规划与开发［M］. 北京：清华大学出版社.

高燕，2009. 凤凰古城景观真实性感知比较研究［D］. 长沙：湖南师范大学.

高燕，郑焱，2010. 凤凰古城景观真实性感知比较研究：基于居民和旅游者视角
　　［J］. 旅游学刊，25（12）：44-52.

古德，2003. 国家公园游憩设计［M］. 北京：中国建筑工业出版社.

郭华，2010. 乡村旅游社区利益相关者研究：基于制度变迁的视角［M］. 广州：暨南
　　大学出版社.

国际古迹遗址理事会，1975. 关于历史性小城镇保护的国际研讨会的决议［Z］.

国际古迹遗址理事会，1987. 保护历史城镇与城区宪章（华盛顿宪章）［Z］.

国际古迹遗址理事会，2005. 西安宣言［Z］.

国际古迹遗址理事会，2008. 场所精神的保存（魁北克宣言）［Z］.

国际古迹遗址理事会，2011. 遗产作为发展的驱动力（巴黎宣言）［Z］.

国际古迹遗址理事会澳大利亚国家委员会，1999. 国际古迹遗址理事会澳大利亚国家
　　委员会"巴拉宪章"［Z］.

韩成艳，2011. 论非物质文化遗产"本真性"的评估标准：以赫哲族"伊玛堪"为例
　　［J］. 贵州民族研究，32（2）：52-57.

韩萌，2021. 商洛云镇村传统村落的地方特色挖掘及旅游开发策略研究［D］. 西安：
　　西安建筑科技大学.

杭诗婵，2021. 心理学视角下建筑遗产再生的"真实性"认知研究［D］. 济南：山东
　　建筑大学.

郝娜，2021. 西安近郊休闲旅游类乡村旅游服务设施配置策略研究［D］. 西安：长安
　　大学.

何文晶，桑志奇，王艺晓，2020. 章丘山区民宿夏季室内热环境测试与影响因素
　　［J］. 建筑节能，48（4）：101-106，125.

胡彬彬，李向军，王晓波，等，2017. 中国传统村落保护调查报告［M］. 北京：社会
　　科学文献出版社.

怀特，2001. 建筑语汇［M］. 大连：大连理工出版社.

黄璜，2011. 浙江乡村旅游发展模式研究［J］. 广东农业科学，38（11）：187 - 189，213.

贾英，孙根年，2008. 论双因素理论在旅游体验管理中的应用［J］. 社会科学家（4）：92 - 95.

蒋国华，2018. 旅游导向下浙南区域传统村落保护与开发利用研究［D］. 西安：西安建筑科技大学.

焦银豪，2021. 张谷英乡村旅游原真性游客感知及满意度调查［D］. 长沙：中南林业科技大学.

李和平，肖竞，曹珂，等，2015. "景观—文化"协同演进的历史城镇活态保护方法探析［J］. 中国园林，31（6）：68 - 73.

李莉，2017. 新叶村旅游开发模式的研究［D］. 杭州：浙江工业大学.

李爽，2021. 浙江省传统村落空间分布特征及绿色旅游发展策略［J］. 浙江农业科学，62（1）：189 - 197.

李涛，王磊，王钊，等，2022. 乡村旅游：社区化与景区化发展的路径差异及机制：以浙江和山西的两个典型村落为例［J］. 旅游学刊，37（3）：96 - 107.

李小龙，王茜，赵子良，等，2022. 关中聚落空间格局的山水人文营建经验研究［J］. 南方建筑（5）：27 - 34.

李晓雪，2016. 基于传统造园技艺的岭南园林保护传承研究［D］. 广州：华南理工大学.

联合国教科文组织，1998. 宣布人类口头和非物质遗产代表作条例［Z］.

联合国教科文组织，2005. 会安草案：亚洲最佳保护范例［Z］.

联合国教科文组织大会第十九届会，1976. 关于历史地区的保护及其当代作用的建议（内罗毕建议）［Z］.

梁家瑄，2021. 基于游客行为需求的成都市平乐古镇公共空间优化研究［D］. 重庆：西南大学.

廖仁静，李倩，张捷，等，2009. 都市历史街区真实性的游憩者感知研究：以南京夫子庙为例［J］. 旅游学刊，24（1）：55 - 60.

林奇，2021. 城市意象［M］. 北京：华夏出版社.

刘晶晶，2017. 旅游者的个体真实性体验研究［D］. 厦门：厦门大学.

刘心怡，2017. 基于生活圈理论的休闲旅游类城郊型乡村公共服务设施配置研究［D］. 西安：长安大学.

刘玉婧，2016. 闽东北传统建筑现代化更新之室内声舒适度改善研究［D］. 南京：南京大学.

刘中艳,王捷二,2007. 旅游规划综述 [J]. 云南地理环境研究 (1):131 -
　　134,130.

卢松,张小军,2019. 徽州传统村落旅游开发的时空演化及其影响因素 [J]. 经济地
　　理,39 (12):204 - 211.

芦原义信,2017. 外部空间设计 [M]. 南京:江苏凤凰文艺出版社.

陆邵明,2018. 建筑体验:空间中的情节 [M]. 北京:中国建筑工业出版社.

罗伯特,2017. 案例研究:设计与方法 [M]. 重庆:重庆大学出版社.

罗求生,2018. 血缘型传统村落的关联性保护与发展研究 [D]. 重庆:重庆大学.

马库斯,弗朗西斯,2020. 人性场所:城市开放空间设计导则 [M]. 俞孔坚,孙鹏,
　　译. 北京:北京科学技术出版社.

马知遥,2010. 非遗保护中的悖论和解决之道 [J]. 山东社会科学 (3):28 - 33.

梅博涵,2021. 活态保护视角下传统村落公共建筑再利用设计研究 [D]. 浙江:浙江
　　大学.

诺伯舒兹,2010. 场所精神:迈向建筑现象学 [M]. 武汉:华中科技大学出版社.

欧阳国辉,王轶,2017. 中国传统村落活态保护方式探讨 [J]. 长沙理工大学学报
　　(社会科学版),32 (4):148 - 152.

欧洲建筑遗产保护条例,1985. 欧洲建筑大会 [Z].

欧洲建筑遗产大会,1975. 阿姆斯特丹宣言 [Z].

潘可,2021. 徽州传统村落水环境空间与行为关联研究 [D]. 合肥:合肥工业大学.

潘翔,刘嘉敏,李礼,2019. 基于差异视角的少数民族村落地域景观空间分析:以四
　　川桃坪羌寨为例 [J]. 西部人居环境学刊,34 (6):66 - 72.

祁润钊,周铁军,董文静,2020. 原真性原则在国内文化遗产保护领域的研究评述
　　[J]. 中国园林,36 (7):111 - 116.

乔雨,2022. 叙事语境下乡村关联性场景空间建构研究 [D]. 大连:大连理工大学.

阮仪三,顾晓伟,2004. 对于我国历史街区保护实践模式的剖析 [J]. 同济大学学报
　　(社会科学版) (5):1 - 6.

申妤婕,杨庆,2021. 居住型历史街区生活情境活态保护规划研究 [C] // 中国城市
　　规划学会,成都市人民政府. 面向高质量发展的空间治理:2021 中国城市规划年
　　会论文集 (09 城市文化遗产保护).

沈爱平,2010. 四川羌寨旅游开发探析:基于"前台、帷幕、后台"理论 [J]. 阿坝
　　师范高等专科学校学报 (3):59 - 61.

石晓凤，杨慧，Beau B Beza，2020. 活态传承视角下我国传统村落保护思路思辨 [J]. 华中建筑，38（6）：12-16.

思韦茨・K，2016. 体验式景观：人、场所与空间的关系 [M]. 北京：中国建筑工业出版社.

苏必馨，2018. 旅游开发背景下的湖南地区传统民居综合功能提升技术研究 [D]. 长沙：湖南大学.

孙小龙，2018. 旅游体验要素研究 [D]. 厦门：厦门大学.

孙周兴，1996. 海德格尔选集 [M]. 上海：上海三联书店.

谭乐霖，2020. 历史文化街区居民旅游发展感知的共识地图构建：基于隐喻抽取技术（ZMET）[J]. 西南师范大学学报（自然科学版），45（12）：93-101.

汤晔峥，2013. 城市文化遗产保护路径优化研究 [D]. 江苏：东南大学.

王迪云，2018. 旅游环境感知：机理、过程与案例应用 [J]. 经济地理，38（12）：203-210.

王婧，2020. 历史城镇真实性感知与保护利用 [M]. 北京：中国建筑工业出版社.

王婧，吴承照，2014. 遗产旅游真实性感知测量方法研究进展 [J]. 现代城市研究，（2）：110-114，120.

王昆欣，周国忠，郎富平，2008. 乡村旅游与社区可持续发展研究 [M]. 北京：清华大学出版社.

王雷雷，常笑笑，刘慧敏，2017. 旅游开发对古村落真实性影响剖析及其保护策略：以贵州西江千户苗寨为例 [C] // 2017 城市发展与规划论文集.

王南希，陆琦，2017. 基于景观基因视角的中国传统乡村保护与发展研究 [J]. 南方建筑（3）：58-63.

王云才，郭焕成，徐辉林，2006. 乡村旅游规划原理与方法 [M]. 北京：科学出版社.

王竹，范理扬，王玲，2008. "后传统"视野下的地域营建体系 [J]. 时代建筑（2）：28-31.

王祖君，2021. 互动体验理念下的展示空间设计策略与实践研究 [M]. 长沙：中南大学出版社.

吴必虎，2001. 区域旅游规划原理 [M]. 北京：中国旅游出版社.

吴承照，2009. 中国旅游规划 30 年回顾与展望 [J]. 旅游学刊，24（1）：13-18.

吴承照，王婧，2019. 遗产保护性利用与旅游规划研究 [M]. 北京：中国建筑工业出版社.

吴娇，2015. 基于符号学的乡村旅游真实性感知研究 [D]. 南京：南京师范大学.

吴平，2018. 贵州黔东南传统村落原真性保护与营造：基于美丽乡村建设目标的思考
[J]. 贵州社会科学，(11)：92-97.

吴为廉，潘肖澎，2001. 旅游康体游憩设施设计与管理 [M]. 北京：中国建筑工业出
版社.

吴文智，李吉来，邱扶东，2014. 民营资本介入古村镇旅游开发的历程与问题研究
[J]. 旅游论坛，7 (4)：1-6.

吴艳，单军，2013. 滇西北民族聚居地建筑地区性与民族性的关联研究 [J]. 建筑学
报 (5)：95-99.

西蒙兹，2000. 景观设计学：场地规划与设计手册 [M]. 北京：中国建筑工业出版
社.

西蒙兹 J O，2009. 景观设计学：场地规划与设计手册 [M]. 北京：中国建筑工业出
版社.

夏健，王勇，李广斌，2008. 回归生活世界：历史街区生活真实性问题的探讨 [J].
城市规划学刊 (4)：99-103.

项书宁，林欣玮，吴小刚，2022. 基于文本大数据的月洲村目的地意象感知研究
[J]. 建材技术与应用 (4)：57-61.

肖洪未，李和平，孙俊桥，2018. 关联性视角遗产群落活态保护方法：以香港文物径
为例 [J]. 中国园林，34 (1)：91-95.

谢小芹，2015. 制造景观 [D]. 北京：中国农业大学.

徐冬，2020. 旅游开发对乡村文化的胁迫效应与机理研究 [D]. 南京：南京师范大学.

徐磊青，杨公侠，2022. 环境心理学：环境、知觉和行为 [M]. 上海：同济大学出
版社.

徐顺昌，2018. 活态保护模式下非物质文化遗产转化研究：以南京云锦为例 [D]. 江
苏：东南大学.

徐嵩龄，2008. 文化遗产科学的概念性术语翻译与阐释 [J]. 中国科技术语 (3)：
54-59.

徐甜甜，2021. 松阳故事：建筑针灸 [J]. 建筑学报 (1)：9-16.

徐桐，2014.《奈良真实性文件》20 年的保护实践回顾与总结：《奈良+20》声明性
文件译介 [J]. 世界建筑 (12)：106-107，123.

徐伟，李耀，2012. 古村落旅游真实性感知的指标构建及评价：基于皖南古村落的实
证数据 [J]. 人文地理，27 (3)：98-102.

许春晓，2004. 当代中国旅游规划思想演变研究 [D]. 长沙：湖南师范大学.

许峰，吕秋琳，秦晓楠，等，2011. 真实性视角下乡村旅游经济可持续开发研究［J］.
　　旅游科学，25（1）：26-34.

严国泰，2014. 景迈山芒景古村落景观的活态保护研究［C］. 中国风景园林学会，中
　　国风景园林学会2014年会论文集（上册）.

颜政纲，2016. 历史风貌欠完整传统村镇的原真性存续研究［D］. 广东：华南理工大学.

杨珺婷，蔡君，2018. 旅游博客中的"景观"与"观景"［J］. 北京林业大学学报（社
　　会科学版），17（1）：53-58.

杨晓霞，向旭，雷丽，等，2013. 旅游规划原理［M］. 北京：科学出版社.

杨新海，2005. 历史街区的基本特性及其保护原则［J］. 人文地理（5）：54-56.

杨振之，2006. 前台、帷幕、后台：民族文化保护与旅游开发的新模式探索［J］. 民
　　族研究（2）：42-49.

叶琳，2021. 主客视角下宏村旅游真实性感知研究［D］. 上海：上海师范大学.

叶茂盛，李早，邵玮，等，2022. 基于需求导向的传统村落空间组织模式研究［J］.
　　工业建筑：1-9.

叶顺，2016. 乡村小型接待企业成长的内在机制、影响因素及对顾客体验的效应研究
　　［D］. 杭州：浙江大学.

余压芳，赵玉奇，曾增，等，2020. 西南民族特色村寨文化空间识别技术与应用
　　［M］. 北京：中国建筑工业出版社.

俞昌斌，2017. 体验设计唤醒乡土中国：莫干山乡村民宿实践范本［M］. 北京：机械
　　工业出版社.

喻学才，2008. 中国古代的遗产保护实践述略［J］. 华中建筑，26（3）：1-6.

臧丽莎，2009. 中国旅游规划发展的阶段特征及主导思想对比研究［D］. 青岛：青岛
　　大学.

张大玉，2014. 传统村落风貌特色保护传承与再生研究：以北京密云古北水镇民宿区
　　为例［J］. 北京建筑大学学报，30（3）：1-8.

张环宙，2018. 亲缘关系嵌入视角下乡村旅游微型企业的生成与成长实证研究［D］.
　　杭州：浙江大学.

张辉，徐红罡，2022. 触"景"会生"情"吗：旅游体验场景和目的地熟悉对游客地
　　方依恋的影响［J］. 旅游学刊：1-16.

张剑文，杨大禹，2015. "前台—后台理论"在传统村镇保护更新中的运用［J］. 南
　　方建筑（3）：65-70.

张乐，2014. 广州小洲村传统民居商业化更新策略［D］. 广东：华南理工大学.

张雷，雷晓华，2021. 空间的在地性和业态的外化动力：松阳陈家铺村复兴的两种推动力量 [J]. 建筑学报，627（1）：26 - 33.

张雷，马海依，吴冠中，等，2015. 云夕深澳里书局桐庐 [J]. 城市环境设计（10）：28 - 41.

张琳，张佳琪，2017b. 传统村落景观情境感知与游客体验质量的关系研究：以宏村、篁岭村、诸葛八卦村为例 [J]. 建筑与文化（7）：186 - 188.

张琳，张佳琪，刘滨谊，2017a. 基于游客行为偏好的传统村落景观情境感知价值研究 [J]. 中国园林，33（8）：92 - 96.

张姗，2012. 世界文化遗产日本白川乡合掌造聚落的保存发展之道 [J]. 云南民族大学学报（哲学社会科学版），29（1）：29 - 35.

张善峰，2019. 体验式乡村旅游规划 [M]. 北京：中国建筑工业出版社.

张伟国，谢浩东，郭梦笛，2021. 基于环境行为分析的景区周边传统村落公共空间营造研究 [J]. 住宅科技，41（6）：71 - 75，80.

张文奇，2014. 深圳凤凰古村公共服务设施配置研究 [D]. 哈尔滨：哈尔滨工业大学.

张晓萍，2003. 西方旅游人类学中的"舞台真实"理论 [J]. 思想战线（4）：66 - 69.

张媛媛，汪婷，2017. 新农村建设视角下传统村落保护现状与发展模式的探究：以新叶村、江南古村落群、诸葛八卦村模式为例 [J]. 中国市场，921（2）：108 - 110.

赵红梅，李庆雷，2012. 回望"真实性"（authenticity）（上）：一个旅游研究的热点 [J]. 旅游学刊，27（4）：11 - 20.

赵寰熹，2019. "真实性"理论语境下的历史街区研究：以北京什刹海和南锣鼓巷地区为例 [J]. 人文地理，34（2）：47 - 54.

赵文成，2015. 基于真实性感知的古镇游憩空间研究 [D]. 西安：西北大学.

浙江省文化和旅游厅，2019. 浙江省文化和旅游厅 2018 年工作总结 [EB/OL]. http：// ct. zj. gov. cn/art/2019/11/28/art _ 1229227755 _ 1900574. html.

浙江省文化和旅游厅，2021. 浙江省文化和旅游厅关于印发厅文化和旅游数字化改革方案及 2021 年工作要点的通知 [EB/OL]. http：// ct. zj. gov. cn/art/2021/4/7/art _ 1643514 _ 59002143. html.

浙江住房和城乡建设厅，2017. 浙江省历史建筑保护图则编制导则 [R].

郑朝胜，赵昱，2017. 传统村落建筑遗存保护利用策略探析，以桐庐县深澳村为例 [J]. 设计（2）：144 - 145.

中华人民共和国国务院，2017. 历史文化名城名镇名村保护条例 [EB/OL]. http：// www. gov. cn/zhengce/2020—12/27/content _ 5574469. htm.

种岚妮，2021. 西安古村落山水人文空间格局及其保护传承策略研究［D］. 西安：西安建筑科技大学.

周公宁，1994. 我国风景名胜区内旅游设施功能布局初探［J］. 中国园林（1）：53－58.

周俭，2012. "活态" 文化遗产保护［J］. 小城镇建设（10）：44－46.

周亚庆，吴茂英，周永广，2007. 旅游研究中的 "真实性" 理论及其比较［J］. 旅游学刊，130（6）：42－47.

诸葛坤亨，2019. 文化活村，旅游兴村：诸葛村古村保护与旅游发展［C］. 清华大学建筑学院、中国扶贫基金会、北京绿十字、如程 & 借宿、寒舍旅游投资管理集团. 在路上：乡村复兴论坛文集（五）·沁源卷. 北京：中国建材工业出版社.

住房和城乡建设部，国家文物局，2012. 历史文化名城名镇名村保护规划编制要求（试行）［R］.

（2）英文文献

Archer B，Cooper C，1994. The positive and negative impacts of tourism. In W. Theobald（Ed.）. Global tourism：The next decade［M］. Oxford：Butterworth Heinemann.

Baker J，Grewal D，Parasuraman A，1994. The influence of store environment on quality inferences and store image［J］. Journal of the Academy of Marketing Science，22（4）：328－339.

Balomenoua N，Garrodb B，2014. Using volunteer－employed photography to inform tourism planningdecisions：A study of St David's Peninsula，Wales［J］Tourism Management，44：126－139.

Balomenoua N，Garrodb B，2019. Photographs in tourism research：Prejudice，power，performance andparticipant－generated images［J］. Tourism Management，70：201－217.

Bitner M J，1992. Servicescape：The impact of physical surroundings on customers and employees［J］. Journal of Marketing，56（2）：57－71.

Blake J，2002. Developing a New Standard－Setting Instrument for the Safeguarding of Intangible Cultural Heritage：Elements for Consideration［M］. Paris：UNESCO.

Boorstin D，1964. The Image：A Guide to Pseudo Events in America［M］. New York：Harper & Row.

Bortolotto C，2021. Commercialization without over－commercialization：normative conundrums across heritage rationalities [J]. International Journal of Heritage Studies, 27: 9, 857 - 868.

Bruner E M, 1994. Abraham Lincoln as authentic reproduction: A Critique of Postmodernism [J]. American Anthropologist, 96 (2): 397 - 415.

Bryce D, Curran R, O' Gorman K & Taheri B, 2015. Visitors' engagement and authenticity: Japanese heritage consumption [J]. Tourism Management, 46: 571 - 581.

Castley J, Bennett A, Pickering C M, 2013. Wildlife visual imagery: Do picturesused to promote destinations online match on - site species visibility at two geographicdestinations? [J] Geographical Research, 51: 59 - 70.

Chhabra D, Healy R, Sills E, 2003. Staged authenticity and heritage tourism [J]. Annals of Tourism Research, 30 (3): 702 - 719.

Chhabra D, 2005. Understanding authenticity and its determinants [J]. Journal of Travel Research, 44 (1), 64 - 73.

Chhabra D, 2010. Back to the past: a sub - segment of Generation Y's perceptions of authenticity [J]. Journal of Sustainable Tourism, 18: 6, 793 - 809.

Cohen E, 1979. Rethinking the sociology of tourism [J]. Annals of Tourism Research, (6): 18 - 35.

Cohen E, 1979. A phenomenology of tourist experiences [J]. Sociology, 13 (2): 179 - 200.

Cohen E, 1988. Authenticity and commoditization in tourism [J]. Annals of Tourism Research, 15 (3): 371 - 386.

Comaroff J L, Comaroff J Ethnicity Inc, 2009. Chicago Studies in Practices of Meaning [M]. Chicago: University of Chicago Press.

Dai T, Zheng X, Yan J, 2021. Contradictory or aligned? The nexus between authenticity in heritage conservation and heritage tourism, and its impact on satisfaction [J]. Habitat International, 107, 102307.

Daugstad K, Kirchengast C, 2013. Authenticity and the pseudo - backstage of agri - tourism [J]. Annals of Tourism Research, 43: 170 - 191.

Fu X, 2019. Existential authenticity and destination loyalty: Evidence from heritage tourists [J]. Journal of Destination Marketing & Management, 12: 84 - 94.

Gardiner S, Vada S, Yang E C L, et al., 2022. Recreating history: the evolving negotiation of staged auththenticity in tourism experiences [J]. Tourism Management,

91：104515.

Goffman，1959. The presentation of Self in Everyday ［M］. New York：Doubleday.

Gou S，Shibataa S，2017. Using visitor – employed photography to study the visitor experience on apilgrimage route：A case study of the Nakahechi Route on the Kumano-Kodo pilgrimage network in Japan ［J］. Journal of Outdoor Recreation and Tourism，18：22 – 33.

Greenwood D J，1982. Cultural "authenticity" ［J］. Cultural Survival Quarterly，6 (3)：27 – 28.

Han J H，Bae S Y，2022. Roles of authenticity and nostalgia in cultural heritage tourists' travel experience sharing behavior on social media ［J］. Asia Pacific Journal of Tourism Research，27 (4)：411 – 427.

Hunter W C，Suh Y K，2007. Multimethod research on destination image perception：Jeju standing stones ［J］. Tourism Management，28：130 – 139.

Jackson P，1999. Commodity cultures：The traffic in things ［J］. Transactions of the Institute of British Geographers. New Series，24 (1)：95 – 108.

Jamal T，Hill S，2004. Developing a framework for indicators of authenticity：the place and space of cultural and heritage tourism ［J］. Asia Pacific Journal of Tourism Research，9 (4)：353 – 372.

Jin L，Xiao H，Shen H，2020. Experiential authenticity in heritage museums ［J］ Journal of Destination Marketing & Management，18：100493.

Kastenholz E，Carneiro M J，Marques C P，et al. ，2012. Understanding and managing the rural tourism experience – The case of a historical village in Portugal ［J］. Tourism Management Perspectives，(4)：207 – 214.

Kim K，2011. A Study on The Lodging Facilities' Operating Ways of Domestic Tourist Attractions：Focus on The lifestyle and Lodging Facilities' Selection Attributes of Domestic Tourist ［J］. Journal of Tourism and Leisure Research，23 (1)：555 – 573.

Knudsen B T，Waade A M，2010. Re – investing authenticity tourism，place and emotions ［M］. Bristol：Channel View Publications.

Kolar T & Zabkar V，2010. A consumer – based model of authenticity：An oxymoron or the foundation of cultural heritage marketing ? ［J］ Tourism Management，31 (5)，652 – 664.

Lindberg K，Veisten K，Halse A H，2019. Analyzing the deeper motivations for nature –

based tourism facility demand: A hybrid choice model of preferences for a reindeer visitor center [J]. Scandinavian Journal of Hospitality and Tourism, 19 (2) 157 - 174.

Lohmann G, Netto A P, 2016. Tourism theory: Concepts, models and systems [M]. Wallingford Oxon: CABI.

Lu W, Su Y, Su S, et al., 2022. Perceived Authenticity and Experience Quality in Intangible Cultural Heritage Tourism: The Case of Kunqu Opera in China. Sustainability, 14: 2940.

Lynch P, A, 2005. The commercial home enterprise and host: A United Kingdom perspective [J]. International Journal of Hospitality Management, 24 (4): 533 - 553.

MacCannel D, 1973. Staged authenticity: Arrangements of social space in tourist settings [J]. American Journal of Sociology, 79 (3): 589 - 603.

MacCannel D, 1976. The tourist: A new theory of the leisure class [M]. Berkeley, CA: University of California Press.

Mkono M, 2012. A netnographic examination of constructive authenticity in Victoria Falls tourist (restaurant) experiences [J]. International Journal of Hospitality Management, 31: 387 - 394.

Morrison A M, 2019. Marketing and managing tourism destinations [M] Abingdon: Routledge.

Moscardo G, Pearce P, 1999. Understanding ethnic tourist [J]. Annalsof Tourism Research, 26 (2): 416 - 434.

Paraskevaidis P, Weidenfeld A, 2021. Perceived and projected authenticity of visitor attractions as signs: A Peircean semiotic analysis [J]. Journal of destination marketing & management, (19): 1 - 10.

Park E, Choi B, Lee T, 2019. The role and dimensions of authenticity in heritage tourism [J]. Tourism Managemen, 74: 99 - 109.

Quan S, Wang N, 2004. Towards a structural model of the tourist experience: an illustration from food experiences in tourism [J]. Tourism Management, 22 (2): 297 - 349.

Rahmafitria F, Pearce P L, Oktadiana H, et al., 2020. Tourism planning and planning theory: Historical roots and contemporary alignment [J] Tourism Management Perspectives, 35: 1 - 10.

Seungkon L, Lee H, 2009. An Estimation of Tourist Satisfaction and Social Psychological

Carrying Capacity in Relation to the Perceived Crowding in a Nature Recreation Facility [J]. Internaitonal Journal of Tourism Management and Sciences, 33 (6): 93 - 110.

Sharpley R, Hall D, Roberts L, et al. , 2003. Rural Tourism and Sustainability: A Critique [M]. New Directions in Rural Tourism.

Sharpley R & Telfer D J (Eds.), 2015. Tourism and Development: Concepts and Issues (2nd ed.) [M]. Bristol: Channel View.

Stepchenkova S & Zhan F, 2013. Visual destination images of Peru: Comparativecontent analysis of DMO and user - generated photography [J]. Tourism Management, 36, 590 - 601.

Stringer P F, 1981. Hosts and guests the bed - and - breakfast phenomenon [J]. Annals of Tourism Research, 8 (3), 357 - 376.

Tiberghien G, 2019. Managing the Planning and Development of Authentic Eco - Cultural Tourism in Kazakhstan [J]. Tourism Planning & Development, 16: 5, 494 - 513.

UNESCO World Heritage Center, 2005. Operational guideline for the Implimention of the world heritage convention [R]. UNESCO World Heritage Center.

Wall - Reinius S, Prince S, 2019. Everyday life in a magnificent landscape: making sense of the nature/culture dichotomy in the mountains of Jamtland, Sweden [J]. ENE: Nature and Space, 2 (1): 3 - 22.

Wang N, 1999. Rethinking authenticity in tourism experience [J]. Annals of Tourism Research, 26 (2): 349 - 370.

Yi X, Fu X, Yu L, et al. , 2018. Authenticity and loyalty at heritage sites: The moderation effect of postmodern authenticity [J]. Tourism Management, 67, 411 - 424.

Yin S, Dai G, 2021. Authenticity and tourist loyalty: a meta - analysis [J]. Asia Pacific Journal of Tourism Research, 26: 12, 1331 - 1349.

Żemła M, Siwek M, 2020. Between authenticity of walls and authenticity of tourists' experiences: The tale of three Polish castles [J]. Cogent Arts & Humanities, 7: 1, 1763893.

Zerva K, 2015. Visiting authenticity on Los Angeles Gang Tours: Tourists backstage [J]. Tourism Management, 46: 514 - 527.

Zhang T, Yin P, 2020. Testing the structural relationships of tourism authenticities [J]. Journal of Destination Marketing & Management, 18, 100485.

附　　　录

附录 A：专家调查问卷

尊敬的老师，您好！本人正在进行"基于'真实体验'的浙江传统村落旅游服务空间营建"的研究。为设计游客调研问卷，本人首先通过对浙江省传统村落的既往文献阅读与实地走访调研，总结得到 14 项商业营利型旅游服务空间功能、设计要素，与 19 项文化展示型旅游服务空间功能、设计要素。当前指标过多，拟采用专家调查法对指标加以删减与精简，请您结合相关实践经验，对各营建指标要素的适宜性（项目适当、措辞修正、归类不当、需要剔除）进行判定。非常感谢您的评价与指导！

<table>
<tr><td colspan="2">指标
项目</td><td>项目
适当</td><td>措辞
修正</td><td>归类
不当</td><td>需要
剔除</td></tr>
<tr><td rowspan="9">商业营利型</td><td rowspan="6" style="vertical-align:bottom">功能类要素</td><td colspan="4">1. 农家乐设施（村民依托新建自宅建筑进行食宿接待服务）</td></tr>
<tr><td colspan="4">2. 特色食宿设施（由传统建筑改造而来）</td></tr>
<tr><td colspan="4">3. 高端食宿设施（外来开发商主导经营的高投资、高消费设施）</td></tr>
<tr><td colspan="4">4. 茶馆设施（由村民主导经营的茶馆设施）</td></tr>
<tr><td colspan="4">5. 咖啡吧/酒吧/奶茶店（外来开发商主导经营）</td></tr>
<tr><td colspan="4">6. 土特产商店</td></tr>
<tr><td colspan="4">7. 日常零售店铺</td></tr>
<tr><td colspan="4">8. 外来艺术家工坊、工艺品商店</td></tr>
<tr><td colspan="4">9. 新型娱乐设施（如 VR 等高科技设备体验）</td></tr>
<tr><td colspan="2">设计类要素</td><td colspan="4">10. 传统建筑内的舒适度提升（或导致服务费用增加）</td></tr>
<tr><td colspan="2"></td><td colspan="4">11. 对传统建筑室内空间的灵活划分，增加空间层次与丰富度（或导致服务费用增加）</td></tr>
</table>

（续）

		指标 项目	项目 适当	措辞 修正	归类 不当	需要 剔除
商业营利型	设计类要素	12. 传统室内装饰风格（采用木制门窗、墙体等、采用新式材料等；或导致服务费用增加）				
		13. 传统风格的家具陈设（采用木制家具、字画、工艺品进行装饰）				
		14. 利用室内厅堂、天井、庭院等营造互动交往空间				
文化展示型	功能类要素	15. 建筑遗产的展示（祠堂、民居、传统商业建筑、寺庙建筑开放展示）				
		16. 对传统手工艺作品的静态展示				
		17. 非遗文化动态展示及制作体验（传统手工作坊）				
		18. 对多元历史环境要素的展示（古河道、商业街、古树、古井、古桥等）				
		19. 菜园、农家庭院的展示				
		20. 公共活动空间内村民日常生活展示				
		21. 自然场所修筑游憩设施并展示（花园、山林等）				
		22. 户外观景设施（观景台、拍照点）				
		23. 农事体验功能（耕种、采摘等农事活动）				
	设计类要素	24. 村落区域向外扩展，街巷延伸				
		25. 在村庄内/外修建停车场				
		26. 街巷立面装饰有乡土元素物件（如辣椒、玉米、竹筛子、竹席等乡土物件）				
		27. 街巷立面因开店而有大开窗				
		28. 街巷立面增添少量商业标志				
		29. 村庄外设置景区入口接待的各项标志物设施				
		30. 依托传统建筑改建的旅游设施（多为高端民宿）成为村落新标志物节点				
		31. 村内新建广场、游憩场所成为村落新标志物节点				
		32. 修建新商业街				
		33. 村庄外围（或一侧）建有新式住宅（区），与老区尺度、形态、风貌存在差异				

您对指标项目还有哪些增减、删改的建议？

附录 B: 游客对浙江传统村落旅游服务空间需求与真实性感知的调查问卷

　　您好! 我们是建筑学研究人员,为了给您带来更好的旅游体验,特组织此次调查,您的宝贵意见将是我们研究的基础,真诚希望您能给予大力支持,非常感谢!

　　一、您在浙江传统村落旅游过程中,对下列设施环境的需要程度如何?

	空间要素	非常需要	需要	一般	不需要	非常不需要
文化展示型空间要素 — 人文关联性强	W1 建筑遗产展示					
	W2 非遗文化动态展示及制作体验					
	W3 对多元历史环境要素的展示					
	W4 菜园、农家庭院的展示					
	W5 农事体验功能					
	W6 公共活动空间内村民日常生活展示					
	W7 新建建筑彰显传统营建技艺					
	W8 村内新式住宅(区),与老区尺度、空间形态、风貌协调					
中	W9 新建广场、游憩设施成为村落新标志物节点					
	W10 对村落历史/营造技艺/传统手工艺作品的静态展示					
	W11 自然场所修筑游憩设施并展示					
	W12 户外观景设施					
弱	W13 街巷立面装饰有乡土元素物件					
	W14 村庄设置景区入口接待的标志物设施					
	W15 依托传统建筑改建的旅游设施(民宿、图书馆)成为村落新标志物节点					
商业营利型空间要素 — 人文关联性强	S1 农家乐设施					
	S2 茶馆设施					
	S3 土特产商店					
	S4 日常零售店铺					
	S5 利用室内厅堂/天井/庭院营造互动交往空间					

（续）

空间要素	非常需要	需要	一般	不需要	非常不需要
S6 特色食宿设施					
S7 传统建筑内的舒适度提升					
S8 对传统建筑室内空间的灵活划分，增加空间层次与丰富度					
S9 传统室内装饰风格					
S10 传统风格的家具陈设					
S11 街巷立面增添少量商业标志					
S12 高端食宿设施					
S13 咖啡吧/酒吧/奶茶店					
S14 外来艺术家工坊/工艺品商店					
S15 新型娱乐设施					

商业营利型空间要素　中（S6–S11）　弱（S12–S15）

二、个人基本信息及在传统村落中的旅游偏好

1. 您的年龄：

（1）≤14 岁　　　（2）15～24 岁　　　（3）25～44 岁

（4）45～64 岁　　　（5）≥65 岁

2. 您的性别：

（1）男　　　　　　（2）女

3. 您的文化程度是：

（1）小学及以下　　（2）初中　　　　（3）高中或中专

（4）大专或本科　　（5）研究生

4. 传统村落旅游地内各项旅游资源对您的吸引力强弱如何？请勾选出评价

	非常强	较强	一般	较弱	非常弱
传统建（构）筑物景观					
自然景观（山水林田等）					
原住民的人文活动（文化、习俗）					
外来青年创客文化					

5. 您去传统村落（古村）旅游的频率如何？

（1）每个季度都会到访　　　　（2）半年到访一次

（3）一年到访一次　　　　　　（4）几年会到访一次

6. 您一般在传统村落内停留多长时间？

（1）半天　　　（2）一天　　　（3）两天一夜

（4）三天两夜　　（5）四天及以上

7. 您认为在传统村落内体会到原汁原味的（真实的）文化内涵与传统特色是否重要？

（1）极为重要　　（2）重要　　（3）一般

（4）不重要　　　（5）非常不重要

8. 您在传统村落内的旅游花费一般为（人均花费）：

（1）50 元以内　　　　　　（2）50～200 元

（3）200～400 元　　　　　（4）400 元以上

三、结合您在浙江传统村落内的旅游体验，您认为下列设施环境是否能彰显出村落原汁原味的（真实的）文化特色？

	空间要素	非常真实	真实	一般	不真实	非常不真实
人文化展示型空间要素	W1 建筑遗产展示					
	W2 非遗文化动态展示及制作体验					
人文关联性强	W3 对多元历史环境要素的展示					
	W4 菜园、农家庭院的展示					
	W5 农事体验功能					
	W6 公共活动空间内村民日常生活展示					
	W7 新建建筑彰显传统营建技艺					
	W8 村内新式住宅（区），与老区尺度、空间形态、风貌协调					
中	W9 新建广场、游憩设施成为村落新标志物节点					
	W10 对村落历史/营造技艺/传统手工艺作品的静态展示					

（续）

		空间要素	非常 真实	真实	一般	不真实	非常 不真实
文化展示型空间要素	中	W11 自然场所修筑游憩设施并展示					
		W12 户外观景设施					
	弱	W13 街巷立面装饰有乡土元素物件					
		W14 村庄设置景区入口接待的标志物设施					
		W15 依托传统建筑改建的旅游设施（民宿、图书馆）成为村落新标志物节点					
商业营利型空间要素	人文关联性强	S1 农家乐设施					
		S2 茶馆设施					
		S3 土特产商店					
		S4 日常零售店铺					
		S5 利用室内厅堂/天井/庭院营造互动交往空间					
	中	S6 特色食宿设施					
		S7 传统建筑内的舒适度提升					
		S8 对传统建筑室内空间的灵活划分，增加空间层次与丰富度					
		S9 传统室内装饰风格					
		S10 传统风格的家具陈设					
		S11 街巷立面增添少量商业标志					
	弱	S12 高端食宿设施					
		S13 咖啡吧/酒吧/奶茶店					
		S14 外来艺术家工坊/工艺品商店					
		S15 新型娱乐设施					

图书在版编目（CIP）数据

"真实体验"理念下的浙江传统村落旅游服务空间营建策略 / 王丝申著. -- 北京：中国农业出版社，2024.12. -- ISBN 978-7-109-32933-1

Ⅰ. F592.755

中国国家版本馆 CIP 数据核字第 2025XT6312 号

中国农业出版社出版

地址：北京市朝阳区麦子店街 18 号楼
邮编：100125
责任编辑：何 玮
版式设计：小荷博睿 责任校对：吴丽婷
印刷：北京中兴印刷有限公司
版次：2024 年 12 月第 1 版
印次：2024 年 12 月北京第 1 次印刷
发行：新华书店北京发行所
开本：700mm×1000mm 1/16
印张：16 插页：2
字数：242 千字
定价：88.00 元

表 4-8　诸葛村、新叶村"文化—商业"布局模式及特征

诸葛村、新叶村布局模式图	村落特征
	核心保护区面积较大，传统建（构）筑物遗产资源相对较多，文化展示点较多，村落入口设置在村庄外 商业空间：在核心保护区内外均有配置，多沿着游线分布，食宿接待设施或脱离游线，在居住区内分布 文化空间：由入口到村庄区域及核心保护区

诸葛村商业营利空间（左）及文化展示空间（右）布局示意图

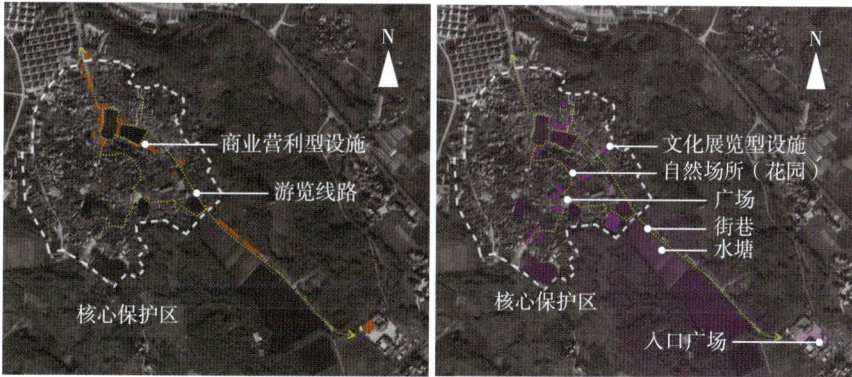

新叶村商业营利空间（左）及文化展示空间（右）布局示意图

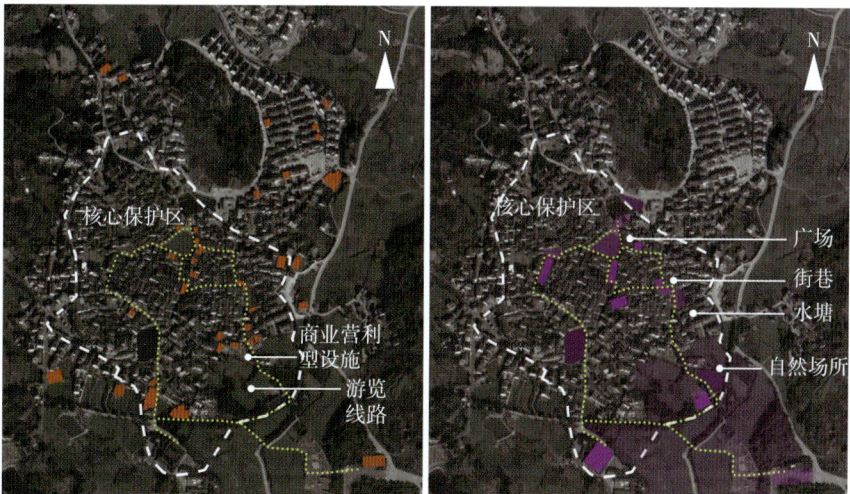

表 4 - 9　深澳村"文化—商业"布局模式及特征

深澳村布局模式图	村落特征
	核心保护区面积较大，传统建（构）筑物遗产资源相对较多，文化展示点较多；景区入口位于村庄内，紧临核心保护区 文化空间为水塘及传统建筑展示空间，沿游线分布；商业类空间主要依托老街分布

深澳村商业营利空间（左）及文化展示空间（右）布局示意图

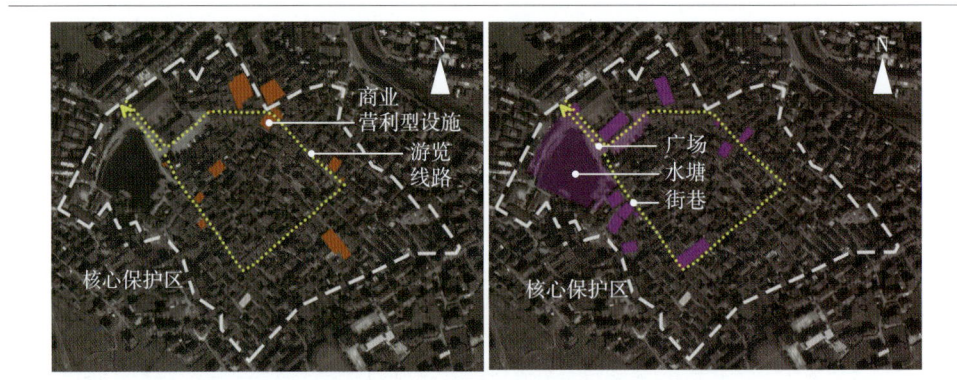

表 4 - 10　环溪村"文化—商业"布局模式及特征

环溪村布局模式图	村落特征
	核心保护区面积较小、传统建（构）筑物遗产资源相对较少，文化展示点较少，多依托上位景区进行旅游发展；文化空间主要分布在核心保护区内，商业空间主要分布于核心保护区外

环溪村商业营利空间（左）及文化展示空间（右）布局示意图

表 4-11　西坑村、陈家铺村、平田村"文化—商业"布局模式及特征

西坑村、平田村、陈家铺村布局模式图	村落特征
	核心保护区面积较小、传统建（构）筑物遗产资源相对较少，文化展示点较少 多依托上位景区进行旅游发展，为上位景区游客提供食宿接待或参观展示服务 食宿接待类设施可能分布在核心保护区内或区外，零售设施多分布在核心保护区内

平田村（左）、陈家铺村（中）及西坑村（右）旅游服务空间布局示意图

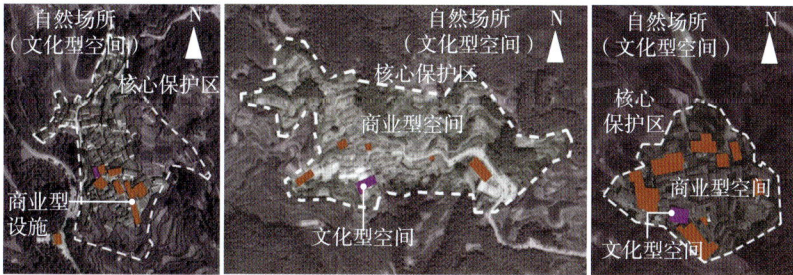

（a）新叶村街巷顶面装饰　　　　　　（b）新叶村街巷立面装饰

（c）深澳村街巷立面开窗、商业标识　（d）深澳村街巷立面开窗及装饰

图 4-5　新叶村及深澳村传统街巷立面开窗、立面/顶面装饰示意图

二层平面图

N

一层平面图

住宿空间（传统风格室内装饰、陈设）

手工制作体验空间（互动交往空间）

客厅/餐厅空间（互动交往空间）

庭院/菜园展示（互动交往空间）

主卧 次卧 次卧 住宿接待空间

展示柜

檐廊 花窗砌筑

庭院 菜园

传统石材铺路 回收旧瓦片砌筑

图 7-12 村民私宅空间内的"真实提质"型营建方案